एक कवि की नोटबुक

एक कवि की नोटबुक

राजेश जोशी

राजकमल प्रकाशन

ISBN : 978- 81-267-0890-1

मूल्य : ₹895

पहला संस्करण : 2004
This book is printed on **Print on Demand** Technology : 2026

प्रकाशक : राजकमल प्रकाशन प्रा.लि.
1-बी, नेताजी सुभाष मार्ग, दरियागंज
नई दिल्ली-110 002

शाखाएँ : अशोक राजपथ, साइंस कॉलेज के सामने, पटना-800 006
पहली मंजिल, दरबारी बिल्डिंग, महात्मा गांधी मार्ग, प्रयागराज-211 001
1, अनमोल सोराबजी संतुक लेन, धोबी तलाव, मरीन लाइंस, मुम्बई-400 002
वेबसाइट : www.rajkamalprakashan.com
ई-मेल : info@rajkamalprakashan.com

EK KAVI KI NOTEBOOK
by Rajesh Joshi

अजय तिवारी के लिए

क्रम

कुछ टिप्पणियाँ

आकलन

अरघान

आधार

वास्तव की विस्फारित प्रतिमाएँ

मुक्तिबोध को पढ़ते हुए कुछ टिप्पणियाँ

''क्यों ? इसलिए कि कविता लिखने के बाद जो भयानक मनःस्थिति मुझे ग्रस्त कर लेती है, उसका तजुर्बा बहुत कम लोगों को है। और अगर सचमुच है तो वे बताते नहीं। मुश्किल यह है कि कविता लिख चुकने के अनन्तर, उसी कविता में समाई किन्तु उससे वृहत्तर, विशालतर, सुन्दरतर कविता अपने स्वरूप का विकास करती हुई उद्‌घाटित कर देती है : और मैं उस प्रतिमा रूप के प्रति दौड़ पड़ता हूँ। चाहिए, हाँ, मुझे वही प्रतिमा चाहिए। मुझे छोड़ दीजिए, मुझे जाने दीजिए उस नव्यतर के पास।'' (**अकेलापन और पार्थक्य**)

शायद यही कारण है कि मुक्तिबोध की कोई भी कविता एक-दूसरे से पूरी तरह स्वतन्त्र नहीं लगती। जैसे सारी कविताएँ किसी एक ही महाआख्यान के हिस्से हैं। यही नहीं, उनकी कहानियाँ, डायरियाँ और निबन्ध भी, जैसे उसी के अंश हैं या अनुषंग हैं। क्योंकि एक के पूरा होते न होते, उसमें से एक और नव्यतर का जन्म होने लगता है। एक बेचैन प्रक्रिया है। हर कविता में एक और कविता जो **वृहत्तर, विशालतर, सुन्दरतर** है, छिपी हुई है। मुक्तिबोध का कवि उसी की ओर जाना चाहता है। इसलिए मुझे लगता है कि मुक्तिबोध का पूरा काव्य एक महाकाव्य है। एक महाआख्यान है। एक अव्यवधानिक आख्यान। एक ऐसी विराट फंतासी जो वृहत जीवन के गहरे असन्तोष से पैदा हुई है। जो मानवीय चेतना और बाह्य नियति के विलयन से पैदा हुई त्रासदी का सारतत्त्व है, मुक्तिबोध उस एम्बीग्यूटी की पुनः खोज करते हैं। उनकी कविता ऐसे बहुत कुछ को जो गुप्त है, पवित्र है, ढका-छिपा है, स्वयं यथार्थ ने जिसे छिपा रखा है, उसे खोजने की, उसे उजागर करने की कोशिश करती है। लेकिन यह प्रक्रिया 'धीरे-धीरे, क्रमशः' घटित होती है। अपने **'रचना प्रक्रिया : एक'** निबन्ध में इस पूरी प्रक्रिया को एक रूपक के जरिए मुक्तिबोध ने समझाने की कोशिश की है। ''वीरान मैदान, अँधेरी रात, खोया हुआ रास्ता, हाथ में एक पीली मद्धिम लालटेन। यह लालटेन समूचे पथ को पहले से उद्‌घाटित करने में असमर्थ है। केवल थोड़ी सी जगह पर भी उसका प्रकाश है। ज्यों-ज्यों वह पग बढ़ाता जाएगा, थोड़ा उद्‌घाटन होता जाएगा। उसे अपनी पीली मद्धिम लालटेन का ही सहारा है। इस पथ पर चलने का अर्थ ही पथ का उद्‌घाटन होना है और वह भी धीरे-धीरे, क्रमशः।'' मुक्तिबोध की कविता में अँधेरा

और धीरे-धीरे उद्‌घाटित होता रास्ता दोनों ही बिम्ब कई-कई बार, अलग-अलग तरह से आते हैं। *'उद्वेग और अनुरोध'* की यह लालटेन लगातार उनके हाथ में बनी रहती है, जो लगातार अज्ञात और अनपहचाने रास्तों की खोज करती है। साहस के साथ। शायद इसीलिए उनकी कविता में हमारे समय का 'हॉरर' (Horror) विवरणों की बनिस्पत अन्तर कथन (अण्डर स्टेटमेंट) की गहनता के जरिए ज़्यादा व्यक्त होता है। यह कविता हमें हमारे यथार्थ तक ही नहीं ले जाती है बल्कि उसका अतिक्रमण भी करती है।

''मैं विचरण करता-सा हूँ एक फैंटेसी में।'' (एक अन्तर्कथा)

यह महज संयोग नहीं है कि सबसे सघन और बेहतर फैंटेसी, कविता में भी और कहानी में भी, आज़ादी के बाद के डेढ़-दो दशक में ही सम्भव हुई है। शायद उस दौर की सच्चाई को समझने और उससे भी ज़्यादा उसे अभिव्यक्त करने के लिए फैंटेसी किसी भी अन्य यथार्थवादी फार्म की तुलना में ज़्यादा कारगर थी। सुरेन्द्र चौधरी जब लिखते हैं कि ''क्या यशपाल जी की कल्पना (ऐसी) फैंटेसी गढ़ने में समर्थ हो सकती थी ?'' तो कहीं न कहीं वे उस समय के वस्तु सत्य के लिए फैंटेसी को ज़्यादा सार्थक मान रहे होते हैं। आज़ादी के बाद का वह समय, पर्दों की राजनीति का समय था। अनेक बहुत लुभावने पर्दों का। नई-नई आजादी और नेहरू के व्यक्तित्व का रोमानी प्रभाव भारतीय मानस पर इतना गहरा था कि उसके पीछे छिपे अँधेरों और विसंगतियों की यथार्थ आलोचना असम्भव तो नहीं थी, लेकिन सारे मोहपाशों को हटाकर ऐसी आलोचना का विश्वसनीयता हासिल करना बहुत कठिन था। शायद इन्हीं स्थितियों ने फैंटेसी की ओर जाने को मुक्तिबोध को बाध्य किया होगा। ब्रह्मराक्षस और ओराँग उटाँग जैसे कुछ अपवादों को छोड़ दें तो मुक्तिबोध की फैंटेसी बार-बार टूटती है। लेकिन उनकी फैंटेसी में लिखी गई कहानियों में ऐसा नहीं होता। कविता में कथानक बहुत सघन रूप में उपस्थित नहीं है। एक कथाभास ही वहाँ महसूस होता है। **'ब्रह्मराक्षस का शिष्य'** में कथा सघन रूप से गुँथी बुनी है, लेकिन ऐसा ब्रह्मराक्षस कविता में नहीं है। दोनों के भू-दृश्य में भी अन्तर है। लेकिन यह दिलचस्प है कि कहानी की तुलना में कविता का ब्रह्मराक्षस कम रहस्यमयी है। गहन मानवीय जटिलताओं में गहरे धँसने की अद्वितीय क्षमताएँ ही ब्रह्मराक्षस की नियति और त्रासदी को उजागर कर सकी हैं। मुक्तिबोध की हर फैंटेसी एक अदम्य इच्छा से निर्देशित होती है, यह घने अँधेरे में भी किसी गुप्त स्वर्णाक्षर के प्रकट होकर विकट हो जाने की इच्छा है। *''मेरे प्रतीक रूपक सपने फैलाते हैं/आगामी के।''* (एक अन्तर्कथा)। जटिलता के बावजूद मुक्तिबोध की फैंटेसी में सृजनात्मक स्पेस की कोई कमी नहीं है। उसमें संरचनात्मक तनाव और हारमोनी का ऐसा सम्मिलन है कि वह कभी भी एक बन्द फैंटेसी नहीं लगती। असाध्य वीणा के बरअक्स मुक्तिबोध की फैंटेसी में एक खुलापन हमेशा ही बना रहता है। इस स्पेस का उपयोग मुक्तिबोध अक्सर फैंटेसी से बाहर जाकर वाग्मिता या वक्तव्य के लिए करते हैं। इच्छा और यथार्थ के विकट द्वन्द्व के कारण संरचना में आई दरारों पर

ये वक्तव्य जैसे पुलिया का काम करते हैं। फैंटेसी के फार्म में साहस के साथ की गई इस तोड़-फोड़ को और उससे निकली इस नई हिकमत को अलग ढंग से देखे जाने की ज़रूरत है।

मुझे अक्सर लगता है मुक्तिबोध की महाकाव्यात्मकता एक विखण्डित महाकाव्यात्मकता है। उनका मानस स्वाधीनता से पूर्व के उस आन्दोलन के बीच निर्मित हुआ था जिसने साम्राज्यवाद के विरुद्ध सभी वर्गों के लिए सम्मिलित होने से एक महाकाव्यात्मक आत्मा प्राप्त की थी। इस स्थिति को एक और महाकाव्यात्मक पूर्णता में परिणत होना चाहिए था। मुक्तिबोध की कविता में यही इच्छा के रूप में, स्वप्न के रूप में बार-बार प्रकट भी होता है। लेकिन ऐसा वास्तव में हुआ नहीं। और एक 'प्राणमय अनबन' बन गई। उसमें महत्ता तो थी पर 'मन विषादाकुल' था। इस स्थिति ने उस महाकाव्यात्मकता को कई जगह से तोड़ा है। कामरेड डांगे के नाम लिखे एक पत्र में मुक्तिबोध ने लिखा है कि *"किसी ऐसे जीवनदायी क्रान्तिकारी आन्दोलन के सूत्रपात के अभाव में जो सबको साथ लेकर चल सकता, भारत में पूँजीवाद का और अधिक विकास हुआ। सामाजिक जीवन के विरोधाभास और गहराते गए।" और एक 'प्राणमय अनबन शुरू हो गई।*

मुक्तिबोध की कविता को पढ़ते हुए लगातार महसूस होता है कि उसके केन्द्रीय चरित्र विचार हैं। विचार लेकिन जब चरित्र बनता है, नायक या कोई पात्र बनता है, तो उसे एक कथात्मक या काव्यात्मक विश्वसनीयता की ज़रूरत होती है। जिसके लिए उसे एक स्पेस और समय चाहिए। इसलिए किसी भी पात्र के प्रवेश से पहले मुक्तिबोध एक स्पेस रचते हैं। एक लैण्डस्केप बनाते हैं। यह लैण्डस्केप मुक्तिबोध की कविता का बहुत ही महत्त्वपूर्ण हिस्सा है। एक तरह से यही वह मंच है जिस पर पूरी कविता को घटित होना है। इसी अर्थ में वह नाटकीय भी है। विचार और लैण्डस्केप अक्सर एक-दूसरे पर वर्चस्व कायम करने की कोशिश करते महसूस होते हैं, जबकि दोनों एक ही प्रक्रिया के हिस्से हैं।

साहित्यिक की डायरी में एक जगह 'केशव' कहता भी है "विचारों को तुम तुरन्त ही संवेदनाओं में परिणत कर देते हो। फिर उन्हीं संवेदनाओं के तुम चित्र बनाते हो। विचारों की परिणति संवेदनाओं में और संवेदनाओं की चित्रों में। इस प्रकार तुममें ये दो परिणतियाँ हैं। अगर तुम्हारी कविताएँ किसी को उलझी हुई मालूम हों तो तुम्हें हताश नहीं होना चाहिए...**(तीसरा क्षण)** शायद इसलिए उनके चरित्र और परिस्थितियाँ जटिल और 'टिपीकल' (असामान्य) हो जाते हैं...'ब्रह्मराक्षस', 'ओराँग उटाँग'...पागल गायक...आदि। ये टिपीकल चरित्र यथार्थ की ज़्यादा गहरी और छिपी हुई परतों को उघाड़ने में समर्थ होते हैं। मुक्तिबोध में इन टिपीकल चरित्रों को अगर एक ओर विचारों की सक्रियता ने रचा-गढ़ा है तो दूसरी ओर उनके चरित्रों और लैण्डस्केप में स्मृति की अनुगूँज भी है। इसलिए उनकी निर्वैयक्तिकता में आत्मपरकता भी है। वे मात्र बाहरी वास्तविकता

का कोई चित्र नहीं खड़ा करना चाहते, वे एक बहुत बड़ी जिन्दगी—इम्मेन्स लिविंग—का चित्र बनाना चाहते हैं। इसके लिए 'मानव की केन्द्रीय प्रक्रियाओं' को 'अविभाज्य और अनिवार्य' रूप से देखना उन्हें आवश्यक लगता है।

दो

'मुझे लगता है कि मन एक रहस्यमय लोक है। उसमें अँधेरा है, अँधेरे में सीढ़ियाँ हैं। सीढ़ियाँ गीली हैं। सबसे निचली सीढ़ी पानी में डूबी हुई है। वहाँ अथाह काला जल है। उस अथाह जल से स्वयं को ही डर लगता है। उस अथाह जल में कोई बैठा है। वह शायद मैं ही हूँ।' (**तीसरा क्षण**)।

या वह ब्रह्मराक्षस है ? या वे मुक्तिबोध स्वयं हैं या उनका कवि ?

मुक्तिबोध की यूँ तो हर कविता ही एक-दूसरे से जुड़ी है। कहा जा सकता है कि एक कविता का 'नरा' दूसरी कविता में गड़ा है। ब्रह्मराक्षस कुछ अधिक मुकम्मिल कविता है। इसमें झाँककर उनकी कविता के विराट संसार को देखा जा सकता है। उनकी चिन्ताएँ, दुश्चिन्ताएँ, उनके स्वप्न और दिवास्वप्न, सफलताएँ, असफलताएँ और उनकी प्रबल इच्छाएँ। उनके अन्तःकरण का जैसे वह एक लैण्डस्केप है। तीसरा क्षण में मन के जिस रहस्यमय लोक की बात की गई है, यह मन ही ब्रह्मराक्षस के लैण्डस्केप का मुख्य केन्द्र है। यही वह प्राक्तन बावड़ी है। क्या इस **'प्राक्तन'** में रघुवंश की 'संस्काराः प्राक्तना इव' की कोई अनुगूँज सुनाई पड़ती है ? परित्यक्त सूनी बावड़ी, कविता के मध्य तक आते-आते प्राक्तन बावड़ी क्यों हो जाती है ? यह पूर्व जन्म की नहीं, प्राचीन मन की बावड़ी है। शायद ! तो इस तरह क्या यह एक व्यक्ति का मन नहीं, एक महाजाति का मन है ?

शहर के उस ओर खण्डहर की तरफ
परित्यक्त सूनी बावड़ी
के भीतरी
ठण्डे अँधेरे में
बसी गहराइयाँ जल की...
सीढ़ियाँ डूबी अनेकों
उस पुराने घिरे पानी में...
समझ में न आ सकता हो
कि जैसे बात का आधार
लेकिन बात गहरी हो।

पूरा भू-दृश्य अन्तिम पंक्तियों के बाद, मात्र एक भू-दृश्य नहीं बचता। किसी विचार के लिए बनाए गए स्पेस का संकेत देने लगता है। सारा स्थापत्य किसी विचार के लिए

तैयार मंच हो जाता है। यही बात उनके किसी भी स्थापत्य या भू-दृश्य को जड़ और स्थिर इकाई नहीं रहने देती। उनकी *'फैंटेसी गतिहीन स्थिर चित्र नहीं है।'* मुक्तिबोध की कविता को पढ़ते हुए बार-बार लगता है, उनकी फैंटेसी की प्रक्रिया में जैसे फिल्म की तकनीक शामिल है। इस युग्म से बना बिम्ब एक नए यथार्थ को उद्घाटित करता है। जो विस्फोटक भी है और विद्रोही भी।

इस कविता के दृश्य विधान में अँधेरा है, परित्यक्त सूने खण्डहर हैं, सीढ़ियाँ हैं, पुराने वृक्ष हैं और घुग्घुओं के घोंसले हैं। गहरे और धूसर रंग हैं। यह दृश्य मुक्तिबोध की अन्य कविताओं में भी कुछ बदले रूप में दिख सकता है। इस भयावह-से दृश्य में लेकिन हस्तक्षेप करती बावड़ी की मुँडेर पर ''मनोहर हरी कुहनी टेक बैठी है टगर/ले पुष्प तारे श्वेत'' भी है। *'जंगली हरी कच्ची गन्ध है।'* दिलचस्प है कि मुक्तिबोध इन्द्रिय बोध को भी अन्तर्विनिमेय बना देते हैं। गन्ध में रंग आ जाता है।

विगत शत पुण्य का आभास
जंगली हरी कच्ची गन्ध में बस कर
हवा में तैर
बनता गहन सन्देह
अनजानी किसी बीती हुई उस श्रेष्ठता का
जो कि
दिल में एक खटके सी लगी रहती।

ब्रह्मराक्षस जैसे नायक की यह अनिवार्य नियति है। यह 'गहन सन्देह' ही उसे आधुनिक नायक बनाता है। वह कोई प्राचीन नायक नहीं है। आत्मपरीक्षण और आत्मालोचना से गुजरता, अपने को लगभग अकेला समझता आधुनिक नायक है। यह रैशनेलाइजेशन एक विश्वव्यापी, ऐतिहासिक प्रक्रिया का परिणाम है। चार्ल्स ग्लिक्सवर्ग का कथन है कि *''समकालीन साहित्य का चिन्तनशील, बौद्धिक नायक सहजता से अहंमात्रवादी बन जाता है और अन्ततोगत्वा स्वयं अपने इन्द्रियबोध, अपने विचारों, अपने द्वारा प्रयोग की जानेवाली भाषा और अपने प्रिय विश्वासों को भी सन्देह की दृष्टि से देखने का आदी हो जाता है।''* शायद इसीलिए 'विगत शत पुण्य का आभास' एक 'गहन सन्देह' बन जाता है 'अनजानी किसी बीती हुई श्रेष्ठता' का। वह मात्र सन्देह ही नहीं करता, उसका अहं भी सबसे ऊपर की सीढ़ी पर है। इसलिए बावड़ी की दीवार पर जब रवि रश्मि आती है तो उसे लगता है *'सूर्य ने झुककर नमस्ते कर दिया।'* और जब चाँदनी की किरण टकराती है तो उसे लगता है *'वन्दना की चाँदनी ने ज्ञान-गुरु माना उसे।'*

अति-प्रफुल्लित कण्टकित तन-मन वही
करता रहा अनुभव कि नभ ने भी
विनत हो मान ली श्रेष्ठता उसकी

ब्रह्मराक्षस एक जटिल चरित्र है। मुक्तिबोध के ज्यादातर चरित्र जटिल हैं, बौद्धिक हैं और सिम्बालिक हैं। एक तरह से इन्हें **नियो क्लासिकल** चरित्र भी कहा जा सकता है। मुक्तिबोध की एक बड़ी चिन्ता इस नियो-क्लासीसिज्म को पाने की भी है। एक महाकाव्यात्मकता से दूसरी महाकाव्यात्मक स्थिति। इस नयी स्थिति में संघर्ष सीधा साम्राज्यवाद और जनता के बीच नहीं है। इसमें *''विश्वसंघर्ष की पार्श्वभूमि में व्यक्ति संघर्ष और विश्व-स्थिति की पार्श्वभूमि में व्यक्ति-स्थिति रखकर, अन्तर्बाह्य वास्तविकताओं से प्रेरित जो लक्ष्य चित्र आविर्भूत होते हैं, वे भव्य प्रेरणाओं को उत्सर्जित करते हैं। मेरा अनुभव मुझे यह बताता है कि नयी कविता में नियो-क्लासीसिज्म के बीज पक चुके हैं।''* **(काव्य की रचना प्रक्रिया : एक)** नई कविता में यह स्थिति हो या न हो लेकिन मुक्तिबोध में यह कोशिश बहुत तीव्रता से दिखती है। इन दो स्थितियों के बीच वह वर्तमान है जो गैर-क्लासिकल है। शायद इसीलिए उनकी विराट फैंटेसियाँ बार-बार टूटती हैं।

उस प्राक्तन बावड़ी का अँधियारा खुला मुँह *'शून्य अम्बर ताकता है।'* इसकी अगली ही पंक्ति है *'बावड़ी की उन घनी गहराइयों में शून्य।'* अम्बर में भी एक शून्य है और इन घनी गहराइयों में भी। यह शून्य बाहर भी है और भीतर भी। इसी में एक *'ब्रह्मराक्षस पैठा है।'* धँसा हुआ है। उसकी बड़बड़ाहट है। एकालाप है। भीतर से इस गूँज की भी गूँज घुमड़ती है। भीतर की दीवारों से टकराकर गूँज प्रतिध्वनित होकर और बड़ी गूँज बन जाती है। यह गूँज है, इसके शब्द स्पष्ट नहीं। मुक्तिबोध की कविता में शमशेर की तरह 'साइलेंसेस' नहीं है। उनके शब्दों के घात-प्रतिघात और तीव्र लय से एक गूँज पैदा होती है। यह गूँज कविता के समाप्त होने के बाद भी मन-मस्तिष्क पर बहुत देर तक बनी रहती है जैसे झींगुर के बोलने से सन्नाटा और अधिक घना हो जाता है या और अधिक महसूस होता है, उसी तरह मुक्तिबोध की कविता की गूँज उसकी साइलेंस को और अधिक घना बना देती है। यह गूँज यथार्थ से ज़्यादा उसकी भयावहता को व्यक्त करती है।

बावड़ी के भीतर बसी जल की गहराइयों में पैठा ब्रह्मराक्षस 'गहन अनुमानिता/तन की मलिनता' और *'पाप छाया'* दूर करने के लिए, अपनी देह को घिस रहा है। मैल फिर भी है कि बना ही रहता है। मार्क्स ने बेशी मूल्य के सिद्धान्त में लिखा था *'क्या आदम के जमाने से ही पाप वृक्ष साथ ही ज्ञान वृक्ष नहीं रहा है।'* 'ब्रह्मराक्षस' की यह पाप छाया भी क्या ज्ञान की ही छाया नहीं है। आधुनिक मनुष्य की चिन्ता, त्रासदी, भय और अन्तर्विरोध के लिए यहाँ सारे पद ब्रह्मराक्षस के लोक मिथक के अनुरूप ढल जाते हैं। इसलिए कभी-कभी ये रहस्यवाद का विभ्रम भी पैदा कर सकते हैं। आधुनिकतावादियों की तरह मुक्तिबोध में अपने अतीत से स्पष्ट पार्थक्य नहीं है। उनमें विवेक, अनुभव का निषेध नहीं करता। इसलिए तन की मलिनता हो या पाप छाया वो वस्तुतः अपने अर्जित ज्ञान को दूसरे तक न पहुँचा पाने का एक अपराधबोध ही

है। इस अखण्ड स्नान के बीच यह ज्ञान ही क्रुद्ध मन्त्रोच्चार की तरह फूटता है। लेकिन संवेदना स्याह हो चुकी है। क्योंकि सब कुछ स्थिर हो गया है। वह सिर्फ़ अपने अन्दर ही ज्ञान के नए व्याख्यान कर रहा है। नए इंटरप्रिटेशंस। नए पाठ।

और यह नया व्याख्यान *'दुगने भयावह ओज से'* शुरू होता है। यह ज्ञान *'सुमेरी बेबीलोनी जनकथाओं से मधुर वैदिक ऋचाओं तक'* ही नहीं है उसमें तो मार्क्स ऐंजेल्स, रसेल, टॉएन्बी, हीडेग्गर व स्पेंग्लर, सार्त्र, गांधी तक सब शामिल हैं। वह सबकी नई व्याख्या करता रहा है।

ये गरजती, गूँजती, आन्दोलिता
गहराइयों से उठ रहीं ध्वनियाँ अतः
उद्भ्रान्त शब्दों के नए आवर्त में
हर शब्द नित प्रति शब्द को भी काटता
वह रूप अपने बिम्ब से ही जूझ
विकृताकार-कृति
है बन रहा
ध्वनि लड़ रही अपनी प्रतिध्वनि से यहाँ।

हर शब्द निज प्रति शब्द को ही काट रहा है। बिम्ब बिम्ब से जूझ रहा है। ध्वनि अपनी ही प्रतिध्वनि से लड़ रही है। गहरे अन्तर्द्वन्द्व हैं। विचारों का एक विकट संघर्ष मन की उस प्राक्तन बावड़ी में चल रहा है। इसे या तो कविता का 'मैं' सुन रहा है या प्राचीन औदुम्बर। दिक्कत यह है कि यह ट्रैजेडी आभ्यन्तर की बावड़ी में ही अड़कर रह गई है। ये गरजती-गूँजती आन्दोलित ध्वनियाँ सिर्फ़ अपने ही घेरे में घूम रही हैं। यह विकट संघर्ष मात्र अच्छे और बुरे के बीच नहीं है। उससे भी उग्र रूप में यह *'अच्छे और उससे भी अच्छे के बीच का संगर'* है। *इसलिए कि जो है उससे बेहतर चाहिए* का संगर है। इसी संघर्ष में ब्रह्मराक्षस घायल होता है। पैरों में मोच आ जाती है। गति लड़खड़ा जाती है। छाती पर अनेक घाव लगते हैं। लेकिन इस सबके बावजूद सफलता किंचित् है, असफलता अति भव्य है। इस भव्य में वैभव भी है। क्योंकि यह व्यथा अतिरेकवादी पूर्णता...की है। लेकिन इस अतिरेकवादी पूर्णता की तुष्टि आसान नहीं। ब्रह्माण्डीय ज्ञान का यह महानायक अन्ततः मारा जाता है। *'दशमलव बिन्दुओं के सर्वतः/पसरे हुए उलझे गणित मैदान में।'*

वह शोधक गणित के मैदान में मारा गया। आज के मुहावरे में कहें तो गणितबाजी के मैदान में। क्योंकि उसके लिए जीने की अकेली सीढ़ियाँ चढ़ना बहुत मुश्किल रहा। वह *'भाव-तर्क व कार्य-सामंजस्य-योजन-शोध में'* ज्ञान प्राप्त करने के लिए चिन्तकों के पास भटकता रहा। इस महानायक की मृत्यु के बाद के लगभग पाँच पैरेग्राफ में मुक्तिबोध उसकी मृत्यु का इंवेस्टीगेशन करने की कोशिश करते हैं। यह एक तार्किक और बौद्धिक छानबीन है।

किन्तु युग बदला व आया कीर्ति व्यवसायी
...लाभकारी कार्य में से धन
व धन में से हृदय मन
और, धन—अभिभूत अन्तःकरण में से
सत्य की झाई
निरन्तर चिलचिलाती थी।
आत्मचेतस किन्तु इस
व्यक्तित्व में थी प्राणमय अनबन—
विश्वचेतस बे-बनाव !!

श्रीपाद अमृत डांगे के नाम पत्र में मुक्तिबोध ने लिखा है कि *"प्राचीन भारतीय जीवन और पद्धति के विखण्डन, अर्ध-सामन्ती वाले परिवारों और अर्ध-सामन्ती, अर्ध-पूँजीवादी समाज द्वारा उत्पन्न यह उथल-पुथल भरा वातावरण, व्यक्तिगत त्रासदियों, पूँजीवादी समाज में व्यक्ति पर पड़ रहे दबाव और मुक्ति की आकांक्षा लिए हुए व्यक्ति की घृणा व चीत्कार—इन सबका नई कविता की उत्पत्ति से जो सीधा सम्बन्ध था, उसे इन लोगों ने नहीं समझा।"* मुक्तिबोध सिर्फ़ इस विखण्डन और उससे उपजी स्थितियों को ही नहीं इससे भी कुछ पहले तक जाते हैं। यहाँ कीर्ति व्यवसायी जिसका अन्तःकरण धन से अभिभूत है का चरित्र 'अँधेरे में' के पूँजीवादी मन से थोड़ा भिन्न है। *'पूँजी से जुड़ा हृदय बदल नहीं सकता'* से अलग है। इसके *धन-अभिभूत अन्तःकरण में से 'सत्य की झाई/निरन्तर चिलचिलाती थी।' यह 'आत्मचेतस', 'विश्वचेतस'* था। यह कुछ-कुछ क्लासिकल पूँजीवाद से मिलता-जुलता है। लेकिन इसका व्यक्तित्व विघटित है। उसमें *'प्राणमय अनबन'* है। यहाँ परम अभिव्यक्ति, परम उत्कर्ष पाना, संभव नहीं। यहाँ अतिरेकवादी पूर्णता सम्भव नहीं। इस महत्ता का मन *'विषादाकुल'* है। लेकिन उसने व्यक्तिवाद और गहन आन्तरिकता को अर्जित किया था। लेकिन उस महत्ता का, उसके स्वयं के मूल्य का उपयोग नहीं हुआ।

बाहरी और भीतरी दो पाटों के बीच ही वह महानायक पिस गया। ऐसी ट्रैजेडी है नीच ! मार्क्स ने *'हेगेल के न्याय दर्शन'* की समालोचना करते हुए लिखा था कि *'जब तक यह प्राचीन व्यवस्था विद्यमान विश्व-व्यवस्था के रूप में उस विश्व के विरुद्ध, जो अभी केवल जन्म ले ही रहा था, संघर्ष करती रही, इस प्राचीन व्यवस्था के पक्ष में व्यक्तिगत नहीं, वरन् विश्वव्यापी ऐतिहासिक भूल थी। इसी कारण उसका पतन त्रासदीपूर्ण था।"*—इस तरह दो पाटों के बीच घटित उस त्रासदी में ज्ञान की *'वह ज्योति अनजानी सदा को सो गई।'*

मैं ब्रह्मराक्षस का सजल उर शिष्य
होना चाहता
जिससे कि उसका वह अधूरा कार्य

उसकी वेदना का स्रोत
संगत, पूर्ण निष्कर्षों तलक
पहुँचा सकूँ

मुक्तिबोध की लगभग हर कविता एक 'इच्छा' के साथ समाप्त होती है। इसलिए उसके अन्तःसूत्र कहीं न कहीं प्रगतिवाद से भी जुड़े हुए लगते हैं। मुक्तिबोध की कविता की संरचना में एक के भीतर एक और उसके भी भीतर एक, की जो रचना है उसकी बार-बार अलग-अलग तरह से पुनरावृत्ति होती है। यह मात्र रूप विधान का मामला नहीं है, चिन्तन प्रक्रिया का भी हिस्सा है। *'संगत'* और *'पूर्ण निष्कर्षों तलक'* पहुँचने की प्रक्रिया है। इसमें निरन्तरता है, लेकिन एक के बाद दूसरे आवरण को हटाने की निरन्तरता। इसकी गति वर्तुलाकार है, वृत्ताकार नहीं। इस सारी प्रक्रिया में इच्छा की भूमिका केन्द्रीय भी है और सबसे अहम भी। वही उन्हें फैंटेसी को रचने के लिए उकसाती है, बाध्य करती है। निरन्तर सक्रिय रखती है। यह इच्छा है, ब्रह्मराक्षस के अधूरे कार्य को पूरा करने की। उसकी वेदना के स्रोत को संगत और पूर्ण निष्कर्षों तलक पहुँचाने की।

सदा एक नए समय की गर्म साँस

'पर मैंने अपनी चित्रकारी के शोक को कविता में काफ़ी पूरा किया है...मैंने चीजों को अक्सर पेंटिंग की शक्ल में ग्रहण किया है, भले ही उनका कोई बाह्यरूपाकार न हो, रंग न हों पर रंगों के प्रभाव उसमें हैं—रंगों के भावनात्मक रूप। मेरी कविताओं में जो इंप्रेशनिज़्म की बात कही गई है, वह यही है—मैंने मन पर पड़नेवाले प्रथम प्रभाव को ज्यों का त्यों यत्नपूर्वक शब्दों में ट्रांसफर करने की कोशिश की है...। पर असल में कविता और चित्रकला दोनों बड़ी ईर्ष्यालु कलाएँ हैं, एक-दूसरे से भिन्न स्वभाववाली। एक दृश्य कला है, दूसरी शब्द कला। उनका एक साथ निर्वाह मुश्किल ही है, जब तक कोई बड़ी प्रतिभा न हो...में समझता हूँ मेरे भीतर दोनों ने एक-दूसरे को नुकसान ही पहुँचाया है... ।'

(बात बोलेगी, पर कब : मलयज से बातचीत का अंश)

शमशेर ने अपनी शुरुआत पेंटिंग से की, बकायदा उसे सीखा भी, कुछ दिन। चित्रकार वे चाहे न हुए हों पर इतना तो तय है कि यह चित्रकार हमेशा ही उनकी आत्मा का सहचर बना रहा। बीच-बीच में एक चित्रकार की तरह और अक्सर एक कवि की आन्तरिक बुनावट में, शब्दों में दृश्यों को चित्रित करता हुआ। इन दोनों के युग्म ने शमशेर में क्या जोड़ा और क्या घटाया है, इसका लेखा-जोखा आसान काम नहीं। 'यूँ होता तो क्या होता' की तर्ज़ पर कुछ खामख़्याली भले ही कर ली जाए। यह भी मुझे आवश्यक नहीं लगता कि शमशेर से इस बात पर सहमत हुआ ही जाए कि उनके भीतर दोनों कलाओं की मौजूदगी ने एक-दूसरे को नुकसान ही पहुँचाया है। यह एक तरह की उदारता ही ज्यादा है। शमेशर एक बेहद सजग कवि हैं, अपने तथा अपने समय के साहित्य की प्रवृत्तियों के बारे में बहुत स्पष्ट आलोचनात्मक विवेक के कवि। बेहद क्रीटिकल। अपने प्रति भी।

आधुनिक कविता को चित्रकला और सिनेमा ने शायद सबसे अधिक प्रभावित किया है, परोक्ष रूप से भी और अपरोक्ष रूप से भी। शमशेर की कविता में चित्रकला और मुक्तिबोध की कविता में सिनेमेटोग्राफी के प्रभावों को लक्ष्य किया जा सकता है। दोनों की ही कविताओं में दृश्य केन्द्रीय हैं, लेकिन इन दृश्यों का मिजाज भिन्न है। दोनों की गतियों में अन्तर है। दोनों के रूपाकार भिन्न हैं। रंग अलग हैं। संभवतः चित्रकला और सिनेमेटोग्राफी के प्रभाव से पूरी तरह मुक्त किसी आधुनिक कविता की कल्पना

अगर असम्भव नहीं तो मुश्किल तो है ही। शमशेर की कविता में काल और दिक् की उपस्थिति इसीलिए बहुत अलग और विशिष्ट है। अद्वितीय भी। शमशेर हिन्दी के सम्भवतः अकेले कवि हैं जिन्होंने चित्रकारों और चित्रों पर इतनी अधिक कविताएँ लिखी हैं। **पिकासोई कला, विजय सोनी के चित्र, एक स्टिल लाइफ, अनिल चौधरी के चित्र, फ़ान-गौग का एक चित्र, रावल गोस्वामी के चित्र,** आदि। शमशेर में यह प्रभाव किसी अन्य चित्रकार की प्रेरणा से नहीं आया। यहाँ तो अपना ही एक व्यक्तित्व अपने दूसरे व्यक्तित्व के कलाकर्म में हिस्सेदारी कर रहा है। दोनों एक-दूसरे से जूझ रहे हैं। एक-दूसरे से मिल रहे हैं और एक-दूसरे को धकिया भी रहे हैं। इस भिड़न्त में ही उनकी कविता का संसार वैसा है, जैसा वह है। कविता में दृश्यों और रंगों का एक अद्‌भुत संसार। धुँधले और हल्के रंग अक्सर...मुक्तिबोध के गाढ़े और अँधेरे रंगों से विपरीत। नीला और सुरमई साँवला रंग उनका प्रिय रंग है और आकाश या नभ उनकी कविता का बेहद प्रिय शब्द या बिम्ब या दृश्य का जरूरी हिस्सा।

'प्रात नभ था बहुत नीला शंख जैसे
भोर का नभ।'

यह नीला रंग अतियथार्थवादी कला का भी प्रिय रंग है। शमशेर की कविता में सुर्रियलिज़्म का एक खास तरह का प्रभाव है। उन्होंने इसे स्वीकार भी किया है और विचारधारात्मक स्तर पर इसका विरोध भी। रिम्बो की तरह उन्हें भी टूटी बिखरी, अस्तव्यस्त चीजों से एक लगाव-सा है...उनके प्रति एक पवित्र-सा भाव। लेकिन शमशेर अतियथार्थवादी कविता के वैचारिक पक्ष के प्रति सचेत भी हैं और संशयी भी। उनकी कविता में यह प्रभाव शैलीगत अधिक है। एक खास अन्दाज की तरह, मिजाज की तरह, अन्दाज़ेबयानी की तरह। सुर्रियलिज़्म का यह अन्दाज़ उनकी प्रारम्भिक कविताओं में लगभग नहीं है। यह प्रभाव सन् 45 के आसपास शुरू होता है और आजादी के बाद, नेहरू युग में कुछ गाढ़ा होता दिखता है। क्या आजादी के बाद के एक अनगढ़, अराजक दौर ने इसे पैदा किया है ? उस सामाजिक-राजनीतिक उथल-पुथल ने, जिसमें एक ओर तेलंगाना है और दूसरी ओर देश का विभाजन। जिसमें स्वप्न और यथार्थ एक-दूसरे की ओर पीठ किए खड़े हैं, लेकिन फिर भी एक-दूसरे में गलबहियाँ डालने को उत्सुक भी हैं। समाजवादी स्वप्न की नेहरूवादी अवधारणाएँ हैं। नेहरू और कम्यूनिस्टों के बीच समर्थन और विरोध का एक अजीब-सा द्वैत बन रहा है। एक मोहक बूर्ज्वा स्वाँग। इस द्वैत की सबसे जटिल अभिव्यक्ति शमशेर और मुक्तिबोध में ही दिखाई देती है। लेकिन शमशेर इस जटिल स्थिति से दो-चार होने के लिए मुक्तिबोध की तरह अत्यधिक बौद्धिकता का रास्ता नहीं चुनते। अतियथार्थवाद भी इस अत्यधिक बौद्धिकता का विरोध करता है। लेकिन शमशेर को अतियथार्थवादियों का जीवन का एकान्त काल्पनिक पक्ष ही प्रिय नहीं है। वे पाल एलुआर और लुई अराँगा की तरह राजनीतिक और सामाजिक स्थितियों से दो-चार होना चाहते हैं। अतियथार्थवादी काव्य प्रतीकों और क्लासिकल रुचि के बीच

कोई महीन-सा रिश्ता है। **कुछ और कविताएँ** में अपनी तीन कविताएँ **ये लहरें घेर लेती हैं, शिला का खून पीती थी वह जड़** और **सींग और नाखून** को शामिल करने की कैफ़ियत देते हुए शमशेर ने लिखा : *'तीन और कविताएँ ऐसी हैं जो मुझे जी से पसन्द हैं : और जो सुर्रियलिस्ट पेंटिंग हैं : और जिन्हें इसलिए मैं अपने इस चयन में शामिल न करता। मगर ये लहरें घेर लेती हैं की कुछ पंक्तियाँ मेरे एक वक्तव्य के अन्तर्गत बहस में आ गईं, जो सितंबर 60 के ज्ञानोदय में प्रकाशित हुआ था, इसलिए पूरी कविता को पाठकों के समक्ष रखना मुझे उचित ही जान पड़ा। (उसे यों कहीं प्रकाशनार्थ भेजने का मन नहीं हुआ।) दूसरी* ***शिला का खून पीती थी वह जड़*** *पर छायावादी युग के एक प्रतिनिधि कवि-विचारक, प्रस्तुत संग्रह पर कुछ सुझावों के सन्दर्भ में टिक लगा चुके थे—मैं उनका हृदय से आभारी हूँ—अतः सुरियलिज़्म से अपने सैद्धान्तिक विरोध को सिद्धान्त के ताक़ पर रखा और इस रचना को संग्रह में शामिल कर लिया। (क्लासिक रुचि अगर कहीं अतियथार्थ के प्रतीक को सार्थक पाती है, तो मेरे लिए मौन ही अलम् है।)'*

यह विस्तृत उद्धरण शमशेर के अतियथार्थवाद से लगाव, झुकाव, सैद्धान्तिक विरोध और शैली तथा प्रतीकों की सार्थकता, स्वच्छन्दतावाद और अतियथार्थवाद के बीच रिश्ते, जैसी अनगिनत बातों को समेटे है। किसी तरह की दुविधा यहाँ नहीं है। न स्वीकार करने में, न विरोध में।

शमशेर कविता में अपनी उपस्थिति को दृश्य में लगभग अन्तर्लीन करते चलते हैं। वे अनुपस्थित नहीं होते लेकिन जैसे शब्दों के पीछे चले जाते हैं, उनकी ध्वनियों की ओट में छिप-से जाते हैं। उनके चेतस व्यक्तित्व की आह और बेचैनी समय की आह और बेचेनी से एकमेक हो जाती है। उनकी कविता यथार्थवाद के प्रचलित ढर्रे से अलग है। उसकी जड़ें किसी खास लोकजीवन, लोकरंग या लोक बोलियों में नहीं हैं। लोर्का की तरह उनमें लोक और आधुनिकता का विलयन नहीं। मिथक की उपस्थिति उनकी कविता में लगभग नहीं है। नागार्जुन, केदार या त्रिलोचन से वे इस मामले में दूसरे छोर पर हैं। उनका संस्कार उर्दू और खड़ी बोली का ठेठ और मिश्रित संस्कार है। बहुत हद तक नगरीय। उसमें किसी खास स्थानीयता का कोई विशिष्ट रंग नहीं। उनकी कविता का लैण्डस्केप किसी खास खत्ते की भौगोलिक विशिष्टता लिए नहीं है। वह उनकी स्मृतियों और सपनों से मिलकर बना है। एक स्तर पर वह यूनीवर्सल है। ब्रह्माण्डीय है। वह उनकी आत्मा में उनके स्वप्न में रचा गया लैण्डस्केप है। लेकिन यह ऐसा स्वप्न बिम्ब नहीं, जो यथार्थ का विलोम हो। वह शमशेर के रंग और स्मृतियों और कल्पना से बना लैण्डस्केप है। उसमें एक वास्तविक प्राकृतिक दृश्य स्वप्नाभास की तरह धुँधला और तैरता-सा लगता है। उसमें एक जादुई असर है...यथार्थ का जादुई रूपान्तरण, आते जाते रंग हैं और गति भी। हालाँकि बहुत धीमी और अपने जादू को आँख-भर देखने को, ठहरने को बाध्य करती-सी। बहुत अधिक तीव्र गतिवाले इस बाजार-मुखी समय में वह अपनी गति के कारण भी प्रतिपक्ष में खड़ी कविता है। एक मौन विरोध में। आत्मा के अखिल हठ-सी। शब्दों की ऐन्द्रिक ध्वनियों को दृश्यात्मक बिम्बों में रूपान्तरित करती

हुई, प्रकृति और जीवन के बेहद निजी और गुप्त पेटर्न्स को, रहस्यों को उद्घाटित करती हुई। सम्भवतः इसी में उसकी नाटकीयता का वास है।

शमशेर की कविता को उसके शिल्प या उसके वस्तु तत्त्व में खोजना बेकार है, वहाँ कथ्य ही रूप का आकार ग्रहण कर लेता है। एक सौन्दर्यात्मक रूप। इस प्रक्रिया में उनका अन्दरूनी व्यक्तित्व, उनका कवि और उनका चित्रकार कोई भी शामिल होने से बाज़ नहीं आता। वे सब एक-दूसरे के हिस्सेदार बनते चले जाते हैं। इसलिए वे अपनी चित्रकारी का शौक कविता में पूरा करते हैं और कविता के बिम्ब को पुनः चित्रकारी में रूपान्तरित कर देते हैं। बकौल शमशेर अगर यह मान लें कि ये दोनों कलाएँ ईर्ष्यालु हैं तो कहना न होगा कि शमशेर अपनी अद्वितीयता से इन दो परस्पर विरोधों का सामंजस्य तलाश लेने में सिद्धहस्त हैं। शमशेर का काव्य व्यक्तित्व इसी द्वन्द्व के बीच कहीं है। अपनी निजता और अपनी अद्वितीयता के साथ।

सेब दो ठो पास पास
एक चित्ती बुंदकियों की
उषा मुख पर मले
उससे लगा
नम्र कोमल छाँहवाला
दूसरे का हरा गोल कपोल
दोनों मौन
(एक स्टिल लाइफ)
सोने का एक ज्वार उठा...

और
गहरे नीले अनगिन पंखों से
नीले अनगिन फेनिल पंखों से
उसे ढाँप लेने को
व्यर्थ व्यर्थ...
उट्ठा बवण्डर।
(फ़ान-गौग् का एक चित्र)

यह चित्रात्मक दृश्य शमशेर की कविता का केन्द्र है। बकौल शमशेर यह तत्त्व चित्रकारी का है। लेकिन जब यह कविता में आता है तो यह स्थिर नहीं रहता। वह पूरब से पच्छिम को एक क़दम में नापता बढ़ता है। वह राख से लीपे हुए चौके से उषा के जादू टूटने तक निरन्तर गतिमान होता है। वह एक बरसता हुआ नीला दरिया होता है। मतलब यह कि एक निरन्तर गत्यात्मकता उसमें प्रकट होती है और यह गत्यात्मकता जीवन की भी है और बिम्ब की भी। यह दृश्य शमशेर की शमशेरियत वाली

कविताओं में भी है और उनकी मुखर राजनीतिक कविताओं में भी। जहाँ प्रसंग प्रकृति है या निजी जीवन प्रसंग है वहाँ इसकी गति थोड़ी धीमी है। जहाँ जीवनानुभव या जीवन प्रसंग सामूहिकता से जुड़ा है, उत्तेजित करनेवाला है, सामाजिक-राजनीतिक हिलोर से भरा है वहाँ शमशेर की प्रतिक्रियाएँ सांकेतिक की जगह रेह्टारिक हैं। लय की गति कुछ तीव्र है। लेकिन कोई बुनियादी फाँक नहीं।

य' शाम है
कि आसमान खेत है पके हुए अनाज का।
लपक उठीं लहू भरी दरातियाँ
—कि आग है :

धुँआ धुँआ
सुलग रहा
गवालियार के मजूर का हृदय।

इस दृश्य में हिचकिचाहट कम है, संकोच कम है, शब्दान्तराल कम है, गति अधिक। सामाजिक और राजनीतिक प्रसंगों में अपनी जीवन दृष्टि के प्रति किसी तरह का संकोच या सन्देह नहीं। सन्देह तो निजी जीवन प्रसंगों के सन्दर्भ में भी नहीं है। लेकिन जीवन के प्रणय प्रसंगों की अभिव्यक्ति में शमशेर ज़्यादा इम्प्रेशनिस्ट नज़र आते हैं। हालाँकि देह के वर्णन में वे काफ़ी मांसल कवि हैं। और यह मांसलता उनकी सौन्दर्य-दृष्टि या जीवन-दृष्टि से अलग नहीं। शमशेर को केवल सौन्दर्य का कवि कहा जाना एक अधूरा पद है। जो अज्ञान के कारण नहीं, चालाकी के साथ रचा गया है। काव्यकला समेत जीवन के सारे व्यापार उनके लिए लीला तो हैं लेकिन ऐसी लीला जो *'मनुष्य के जीवन के उत्कर्ष के लिए निरन्तर संघर्ष की ही लीला है।'* शमशेर एक सजग कवि हैं, वे शंकित हैं कि उनकी कविताओं का गलत इस्तेमाल किया जा सकता है। उन्होंने लिखा : *'अगर्चे, मुझे डर है कि बुर्जुआ तबके का एक खास गिरोह कुदरती तौर पर इसकी तरफ झुकेगा अगर जमाना न बदला तो।* 'शमशेर का डर गैरवाजिब नहीं। विजयदेव नारायण साही को भी यह निष्कर्ष निकालने का लोभ होता रहा था कि *'शमशेर का प्रगतिवाद उनकी कविता के हाशिए तक सीमित रह गया।'*

उनकी हर वक्त एक खास तरह की कविताओं को ही तरजीह देने की सुनियोजित कोशिश की जाती रही है। और उन्हें भी कभी शमशेर की डायरियों, लेखों और उनकी राजनीतिक कविताओं के प्रसंग में समझने की कोशिश नहीं की गई। उनकी जीवन दृष्टि को ताक पर रखकर निष्कर्ष निकाले गए। एक खास किस्म के साँचे में उन्हें फिट करने की कोशिश की गई।

शमशेर ने स्वयं लिखा है कि वे एक **एक्लैक्टिक शैली के कवि** हैं। *'सभी शैलियों ने उन्हें मोहा है—सभी में रचने की उसने कोशिश की है।'* इसका यह मतलब कतई

नहीं कि उनकी अपनी कोई निजता या निजी कवि-व्यक्तित्व नहीं। वह है और उनकी सारी कविताओं में विद्यमान है। वहाँ कोई विभाजक रेखा नहीं है। जैसा हिन्दी के कई मूर्धन्यों को लगता है। मनुष्य और जीवन के प्रति उनका एक कोहरेंट विज़न हर जगह मौजूद है।

निजी जीवन प्रसंगों या प्रणय प्रसंगों में दिखता संकोच या हिचकिचाहट वस्तुतः वैचारिक हिचकिचाहट नहीं है। कभी-कभी मुझे लगता है यह संकोच एक तरह का अन्दाज़ है। चीजों को, अपने अन्तर को दूसरे के सामने खोलने का एक बहुत मोहक...दिलकश अन्दाज़...। वरना वहाँ भी ऐसी मुखर पंक्तियाँ और मांसल बिम्ब मौजूद हैं जो किसी संकोची व्यक्ति के लिए सम्भव नहीं।

हाँ तुम मुझसे प्रेम करो जैसे मछलियाँ लहरों से करती हैं
...जिसमें वह फँसने नहीं आतीं,
जैसे हवाएँ मेरे सीने से करती हैं
जिसको वह गहराई तक दबा नहीं पातीं,
तुम मुझसे प्रेम करो जैसे मैं तुमसे करता हूँ।
(टूटी हुई, बिखरी हुई)

'यह तुम्हारा ठोस बदन
अजब तौर से
मेरे अन्दर बस गया है।'

यहाँ इस प्रणय प्रसंग में भी कोई अन्तर्बाधा नहीं, संकोच नहीं। इस निर्बाधता में ही शमशेर अपनी कविता की स्वतन्त्रता को अर्जित करते हैं। यह ऐसी स्वतन्त्रता नहीं जो अराजकता से अर्जित हो, जो विचारधाराओं के निषेध का स्वाँग करती हो। यह ऐसी निर्बाधता है जो विचारधारा को गहरे तक आत्मसात करने से पैदा हुई है। इस **शागिर्द निराला के** में यह स्वतन्त्रता कविता के भीतर निज को स्वतन्त्र करते चले जाने के आत्मिक साहस का परिणाम है। शमशेर ने लिखा है *'मैं अपने आपसे बातें करता हूँ। हम सब एक न एक क्षण में करते हैं, बेमानी बातें—खामखयालियाँ, बे सिर-पैर के कुलाबे : उनका कोई छन्द होता है? कहाँ स्टैंजा बनता और कहाँ पैरा... ?'*

'हाँ छन्द होता है और ठहराव भी और ताल और सुर की चोटें और थाप और गिराव भी होता है और स्टैंजा बनते और पैरे भी शुरू होते हैं।...लम्बे-लम्बे और छोटे-छोटे विरामों, मौजूँ छन्दों में : जिनको हमारे दिल की लहर ही नाप सकती है और नापती ही है। (आप कबूलें या न कबूलें)'

'अगर कविता (जिसको कहते हैं) 'जीवन से फूटकर' निकलती है तो उसमें जीवन की सारी बेताब उलझनें और आशाएँ और शंकाएँ और कोशिशें और हिम्मतें कवि के अन्दर की पूरी ईमानदारी के साथ अपने सरगम के पूरे बोल बजाने लगेंगी।'

शायद यही कारण है कि कई बार शमशेर की कविता थोड़ी उलझी, दुरूह और रहस्यमय पहेली-सी भी बन जाती है। वे अपने अनुभव का सामान्यीकरण नहीं करना चाहते। उसे ज्यों का त्यों, जैसा उन्होंने उसे देखा और जिया है रखना चाहते हैं। कवि के अन्दर की पूरी ईमानदारी के साथ। जितना वह विशिष्ट है, वैसा ही विशिष्ट। इस उलझन को शमशेर जानते हैं। पर वे इस बात पर दृढ़ हैं, एकदम दृढ़। इसलिए बार-बार अपनी निजता और अपनी सामाजिकता, अपनी कला और अपनी राजनीति, अपनी कला और समाज के रिश्तों को, जितनी गहराई से उन्होंने खुद महसूस किया है, उसे समझाना भी चाहते हैं। कविता के भीतर भी और कविता से बाहर भी। अपने आपसे लगातार इस बाबत बात करना चाहते हैं। सम्भवतः इसीलिए उनकी कविता और उनके काव्य व्यक्तित्व को समझने में उनकी डायरियाँ ज्यादा मदद करती हैं।

एक जगह शमशेर ऐसी स्वतन्त्रता चाहते है जिसमें पैरा, स्टैंजा, ठहराव, गिराव, थाप, सुर, लय सब स्वतन्त्र हों, जिन्हें दिल की ही लहर नाप सकती है और नापती है। लेकिन डायरी में ही दूसरी जगह उन्होंने लिखा *'वस्तुगत प्रयोग और रूपगत प्रयोग दोनों जो कि हर अच्छी रचना में अन्योन्याश्रित रूप से ही सफल होते हैं—के यथासम्भव निर्दोष शिल्प के उच्चतम स्तर पर आज भी मेरा उतनी ही कठोरता से आग्रह है (कम से कम अपने लिए : हाँ सिद्धान्त रूप में ही सही।) जितना पहले था बल्कि अधिक ही है।'* यह स्वतन्त्रता और क्लासिकल श्रेष्ठता निरा रूपवादी आग्रह नहीं है और ना ही यह आग्रह उनकी मात्र एक तरह की कविता के लिए है। क्योंकि इसकी अनिवार्य शर्त यह है कि *'कवि का कर्म अपनी भावनाओं में, अपनी प्रेरणाओं में, अपने आन्तरिक संस्कारों में, समाज सत्य के मर्म को ढालना—उसमें अपने को पाना है और उस पाने को अपनी पूरी कलात्मक क्षमता से पूरी सच्चाई के साथ व्यक्त करना है, जहाँ तक वह कर सकता है।'*

दो

यह मात्र संयोग नहीं कि नई कविता के तीन प्रमुख कवियों में मुक्तिबोध और वात्स्यायन प्रसाद से सम्वाद करते हैं और शमशेर निराला से। इसलिए मुक्तिबोध जब अतिबौद्धिकता के आग्रहवाली आधुनिकता की ओर जाते हैं तो शमशेर इस अतिबौद्धिकता के आग्रह से कुछ बचते हुए से, अपनी **शैली** में एक हद तक अतियथार्थवाद के निकट पहुँचते हैं। जबकि दोनों ही कवियों की वैचारिक भूमि बिलाशक **मार्क्सवाद** है। छायावाद के रोमेंटिसिज़्म और प्रगतिवाद की राजनीतिक-सामाजिक चेतना से दोनों के ही सम्बन्ध हैं, लेकिन थोड़े भिन्न, अभिव्यक्ति में भी और समझ में भी।

शमशेर के लिए निराला सघनतम् की एक ऐसी आँख हैं जो हर भटकाव में उन्हें राह दिखाते हैं। अपनी मुश्किलों के हल के लिए शमशेर हक़ीक़त को तख़ैयुल से बाहर लाना चाहते हैं। शमशेर का यह आत्मसंघर्ष ही उन्हें बार-बार बाहर आकर अपने समय

और समाज के बेहद ज़रूरी सवालों से दो-चार होने का सामर्थ्य देता है। स्वतन्त्रता से पहले भी, संघर्ष के दौर में भी और बाद में भी। सवाल सामन्तशाही के हों, आन्दोलनों के हों, साम्प्रदायिकता के हों या विश्वशान्ति के या दुनिया के किसी भी कोने में चल रहे संघर्ष के। वे गाफ़िल कवि नहीं, ना ही अपने अन्तर-लोक में भटकते, डूबे हुए कवि, जैसा हिन्दी के बहुत सारे आलोचक, उनकी एक ही तरह की कविता को सामने रखकर सिद्ध करना चाहते हैं।

शमशेर की राजनीतिक कविता का शायद सबसे उज्ज्वल पक्ष यह है कि उसमें निराला की तरह बेलाग, सीधी मार करनेवाला रेहटारिक है। उसमें वक्तव्य की शक्ति है, उसे कलात्मक रंग देने की कोई कलाबाजी नहीं। एक एक्लैक्टिक शैली का कवि ही इतने आत्मविश्वास के साथ सीधे-सीधे इतनी शैलियों का प्रयोग कर सकता है। उसमें मार्च सांग भी है, आह्वान भी, व्यंग्य और विष्लेषण भी। उसमें आधुनिक कविता के औजार भी हैं, एक आधुनिक बोध भी और परम्परा की अन्तर्ध्वनियाँ और सामर्थ्य भी।

टूटेंगे अरि दल के पहाड़
के पहाड़
जब जन बल का सागर
दहाड़ कर उट्ठेगा,
करता विचूर्ण फ़ासिस्ट हाड़।

या
स्वतन्त्र होना है जनतन्त्र के सिपाही को।
कि अपने खून से धोना है इस सियाही को।
लगे अवाम की ठोकर निज़ामशाही को।

आह्वान का यह सौन्दर्य और लय न तो यूरोप की पतनशील रोमेंटिक कविता से पाई जा सकती है न उर्दू की पतनशील रोमेंटिक कविता से। यह उर्दू-हिन्दी की प्रगतिशील परम्परा से पाया गया साहस है। इसमें इक़बाल जैसी फटकार है और निराला जैसा बेलागपन। इस फटकार के साथ ही कई जगह उसमें तीखा व्यंग्य और विश्लेषण भी है :

हाँ 'हिन्दू धर्म' इसी में है।
'शाने इस्लाम' इसी में है।
—नेता माउण्टबैटन ही रहे।
काबा काशी लन्दन ही सही।

स्वाधीनता संग्राम के इतिहास के पन्नों को पलटें तो स्पष्ट होगा कि दोनों ही सम्प्रदायों के कट्टरपन्थी तीस और चालीस के दशक से ही उपनिवेश विरोधी राष्ट्रीय

आन्दोलन को छद्म राष्ट्रवादी आन्दोलन कहते रहे हैं और ब्रिटिश साम्राज्यवाद से गठजोड़ की तरह-तरह की कोशिशों में लगे रहे हैं। आश्चर्य नहीं कि हाल के वर्षों में भी इन्हीं शक्तियों ने स्वाधीनता संग्राम से पाए गए तमाम मूल्यों को छद्म करार देने की कोशिश की। शमशेर की निगाह उन पर तब भी थी और हाल के वर्षों पर भी।

ये मंसूबा है / दक्षिण एशिया में / धर्म का चक्कर.../ चले।
और बौद्ध / हिन्दू सिक्ख मुस्लिम / में रहे टक्कर।
वो टक्कर हो कि सब कुछ / युद्ध का मैदान / बन जाए।
कभी जैसा नहीं था, वैसा / हिन्दुस्तान बन जाए॥

साम्प्रदायिक उन्मादों पर लिखी गईं शमशेर की कविताओं में गहरी तकलीफ और तीखे व्यंग्य का युग्म उसे अद्वितीय कविता बना देता है। ये कविताएँ वस्तुतः विडम्बना की कविताएँ हैं। इनके काव्य सौन्दर्य को अलग से देखे जाने की ज़रूरत है। गहरी करुणा और व्यंग्य का अद्‌भुत सम्मिलन। शमशेर के व्यंग्य का मिजाज नागार्जुन से बहुत भिन्न है। यहाँ तकलीफ अधिक है और मार थोड़ी बाँकी है। तिरछी है।

ये मुल्क इतना बड़ा है /यह कभी बाहर के /हमले से /
न सर होगा / जो सर होगा तो बस / अन्दर के फितने से।

यह बाँकपन कई बार शमशेर की निजी प्रसंगोंवाली कविताओं में भी एक अलग अन्दाज़ में आता है। कहने का यह खास अन्दाज़ ही वस्तुतः शमशेरियत है। यह ग़ज़ल में भी है, 'चाँद से थोड़ी गप्पे' में भी और 'टूटी हुई-बिखरी हुई' में भी। एक रंग और है जहाँ शमशेर में व्यंग्य के साथ एक खिलन्दड़ापन भी है।

हाय लीडर दुरंगी न कम गुम हुए।
बीच धारा अगम थी—गुड़म गुम हुए।
ऐसी आँधी चले...हम भी पूछें—कहाँ,
वो जो ढाते थे जुल्मो सितम, गुम हुए ? ?
क्या गुरु जी मनुऽजी को ले आएँगे ?—
हो गए जिनको लाखों जनम गुम हुए।

शमशेर के कई रंग हैं। और इन सबके बीच एक शमशेरियत है। अन्दाज़ की भी और समझ की भी। उनकी राजनीति को लेकर कई सवाल किए गए हैं। सवाल खड़े करने का एक तरीका तो वह था जिसमें उनकी राजनीति को एक तरफ सरकाकर या यह कहकर टाल दिया गया कि यह मात्र हाशिए का मामला है। कुछ विद्वानों ने कहा कि शमशेर हमेशा एक विभाजित व्यक्तित्व के कवि रहे हैं और वे अपने दोनों हिस्सों को कभी मिला नहीं पाए। वे हमेशा दो तरह की कविता लिखते रहे। वामपन्थियों का एक हिस्सा चीन के सन्दर्भ में उनकी कविता को लेकर उनकी पूरी समझ पर प्रश्न चिह्न

लगाता रहा है और—यहाँ तक कि उन्हें रूपवादी सिद्ध करने की कोशिश भी की जाती रही। यह सारी कोशिशें शमशेर को हर वक्त हिस्सों में बाँटकर देखती रहीं। शमशेर को, उनके विविधरंगी काव्य संसार को और उनके गद्य को, एक साथ देखने पर, ऐसी कोई फाँक उनमें नज़र नहीं आती। उनकी जीवन दृष्टि में भी नहीं, उनके काव्य व्यक्तित्व में भी नहीं। **अमन का राग** उनकी जीवन दृष्टि को जानने का एक अद्‌भुत साक्ष्य है। वहाँ शमशेर अपनी पूरी काव्य ऊर्जा, बिम्बों की अपनी खास पहचान, और शिल्प के अपने अन्यतम सौन्दर्य के साथ उपस्थित हैं। उनके विज़न का यह विलक्षण प्रमाण भी है।

तीन

यह कविता नहीं मात्र
मेरी डायरी है
(अपनी मौलिक स्थिति में
छपाने की चीज नहीं)
अपने से बातचीत है मात्र...
अपने मन के होठों के स्वर
मन के कानों के लिए
(अपने केवल मात्र...)

अपने से बातचीत मात्र...। तो क्या शमशेर की कविता मात्र स्वगत है ? यूँ तो हर कविता एक स्तर पर स्वगत ही है। यह ऐसा स्वगत है जिसमें कवि का कविता में विलयन हो गया है, जिसमें उसके चित्रकार, कवि और व्यक्ति का एक-दूसरे में विलयन हो गया है। उसकी सामाजिकता और निजता एक-दूसरे में अन्तर्लीन हो गए हैं। उसी तरह जैसे उसके बिम्ब एक-दूसरे में अन्तर्लीन होते जाते हैं। जैसे उसके स्वप्न और यथार्थ एक-दूसरे में घुलमिल जाते हैं। यहाँ उसके मन के होठों के स्वर उसके मन के कानों से सुने जा रहे हैं। उसने प्रदत्त काल के भीतर एक और काल को रचा है, यह प्रदत्त काल का विलोम नहीं, उसी का अन्तर-काल है। प्रदत्त स्पेस के भीतर एक और स्पेस, जो उसके वाक्य का स्पेस है। उसके वाक्य का आकाश ! इस स्पेस में आते हुए उसके शब्द ठोस तो रहते हैं पर उनका भार समाप्त हो जाता है। इसलिए वे अक्सर तैरते-से लगते हैं। हर बिम्ब जैसे तैरता-सा, अपने ही शब्दान्तराल में। इस अन्तराल में वह स्थिर नहीं, गतिमान है। अपनी आन्तरिक ऊर्जा से उस अन्तराल को भरता और दूसरे से अपने को जोड़ता...ऊर्जा के एक पूरे प्रवाह में सारी कविता को समेटता और बहाता हुआ-सा। सारे शब्दों और बिम्बों की गूँज एक गूँज बन जाती है, जिसमें उसका अतीत भी है, वर्तमान और भविष्य भी। परम्परा और इतिहास, वर्तमान।

यह सारा का सारा कायिक संसार गन्ध, रस, स्पर्श और ध्वनियों से बना है। रंगों

को शब्द-रंग में, दृश्यों को शब्द दृश्य में बदलता हुआ। एक जादूगरी की तरह यह हमारी नसों में उतरता है। हमारी नसों को खोलता है। यहाँ न अपनी सामाजिकता से पलायन है, न अपनी निजता से। न अपनी विशिष्टता से न अपनी सामूहिकता से। यह तो सबको अपने ही रंग में समेटते जाने की कविता है। इसमें 'मार्मिक—इतिहास भिदी अद्वितीय' दृष्टि है, जो 'अत्यधिक निजी' और 'अधुनातन की सीमाश्री' है। सदा एक नए समय की गर्म साँस है। वहाँ 'शब्द का परिष्कार भी दिशा' है। शमशेर की जीवन दृष्टि उनके वक्तव्यों से ज्यादा उनके काव्य व्यवहार में देखी जानी चाहिए।

यह कविता 'समय के चौराहों के चकित केन्द्रों' से उद्भूत हुई है। यह आत्मतम् है और इसमें शमशेर का एक ऐसा महीन युग भाव है जो अपनी कलाओं की कुल सम्भावनाओं को युग की निगाहों में ढूँढ़ता है और पाता है।

ओ युग, मेरी कलाओं की सम्भावनाएँ
कुल
तेरी निगाहों में हैं
सांयसी राहों की
अप्रतिम महिमाएँ
यौवन की
गरिमाओं
उछाहों में हैं
संग उनके
ओ युग मुझे ले चल
और ज़रा सा।

बहुजन समाज के अन्तस् की अभिव्यक्ति का कौशल

नागार्जुन की कविता पर कुछ नोट्स

नागार्जुन की कविता अपने रचना-लोक में गहरे धँसने की इच्छा बाद में पैदा करती है, अपने अचरज भरे और ओर-छोर फैले भूगोल में भटकने को पहले बुलाती है। हमारी अनेक जातीयताओं और उनके राग-रंग की हलचल से भरी वह, अविरल और अनथक यात्राओं के संस्मरण की तरह है। एक तरह से वह हमारे भौगोलिक, प्राकृतिक जैविकी और प्रतिपल घटित मानवीय व्यवहार का इतिहास भी है और जीवन्त साक्ष्य भी। उसमें वस्तुओं की उपस्थिति केन्द्रीय नहीं है। वह घटनाओं का संसार है। घटनाओं को अतिक्रमित करके, उनको समावेशित करते हुए, प्रक्रिया में बदलता संसार। सम्भवतः यहाँ बौद्ध आचार्य नागार्जुन और कवि नागार्जुन के बीच बेहद महीन आन्तरिक रिश्ता है। गोचर साक्ष्य उसका केन्द्रीय बिन्दु है। 'देखा है' नागार्जुन की कविता का केन्द्रीय पद है जो उन्हें विरासत में मिली घुमक्कड़ी से मिला है। लेकिन इस 'देखा है' में मात्र 'देखना' भर नहीं है। इसमें देखना, सुनना, सूँघना, चखना, और महसूस करना, मतलब हर इन्द्रिय की सक्रिय उपस्थिति है। सम्भवतः इस अर्थ में नागार्जुन हिन्दी के विलक्षण कवि हैं। उनकी आँख जितनी अपलक और जाग्रत है, उतनी ही अन्य इन्द्रियाँ भी हैं। उनके पास घटनाओं और स्थितियों को भेदकर भीतर तक उतर जानेवाली ऐसी पैनी नज़र है जो सिर्फ़ देखती भर नहीं है, बल्कि अपनी अभिव्यक्ति से एक दूरबीन भी बनाती है, जिससे उसके पास जानेवाला हर व्यक्ति उस घटना को भीतर तक देख सके, जिसे वह दिखाना चाहते हैं। वह हमें देखना सिखाती है।

नागार्जुन की अनेक राजनीतिक कविताएँ घोर सम-सामयिकता या एक तरह की तात्कालिकता का आभास देती हैं। नागार्जुन के इस तत्त्व की चर्चा अक्सर अलग से की जाती रही है। एक पूर्ण कवि व्यक्तित्व को खाँचों में बाँटकर देखने की आलोचकीय चतुराई से ही यह भ्रम पैदा हुआ। अगर इस तथ्य से सहमत हुआ जाए तो हमें मानना होगा कि नागार्जुन का सारा कृतित्व ही घोर तात्कालिक है। लेकिन जैसे ही व्यावहारिक राजनीतिक कविताओं को हम उसके पूरे रचना संसार के बीच रखकर देखते हैं यह भ्रम टूट जाता है। वस्तुतः इन्द्रिय गोचर साक्ष्य ही उसके केन्द्र में है, इसलिए वह किसी घटना को दर्ज करने के अन्दाज से ही शुरू होती है। उनकी ऐन्द्रिकता में एक साथ आदिम

और आधुनिक दोनों का स्वाद और चमक मौजूद है। जीवन और प्रकृति की हलचल के एक छोटे से क्षण को भी, जिसके वे साक्षी हैं, अलक्ष्य नहीं करते। ऐसी हर घटना जो उनकी इन्द्रियों की परिधि में हो और जो उनकी वैचारिकता को झनझना दे; को बाँध लेने की ललक और क्षमता ही उनकी रचना के बारे में तात्कालिकता का भ्रम पैदा करती है। क्या यह प्रवृत्ति पुनः बौद्ध दर्शन से ही उनके संस्कार को मिली है ? जो यह मानता है कि जो क्षणिक नहीं है, वह वास्तविक भी नहीं है, कोई चीज़ जड़ नहीं है, ठहरी हुई नहीं है, न ही शाश्वत है !

कवि हूँ, सच है / किन्तु क्षणिक तथ्यों को यों अवहेलित करके
शाश्वत की सीमान्त / कभी क्या छू पाऊँगा ?

उनकी कविता एक घटना का बयान भर लग सकती है लेकिन उनका रचनालोक जीवन की विविधताओं से भरा विराट संसार हमारे सामने खोलता है। वह हमें महज अपने विस्तार से विस्मित नहीं करता, केले के तने की तरह उसमें हमारी वास्तविकता परत-दर-परत उधड़ती प्रकट होती है। उनकी कविता ऐसी गोचर चीजों और घटनाओं का विस्मयकारी संयोजन करती है जो हमें सक्रिय कर सकें, उत्तेजना से भर सकें और हमारी इन्द्रियों का मानवीकरण कर सकें।

सुबह / सुबह / धाँग आया हूँ / मोतियों का अम्बार।
सुबह / सुबह / बटोर लाया हूँ अनुभव
पुलक रहे हैं रोम रोम / स्पर्श के प्रभाव से, किस तरह
सुबह / सुबह / पैरों के दोनों तलवों के छिद्रों से होकर
पी आया हूँ / माघ के आकाश की हिमानी ओस।

या

अह् क्या खूब पका है यह कटहल / अह् कितना बड़ा है यह कटहल
डाल डाल में, पोर पोर में कलियों का गुच्छा फूटा
सोया सहजन हँसा ठठाकर / झुण्ड झुण्ड मधुमक्खियाँ हो गईं दीवानी
उड़ उड़ उधर गईं !

या

झुण्ड बाँधे छोकरियाँ खेल रही हैं बास्केट बाल
चौरंगी का रमना... / सुविस्तृत मैदान...रविवारीय शरद का अपराह्न।

क्या ये कविताएँ भी 'तात्कालिक' नहीं हैं ? इन घटनाओं को दर्ज करना हमें वैसा ही तात्कालिक क्यों नहीं लगता, जैसा व्यावहारिक राजनीतिक घटनाओं को दर्ज करना लगता है ?

दो

नागार्जुन के लिए जीवन के इस क्षण में ही उसकी सार्वभौमिकता भी निवास करती है। यह सामान्य क्षण या घटना ही उनके लिए विशिष्ट है, वास्तविक है, इसलिए आब्जेक्ट है और इसी से उन्हें काव्य उत्तेजना प्राप्त होती है। अपने अनुभव और ज्ञान से, अपनी कल्पनाशीलता और संवदेनात्मकता से इस सजीव वास्तविकता को, घटना को दर्ज करते हैं, लेकिन मात्र उसका विवरण भर नहीं देते, वे उसके इस पुनर्सृजन के दौरान ही, कभी गुपचुप ढंग से और कभी बहुत मुखर रूप से उसका अतिक्रमण भी करते हैं। यह उनकी कविता का प्रस्थान बिन्दु है जहाँ नागार्जुन अनुभवजन्य दिक् और अनुभवजन्य काल का पुनर्सृजन भी करते हैं और उसका अतिक्रमण भी। इस तरह गोचर साक्ष्य के बयान से शुरू हुई कविता एक विराट सामाजिक प्रक्रिया से अपने ताने-बाने जोड़ती हुई निष्पत्तियों तक पहुँचती है। अपने वैचारिक निष्कर्षों को वह ढाँक-मूँदकर नहीं रखती, लेकिन वह वैचारिक प्रक्रिया को समाप्त भी नहीं करती, वह उसे निरन्तरता देने के लिए स्वतन्त्र भी करती है। उसमें हमारी सच्चाई का विवरण भी है और विडम्बना भी।

अपनी उत्कट यायावरी में हर वक़्त नई-नई जगहों को धाँगने की अनथक प्रक्रिया जहाँ उन्हें 'देखा है' को ज्यादा से ज्यादा समेटने की ललक से भरती है वहीं उनकी कविता में विवरण भी इसी प्रक्रिया की देन है। दैनन्दिन की आपाधापी ने हमारे अनुभव संसार को सँकरा और सीमित किया है। दूसरे अंचल की भाषा, उसके राग-रंग, उसकी भौगोलिक, सांस्कृतिक विशिष्टताओं के प्रति बढ़ते अज्ञान और उदासीनता में ही कहीं हमारे टूटन के बीज भी अंकुरित हो रहे हैं। हमारी परम्परा का लचीला और समावेशी स्वरूप नष्ट हो रहा है। इस तिक्तता और अलगाव ने एक साथ पृथकतावाद और यथास्थिति को मजबूत किया है, एक अंचल का जन आन्दोलन दूसरे अंचल में मामूली हरकत तक पैदा नहीं करता। एक जगह घटित हत्याकाण्ड दूसरी जगह के लिए खबर से ज्यादा कुछ नहीं होता। अन्याय के प्रति हम अभ्यस्त हो रहे हैं। एक छोटे से प्रतिरोध, हड़ताल या जन आन्दोलन में भी क्रान्ति के साँप की फूत्कार मौजूद होती है, लेनिन की इस सोच का अहसास सामाय लोगों से ज्यादा रचनाकारों में सिरे से ख़त्म हो रहा है। नागार्जुन प्रतिरोध की ऐसी किसी व्यक्तिगत या समूहगत घटना को अपनी सामर्थ्य भर कभी अलक्ष्य नहीं करते। वे इन अलग-अलग घटनाओं को ही दर्ज नहीं करते, बल्कि इनके आपसी, घटना और सामाजिक ढाँचे के बीच जुड़े अदृश्य अन्तःसूत्रों को भी अपनी पैनी नजर से देखते और जोड़ते हैं। कितने कवि हैं भारतीय भाषाओं में जिनके पास ऐसी विलक्षण आँख है ? नागार्जुन की चेतना अदृश्य सूत्रों से जनता की विराट देह से जुड़ी है। इसीलिए तो जनता पर यहाँ-वहाँ दगती शासन की बन्दूकों को वे बहुवचन में उपयोग नहीं करते, सबको जोड़कर नभ में विपुल विराट-सी शासन की बन्दूक में बदल देते हैं।

विवरण की कला में नागार्जुन कथा-संवेदना के कवि लगते हैं। यह औपन्यासिक

संवेदना नहीं है, जो महाकाव्यात्मकता के विघटन से पैदा हुई हो। ऐसा वहाँ सम्भव नहीं है क्योंकि उनकी संवेदना का स्वरूप मात्र कथात्मक ही नहीं है, लयात्मक भी है। पूँजी का वैसा क्लासकीय हस्तक्षेप ही हमारे समाज में सम्भव नहीं हुआ जो विघटन की उस प्रक्रिया को सम्भावित कर पाता। उनकी कथात्मकता काव्यात्मकता का वैसा ही हिस्सा है, जैसी कथा सरित सागर की कथाएँ हैं। दोनों का अभिन्न और अविभाज्य सम्मिलन एक साथ आधुनिक और आदिम।

महज दस मील दूर पड़ता हो थाना/और दरोगा जी तक बार-बार
ख़बरें पहुँचा दी गई हों सम्भावित दुर्घटनाओं की/और निरन्तर कई दिनों तक
चलती रही हों तैयारियाँ सरेआम/(किरासिन के कनस्तर, मोटे-मोटे लक्कड़
उपलों के ढेर, सूखी घास फूस के पूले/जुटाए गए हों उत्साहपूर्वक)
और एक विराट चिताकुण्ड के लिए/खोदा गया हो गड्ढा हँस-हँस कर
और ऊँची जातियों वाली वो समूची आबादी
आ गई हो होली वाले 'सुपर मौज' के मूड में
और इस तरह ज़िन्दा झोंक दिए गए हों
तेरह के तेरह अभागे मनुपुत्र/सौ सौ भाग्यवान मनुपुत्रों द्वारा
ऐसा तो कभी नहीं हुआ था...

नागार्जुन की वर्णन कला में चित्रात्मकता उतनी नहीं है, जितनी कथात्मकता है। लोगों के व्यवहार, रीतिरिवाज, पहरावा, भाषा आदि विशिष्टताओं के महीन विवरण, उनकी सांस्कृतिक विशिष्टताओं के साथ कविता में आते हैं। इस अर्थ में नागार्जुन ने विभिन्न जातीयताओं के बीच एकता के सबसे सार्थक सूत्र की तलाश की है। घुमक्कड़ी और कविता के रिश्ते में वह सहज ही उनके यहाँ सम्भव हो गया है। राष्ट्रीय एकता पर व्याख्यान देने वाले सैकड़ों बुद्धिजीवी और हज़ारों राजनीतिज्ञ जो सूत्र जनता में नहीं खोज पाए, वह नागार्जुन ने जनता की सहज वृत्ति में खोज निकाला है।

तीन

रूपविधान ! फार्म !

नागार्जुन ने इतने छन्द, इतने ढंग, इतनी शैलियों और रूप-विधानों का उपयोग किया है कि उनकी केन्द्रीय प्रवृत्ति, उसके 'की-होल' को तलाशना बहुत उलझनभरा काम है। लेकिन उनके शिल्प की कुछ खूबियों में ताक-झाँक करना हमारे लिए मूल्यवान हो सकता है। उनकी अभिव्यक्ति का ढंग तिर्यक भी है और कहीं बेहद ठेठ और सीधा भी। रूप के स्तर पर उनमें किसी प्रकार की अन्तर्बाधा नहीं है।

घुमक्कड़ी ने जहाँ उनके अस्तित्व को अधिक सामाजिक सक्रियता दी है वहीं उसमें तिक्तता और अकेलेपन के तीखे अहसास भी हैं। इस द्वैत से उनकी रचना का एक

प्रमुख रूपविधान विकसित हुआ है—स्वगत के फार्म में मुक्त बातचीत का फार्म। यह एक ऐसी मुक्त बातचीत है जो स्वगत के ढंग में है। या यह ऐसा स्वगत है जो दूसरों के साथ बातचीत की तरह है। इस शिल्प का इस्तेमाल ज्यादातर गद्य कविताओं में हुआ है। यहाँ गद्य की लय का उठान काव्य लय तक होता है। और कभी-कभी काव्य लय ठेठ गद्य में परिणत हो जाती है। इस फार्म में नागार्जुन ने अपनी विवरण कला और बातूनीपन का ख़ास क़िस्म से उपयोग किया है। विशेष रूप से उत्तर भारत और पूर्वांचल के लोगों-सा बातूनीपन, गप्प मारने, हँसने-हँसाने, ठिठोली करने, बीच-बीच में चिंऊँटी तोड़ने, यहाँ तक कि 'शरारत' और 'ऑब्सिनिटी' तक का बेहद सतर्क उपयोग वे इस फार्म में करते हैं। इस रूपविधान के खुलेपन का भरपूर उपयोग उन्होंने किया है और भरपूर स्वतन्त्रताएँ भी ली हैं। कविता में एक छोर से दूसरे छोर तक एक ही शिल्प या छन्द का उपयोग अक्सर नागार्जुन नहीं करते। वहाँ अक्सर दो या अधिक छन्दों का मिश्रण, दो या अधिक शैलियों की मिलावट नज़र आएगी जो मात्र नाटकीयता को ही निर्मित नहीं करती बल्कि शिल्प के स्तर पर हमारी सामाजिक-आर्थिक संरचना के स्वरूप की ओर भी इंगित करती है।

यह रूपगत विशेषता वस्तुतः नागार्जुन के बेहद सतर्क कान से पैदा हुई है। इसलिए उसमें कर्ण जैसी आक्रामकता और उदारता दोनों हैं। उसमें घुमक्कड़ी जैसी मुक्तता भी है और गति भी। इस फार्म में वे चेतन और अवचेतन दोनों के अन्तर तल तक पैठते हैं। ऊपरी तौर पर वे ऐसी लापरवाही का अहसास रचते हैं जैसे उन्हें अपने रूपक की ज़्यादा परवाह न हो। पर ऐसा है नहीं। वस्तुतः वे उन कवियों में नहीं हैं जो अपने ज्ञान और कौशल से स्वयं भी आक्रान्त होते हैं और हर वक्त दूसरों को चमत्कृत करने की मनोग्रन्थि से ग्रस्त रहते हैं। वे एक निश्छल लेकिन चेतनासम्पन्न, आत्मीय रचना का संसार रचते हैं। वे अत्यधिक बेहिचक कवि हैं।

स्वगत में मुक्त संवाद के रूपविधान के लिए उनकी **नेवला** कविता बहुत महत्त्वपूर्ण उद्धरण हो सकती है। इस रूपविधान का उपयोग अक्सर उन्होंने बहुत आत्मिक स्तर पर किया है। यह मात्र संयोग नहीं है कि आत्मकथा के हिस्से अक्सर ऐसी ही कविताओं में एकाधिक बार आए हैं।

नागार्जुन की कविता में **आत्मा** शब्द का इस्तेमाल तकरीबन नहीं के बराबर है। **बुद्ध** के **अनात्मवाद** से इसका कोई रिश्ता है या नहीं, कहा नहीं जा सकता ! लेकिन नागार्जुन, कविता का चाहे जो शिल्प चुनें उसमें **केन्द्रीय नाभीय बिन्दु** या तो अदृश्य होता है या नदारद। उसमें परत-दर-परत कई परतें हो सकती हैं। उसमें आवर्त्त-दर-आवर्त्त बाहर की ओर फैलते या बाहर से भीतर की ओर सिमटते आवर्त्त हो सकते हैं। पर एक बिन्दु पर खड़े होकर फैलने या बाहर की तमाम चीज़ों को उस बिन्दु पर समेटनेवाली स्थिति वहाँ तकरीबन नहीं है। इसी कारण नागार्जुन की कविता का शिल्प बहुत खुला-खुला है। उसमें हमारे भूगोल की ऊँचाइयाँ, घाटियाँ, समतल पठार और ऊबड़-खाबड़ रास्ते हैं। हमारे विषम विकास की असमतलता है।

नागार्जुन के छन्द का संगीत और उसकी बुनावट को उनकी जीवन शैली से अलगाकर नहीं समझा जा सकता। वे एक-दूसरे से बहुत गहरे स्तर पर गुँथे-बुने हैं। वस्तुतः यह धारणा ही एकांगी है कि रूप का निर्धारण मात्र वस्तु से होता है। रचनाकार का सर्जक व्यक्तित्व, उसकी सामाजिक संरचना, भूगोल, प्रकृति यहाँ तक कि रचनाकार की कद-काठी और स्वास्थ्य भी उसकी रचना के शिल्प को प्रभावित और निर्धारित करते हैं। रचनाकार की वैचारिक पक्षधरता उसके शिल्प से भी अभिव्यक्त होती है। शिल्प में किए जानेवाले बदलाव, अपने अस्तित्वमान सामाजिक स्वरूप से रचनाकार के असन्तोष और उसमें बदलाव की इच्छा को भी व्यक्त करते हैं। वस्तु भी रचना के रूपविधान को निर्धारित करने में अपनी भूमिका अदा करती है लेकिन एकमात्र वही सब कुछ नहीं है। हेलास में धर्म और उसके देवताओं के स्वरूप पर वहाँ के भू-दृश्य का क्या असर हुआ, इसे मार्क्स ने बहुत विस्तार से देखने की कोशिश की है। उनका यह लेख रचना के रूप के सन्दर्भ में एक नई समझ को उजागर कर सकता है।

प्रूदो की किताब की शैली पर **मार्क्स** का यह वाक्य बहुत महत्त्वपूर्ण है—**सशक्त मांसपेशीय शैली**। नागार्जुन की कविता के शिल्प में भी इस महादेश के विराट भूगोल, उसकी सामाजिक विविधताओं और विस्मयकारी प्राकृतिक सम्पदा ने बहुत कुछ जोड़ा और घटाया है। बहुत कुछ रचा-बुना है। उनके छन्द का संगीत एक सामान्य जीवन जीनेवाले रचनाकार की तरह समतल और सरल रेखिक नहीं है। वह वक्ररेखीय है। उसमें उतार-चढ़ाव भी हैं और गोलाइयाँ भी। स्वर के परस्पर संघात से आगे को बढ़ती लय है। लक्ष्य किया जाना चाहिए कि जब-जब जन आन्दोलन तीव्र हुए हैं, उनकी कविता की लय भी तब-तब तीव्र हुई है। जन आन्दोलन और दमन की मुठभेड़ को उनकी कविता के शब्दों के परस्पर संघात में भी सुना जा सकता है। तेलंगाना से 1974 तक के सभी जन आन्दोलनों के समय लिखी उनकी कविताओं में इसे देखा जाना चाहिए। करुणा और उदासी के अन्तर प्रवाह के साथ इरो जेल में लिखी कविताओं में भी सुना जा सकता है। यह परस्पर संघात या लहर की तरह उतार-चढ़ाववाला संगीत उनकी उन कविताओं में भी है, जिनमें प्रकृति ही केन्द्र में है। एक जगह **प्रतिहिंसा का भाव** तो दूसरी जगह गहन **मानवीय उल्लास**।

नागार्जुन कई बार एक पद या अर्धाली की आवृत्ति से एक क़िस्म की वर्तुलाकार लय निर्मित करते हैं जो पहले बाहर की ओर फैलते आवर्त्त बनाती है और बाद में अपने केन्द्र की ओर लौटते आवर्त्त।

कई दिनों तक चूल्हा रोया चक्की रही उदास
कई दिनों तक कानी कुतिया सोई उनके पास
कई दिनों तक लगी भीत पर छिपकलियों की गश्त
कई दिनों तक चूहों की भी हालत रही शिकस्त

और इसी के दूसरे पद में :

दाने आए घर के अन्दर कई दिनों के बाद
धुआँ उठा आँगन से ऊपर कई दिनों के बाद
चमक उठीं घर भर की आँखें कई दिनों के बाद
कौए ने खुजलाई पाँखें कई दिनों के बाद।

लगता है जैसे सारी यात्राएँ बार-बार वापस मिथिला की ओर लौट आती हैं ! **'कई दिनों के बाद'** की आवृत्ति जहाँ अकाल की भयावहता को उजागर करती है वहीं वह इसे घटना से बाहर लाकर निरन्तर और देश के विभिन्न हिस्सों में घटित हो रही प्रक्रिया में बदल देती है। परस्पर एक-दूसरे से मुठभेड़ करते स्वरों के बीच ही एक बहुत छोटा-सा **शब्दान्तराल** भी है जो शब्द संघात से पैदा हुए संगीत से ऊपरी तौर पर ढँक सा जाता है। **शमशेर** की तरह यह अन्तराल अपने को जतला नहीं पाता।

सम्भवतः यह हमारे समय के दो सबसे समर्थ कवियों की जीवन शैली के फ़र्क को भी इंगित करता है। शब्द संघात से उत्पन्न होनेवाली ध्वन्यात्मकता से नागार्जुन एक विराट ध्वनि बिम्ब रचते हैं। यह उनके विलक्षण कौशल का कमाल है। यहाँ प्रयुक्त शब्दों का अर्थ उतना अर्थवान नहीं है, ध्वनि संयोजन से रचे गए इस बिम्ब की **अर्थ सत्ता,** उसमें प्रयुक्त शब्दों की अर्थ सत्ता से स्वायत्त भी है और बड़ी भी। इस कौशल में नागार्जुन के समकालीनों में मुक्तिबोध ही उनके सबसे निकट हैं।

सुन रहीं गिन रहीं / गिन रहीं सुन रहीं
सुन रहीं सुन रहीं / गिन रहीं गिन रहीं
हिटलर के घोड़े की एक एक टाप को
एक एक टाप को, एक एक टाप को।

चार

कभी-कभी लगता है जैसे नागार्जुन, **नज़ीर** और **भारतेन्दु** के मिले-जुले उत्तराधिकारी हों ! वहाँ सीधी सहज सम्प्रेषणीयता भी है और अद्भुत क़िस्म की नाटकीयता भी। उनके इस नाटक में व्यंग्य है, हँसी है, गुस्सा है, शरारत है, चुहल है। लेकिन सारा कुछ बेहद जाग्रत राजनीतिक चेतना के साथ। उनकी हँसी महज हँसी नहीं है। वह बेहद साहस भरी हँसी है जो अभिजात को छेड़ती है, जो अन्यायी का मज़ाक उड़ाती है। मज़ाक उड़ाने का, उस पर हँसने का साहस देती है। कई बार व्यंग्य का स्थान गुस्सा ले लेता है। वहाँ नागार्जुन बहुत मुखर और कुछ हद तक सरलीकृत भी होते हैं। लेकिन जब भी और दुनिया में जहाँ भी जन आन्दोलन तेज हुए हैं पक्षधर कवियों में ऐसी मुखरता और सरलीकरण देखे जा सकते हैं। नागार्जुन अपवाद नहीं हैं। **मायकोव्स्की** जैसे जटिल और **नेरूदा** जैसे गहन ऐन्द्रिक संवेदन के कवियों में भी यह देखा जा सकता है। यह एक तरह की बाध्यता भी है और **काव्येतर दायित्व** तथा **काव्येतर साहस** भी। नागार्जुन में

यह साहस भरपूर है। उनमें किसी तरह की कोई हिचक किसी स्तर पर नहीं है। **दिव्य मूत्र का लवण सरोवर** सुनने से मध्यमवर्गीय सुरुचि अगर आहत होती हो तो हो। वे बेहिचक और बेफिक्र हैं, कम से कम उन बौद्धिकों के प्रति जो ख़ासतौर से पढ़ते हैं **एज़रापाउंड इलियट/ बाक़ी सबको समझते हैं इडीयट।** इसलिए उनकी कविता का एक पक्ष वह भी है जहाँ उनकी कविता तकरीबन **नुक्कड़ नाटक** के समानान्तर है। जहाँ उनका अन्दाज **नज़ीर** की तरह है और विवेक **भारतेन्दु** की तरह। ये गहरे और सजग दायित्वबोध की कविताएँ हैं, मात्र छन्दों का जिम्नास्टिक नहीं। उसमें किसी सस्ती लोकप्रियता का आग्रह भी नहीं है, इन कविताओं में भी नागार्जुन की अपनी सारी विशिष्टताएँ मौजूद हैं। यह उनकी काव्य साधना की ऐसी सफलता है जो भारतेन्दु के बाद सम्भवतः पहली बार और **भारतेन्दु** से गुणात्मक रूप से आगे बढ़कर प्रकट हुई है।

राजनीति क्या नाप सकेगी अन्न ब्रह्म की माया
कूटनीति क्या भाँप सकेगी अन्न ब्रह्म की माया
मरी खाल की फूँक बनेगी अन्न ब्रह्म की माया
दस लेनिन दस तिलक जनेगी अन्न ब्रह्म की माया
राजनीति क्या नाप सकेगी अन्न ब्रह्म की माया।

मरी खाल की फूँक के साथ जिनकी स्मृति अपनी शाश्वत कविता को स्मरण न कर सके, ऐसे मूढ़ नागार्जुन की कविता का स्वाद नहीं ले सकते। नागार्जुन का ही शब्द इस्तेमाल करें तो यह कविता **फोकट** में प्राप्त नहीं हुई है, न यह मात्र युक्ति विलास है।

पाँच

इकलौती बिटिया वाले अधेड़ बाप की भाँति / झुका रहेगा तुम पर बादल
तुम्हारे तो भाई मजे ही मजे रहेंगे / ओ मेरे रसिया देवर

बादल ! नागार्जुन के रचना संसार का सबसे प्रिय पात्र है। इसकी जल शिराएँ बहुत दूर-दूर तक फैली हैं। संस्कृत कविता की परम्परा में अगर उसका एक छोर है तो दूसरा ठेठ वर्तमान में। बादल का जिक्र आते ही नागार्जुन जैसे मगन हो जाते हैं, झूम उठते हैं। मस्ती का ऐसा विकट मूड शायद ही उनमें भी कहीं और दिखता हो ! यहाँ प्रतिहिंसा का उनका स्थायी भाव लगभग तिरोहित हो जाता है। सारी इन्द्रियाँ चौकन्नी हो जाती हैं। इसमें जन-जागरण जैसा उल्लास है और लोकमंगल की इच्छा से लबालब मन। बादल जैसे उनकी यायावरी का एकमात्र सखा है। उन्हीं की तरह घुमक्कड़। उन्हीं की तरह अपनी आत्मीयता से सबको सराबोर कर देनेवाला, सबको अन्दर तक भिगो डालने वाला। अपना ही जैसे एक सादृश्य रूप। वह लगभग अपरिभाषेय है। कभी न ख़त्म

होनेवाले महाकाव्य का विषय है।

निराला के स्वाधीनता संग्राम के विप्लव का **नव जलधर** यहाँ जन क्रान्ति का **बादल राग** हो गया है। एक कवि अपनी विरासत को कैसे आगे की ओर ले जाता है, यह बात यहाँ लक्ष्य की जानी चाहिए। नागार्जुन के मेघ में **कालिदास** की करुणा भी है और निराला का दुर्धर्ष संघर्ष भी। उसमें लोकगीतोंवाली छेड़छाड़ और 'भुट्टों' के आने की खुशी भी है। उसकी जल नाड़ियाँ कहाँ-कहाँ से जुड़ी हैं नागार्जुन से कुछ भी अ-देखा नहीं रह सकता।

संघर्ष के संगीत ने उनके मेघ को **महामेघ** बना दिया है। यह नागार्जुन की ही खूबी है। बहुवचन को जोड़कर एक महा-इकाई बना देना। जैसे एक वर्गहीन समाज की जनता।

जैसे संघर्ष में सारे शोषित वर्गों की एक इकाई, एक राग।
मैंने तो भीषण जाड़ों में / नभचुम्बी कैलाश शीर्ष पर
महामेघ को झंझानिल से / गरज गरज भिड़ते देखा है /
बादल को घिरते देखा है।

इस बादल राग को गाने को किसानी मन और पुलक की जरूरत है। उसके लिए नागार्जुनीय यायावरी और अनुभव चाहिए। इसके लिए अपनी नाड़ियों और शिराओं को **लोक और बेद के मंजुल कूलों** से जोड़ना पड़ता है। और सबसे बड़ी जरूरत होती है अपनी इन्द्रियों को मानवीकृत प्रकृति से जोड़कर मानवीय बनाने की।

नागार्जुन का मन तो बादल को देखते ही हरकत में आ जाता है। घोर नास्तिक नागार्जुन ने **बादल** के अलावा किसी को **भगवान** कहा हो याद नहीं पड़ता।

तना है चन्दोबा, फैला है वितान / बरस रहे हैं दिन रात बादल भगवान।

बादल के साथ उनकी नज़र बाढ़ और बरसात की अन्य तकलीफ़ों पर भी है। आख़िर उनकी पक्षधर चेतना उसे अलक्ष्य कैसे कर सकती है ! लेकिन इस जीवनदाता से वे गुस्सा लगभग नहीं होते। बाढ़ आएगी, उतर जाएगी, बहुत कुछ उजड़ भी जाएगा लेकिन नागार्जुन पंकिल पुलिन पर विचरते हुए भी कहेंगे—**हथिया नक्षत्र में सुनेंगे फिर क्या हम बादल राग** ? वे उसे रोकेंगे नहीं चाहे—

सुनता रहे इसी तरह
रिक्शा वाले दिलफेंक छोकरे की गाली / अन्त श्रावण का यह मेघ।
लोकों के आसपास / अर्धदग्ध छिटके फिंके कोयले चुनती
आहत आँखों वाली छोकरी का उलाहना / सुनता रहे इसी तरह
अन्त श्रावण का यह मेघ

नागार्जुन सब कुछ के बाद भी यही कहेंगे—

'तुम्हारी दया की रातों रात हो गई नई पुरानी दूब / जीवनदाता !
अपने को तुम खूब उड़ेलो, खूब।'

छह

नागार्जुन की राजनीति अक्सर विवादों का विषय रही है। वस्तुतः सारा विवाद उनकी मूल वर्गीय राजनीतिक चेतना को लेकर नहीं, व्यावहारिक राजनीति पर, कविता के अन्दर और कविता के बाहर दिए उनके वक्तव्यों पर है। किसी भी रचनाकार की राजनीतिक समझ को मात्र उसके व्यावहारिक राजनीति पर दिए वक्तव्यों में अवमूल्यित करके देखना या तो अवयस्कता है, या सुचिन्तित धूर्तता। राजनीति वस्तुतः किसी भी रचनाकार के सर्जक व्यक्तित्व का ही हिस्सा है। अन्य तत्वों के साथ ही उसकी राजनीतिक चेतना भी उसकी रचना प्रक्रिया में ही अन्तर्गुम्फित होती है। उसकी राजनीति उसकी रचना के शिल्प, भाषा और रचना कौशल के हर पक्ष में प्रतिध्वनित और प्रतिबिम्बित होती है। व्यावहारिक राजनीतिक वक्तव्य रचनाकार की मूल राजनीतिक समझ को समझने के सबसे कम विश्वसनीय औजार हैं। उसका मूल राजनीतिक चिन्तन उसके सारे जीवनानुभवों से निर्मित होता है। जबकि व्यावहारिक राजनीतिक वक्तव्य दलगत राजनीतिक स्थितियों, देश के राजनीतिक माहौल और इन सबके बीच उसकी अपनी स्थिति से संचालित होते हैं। जब व्यावहारिक राजनीतिक स्थिति बहुत गड्डमड्ड होती है, तब मूल राजनीतिक दृष्टि और व्यावहारिक राजनीतिक निर्णयों में कई तरह के अन्तर्विरोध दिखाई देते हैं। ऐसा मात्र रचनाकारों के साथ ही नहीं होता, वयस्क राजनीतिज्ञों और राजनीतिक दलों के साथ भी यह स्थिति बनती है। भारत की कम्युनिस्ट पार्टियों के इतिहास को ज़रा देखें ! अपने द्वारा लिए गए कितने राजनीतिक निर्णयों को कितनी बार पार्टियों द्वारा बदला गया है ! क्या व्यावहारिक राजनीतिक निर्णयों में किए गए फेर-बदल के लिए, हमें उनके मूल राजनीतिक चिन्तन या उनकी पक्षधरता में खोट ढूँढ़ने चाहिए ?

अक्ल का अगर अजीरण ही हो गया हो, तो ही किसी रचनाकार या राजनीतिक दल की राजनीति के मूल्यांकन का यह ढंग अपनाया जा सकता है। हमारे देश में जहाँ वामपन्थी आन्दोलन आपसी मुठभेड़ और अन्तर्विरोधों से भरा हो, जहाँ एक ही घर में तेरह चूल्हे हों, वहाँ किसी वामपन्थी रचनाकार की राजनीति का, उसके व्यावहारिक राजनीति पर दिए वक्तव्यों के सहारे ही मूल्यांकन करना कुल जमा एक ग़ैर मार्क्सीय समझ का ही परिणाम है।

पक्षधर कवि की राजनीतिक चेतना को वामपन्थी आन्दोलन के सारे अन्तर्विरोधों के बीच रखकर ही परखना होगा, बल्कि इससे सम्भवतः ज्यादा सार्थक परिणाम सामने

आ सकें। शायद इस तरह के मूल्यांकन से यह भी सिद्ध हो कि **प्रेमचन्द** ने जिसे **एडवांस गार्ड** कहा था, वह रचना तो वास्तव में मशाल लेकर आगे चलती रही लेकिन **वामपन्थी दल** ही इस रोशनी से अलग बार-बार अँधेरे में भटकते रहे। क्योंकि उन्होंने उस पर भरोसा ही नहीं किया, उससे अपना वास्तविक रिश्ता ही क़ायम नहीं किया। रचनाकार के अन्तर्विरोधों को एकदम स्वायत्त और पृथक् मानकर, सारे दोष उसी के मत्थे मढ़कर, उसकी राजनीति का विश्लेषण करना और वाम-आन्दोलन की सारी गलतियों को चतुराई से साफ़ बचा जाना, एक दिलचस्प चालाकी है। कलावादियों के कनफोड़ नगाड़े की आवाज़ तो इसमें सुनाई देती है, लेकिन मार्क्सीय विश्लेषण पद्धति से इसका कोई लेना-देना नहीं है।

सात

नागार्जुन की राजनीति उनकी रचना के रूपविधान में किस प्रकार प्रकट होती है, इसका संकेत पहले दिया गया है। उनकी भाषा बहुत फैली हुई भाषा है, बहुत सघन और संकुल भी तथा बहुत उन्मुक्त भी। उसमें बोलियों, संस्कृत, उर्दू, अंग्रेजी के अनेक शब्द हैं। ये वे शब्द हैं जो विभिन्न अंचलों में बोली जानेवाली खड़ी बोली में घुल-मिल गए हैं। इस अर्थ में नागार्जुन की रचना-भाषा बेहद लचीली और समावेशी है। उसके तल में बोलियों की सहस्र धारा का अन्तरप्रवाह मौजूद है। वह निरन्तर विस्तृत और समृद्ध होती भाषा है। इसलिए कहीं-कहीं वह ऊबड़-खाबड़ तो हो सकती है, लेकिन जड़ाऊ पच्चीकारी की सीमित और जड़ भाषा वह नहीं है। तनिक भी नहीं। **डॉ. रामविलास शर्मा** ने बहुत संक्षेप में नागार्जुन की रचना-भाषा की सारी विशेषताओं को रख दिया है—**हिन्दी भाषी प्रदेश के किसान और मजदूर (सामान्य मध्यवर्ग भी—लेखक) किस तरह की भाषा आसानी से समझते और बोलते हैं, उसका निखरा हुआ काव्यमय रूप नागार्जुन के यहाँ है।** भाषा को पकड़ने में उनके कान बहुत चौकन्ने हैं और स्मृति विलक्षण। इसलिए उनकी भाषा में सिर्फ़ मिथिला की माटी और गंगा-तट का संगीत ही नहीं है, क्षिप्रा के किनारे की मालवी मिठास और **बेतवा-तट** की **बुंदेली ठसक** भी सुनाई पड़ती है। भारतेन्दु पर लिखी कविता में नागार्जुन ने स्पष्ट ही कर दिया है—**हिन्दी की असली रीढ़ है गँवारू बोली।**

नागार्जुन की मूल राजनीतिक दृष्टि को समझने के लिए हम उनकी मुखर राजनीतिक कविताओं से अलग कविताओं में उन्हें देखें, उनके रचना कौशल के कुछ अन्य तत्वों को विश्लेषित करें तो सम्भवतः ज्यादा सार्थक नतीजों पर पहुँचेंगे।

छेड़ो मत इनको / रचने दो मधु छत्र
जमा हो ढेर सा शहद / भरेंगे मधुमाँड गरीब बनजारे के
आखिर तुम तक तो पहुँचेगा ही शहद / मगर अभी छेड़ो मत इनको

यहाँ नागार्जुन की मूल वर्गीय राजनीतिक समझ एकदम आईने की तरह स्पष्ट है। न केवल यह कि किस वर्ग के साथ उनकी पक्षधरता है, बल्कि वर्गीय समाज में श्रमजीवी द्वारा तैयार सारी मिठास, सारा सृजन किस वर्ग के उपभोग में आ रहा है, बहुत कम बोलकर वे सारा कुछ कह गए हैं। उनके पूरे सृजन को समग्र रूप से देखने पर ही उनका विराट विजन उजागर होता है।

नागार्जुन में **पौराणिक मिथकों** और **रूपकों** के इस्तेमाल को बहुत बारीक़ी से देखने की जरूरत है। पौराणिक मिथकों से वे कई काम एक साथ ले लेते हैं। एक ओर इनसे वे शोषकों पर व्यंग्य करने, उनके अन्याय का रूपक तैयार करने का काम लेते हैं, साथ ही साथ वे मिथकों की राजनीति और रूढ़ि पर भी चोट करते हैं। मिथकों का लेकिन हर वक्त नकारात्मक उपयोग ही नहीं है, जहाँ उनमें गति है, वहाँ उनका बेहद सकारात्मक उपयोग भी उन्होंने किया है।

एक नहीं, दो नहीं, तीन तीन चक्र
कर रहे थे मात त्रिविक्रम वाम के पुराने पैरों को
नाप रहे थे धरती का अनहद फासला।

उनकी राजनीतिक दृष्टि तब अद्‌भुत रूप से सारी जटिलताओं को बेधती है, जब नागार्जुन व्यक्तियों, विशेष रूप से रचनाकारों पर कविता लिखते हैं। **गोर्की, रवीन्द्रनाथ, निराला, भारतेन्दु, राजकमल चौधरी** और **केदारनाथ अग्रवाल** पर लिखी उनकी कविताएँ विश्लेषण की उनकी विलक्षण क्षमता का साक्ष्य हैं। **रवीन्द्रनाथ** और **भारतेन्दु** उच्च वर्ग के हैं और **निराला, केदार, गोर्की** तथा **राजकमल,** नागार्जुन के अपने वर्ग के। दोनों प्रकार की कविताओं में बड़े बारीक फ़र्क भी देखे जा सकते हैं। रवीन्द्रनाथ के वैभव और साधन-सम्पन्नता का बखान करके, प्रश्न होता है**—साधन थे प्रस्तुत, फिर न हुए क्यों तुम / अकर्मण्य, आलसी, विलासी, भू-भारमात्र** ?—इसी विशेषता के तो नागार्जुन कायल हैं कि भू-भारमात्र बना देनेवाली सारी परिस्थितियों को चीरकर**—कवि रूप में हो गए विकसित कैसे तुम अचानक** ? प्रश्न के रूप में ही इसका भी उत्तर देते हैं**—कहाँ से मिलीं तुम्हें अपनी अनुभूतियाँ / पीड़ित मनुष्यता के निम्न स्तर की** ?—रवीन्द्रनाथ के इस झुकाव ने ही उनके प्रति नागार्जुन को ऐसा आत्मीय बनाया है कि वे अपनी जीवन स्थितियों के बारे में उनसे बतियाना शुरू कर देते हैं :

पैदा हुआ था मैं / दीन हीन अपठित किसी कृषक कुल में
आ रहा हूँ पीता अभाव का आसव ठेठ बचपन से
कवि ! मैं रूपक हूँ दबी हुई दूब का।

लक्ष्य किया जाना चाहिए कि विकसित वर्गीय दृष्टि के बीज कहाँ से अंकुरित हुए हैं। भारतेन्दु उन्हें इसलिए आत्मीय हैं कि वे अपनी उच्च वर्गीय स्थिति का अतिक्रमण करते हैं**—धनि वंश में जनम लिया, कुल कलुख धो गए !**—सारी सामाजिक, आर्थिक,

राजनीतिक और सांस्कृतिक स्थितियों के बीच रखकर रचनाकार या व्यक्ति का विश्लेषण करने की यह अद्भुत क्षमता—**अच्छा किया,** उठ गए हो **दुष्ट**—में प्रकट होती है।

(काश ! नागार्जुन का विश्लेषण करनेवाले भी इससे कुछ अन्तर्दृष्टि प्राप्त कर पाते।)

यह कहने की जरूरत नहीं कि विचारधारा और टेम्परामेंट दोनों में ही **राजकमल चौधरी** से नागार्जुन कितनी भिन्न ज़मीन पर खड़े हैं लेकिन उस पूरी परिस्थिति का विश्लेषण करते हुए जिसने **राजकमल** को जन्म दिया और अराजक एवं आत्मघाती बनाया, कहते हैं :

जानते हो मित्र ? / हमारी ही पीढ़ी की खुदगर्जी और ढोंग से
फूट निकला था यह फूल / यानी रा. क. चौधरी !

वैचारिक मतभेद के बावजूद वर्ग मित्र के साथ, कहना चाहिए **सगोत्र** के साथ आलोचकीय व्यवहार की पद्धति क्या होनी चाहिए यह इसका सार्थक उदाहरण है। गौर करें ये कविता-पंक्तियाँ आजादी के तत्काल बाद की स्थितियों का नंगा सत्य उजागर कर रही हैं। सारे संघर्ष को किनारे करके, कुर्सी की होड़ में लगी, अचानक लोभ और महत्त्वाकांक्षा में फँसी पीढ़ी ने क्या पैदा किया है ? मात्र **रा. क. चौधरी** ही नहीं, वे परिस्थितियाँ जो 'आत्मघाती और अराजक' पैदा करती हैं। हमारी एकदम समसामयिक स्थितियों को ऐसा बनानेवाले कारण भी इन पंक्तियों के बीच लुके हुए अर्थ में मौजूद हैं।

आठ

नागार्जुन ने **मनोहरश्याम जोशी** को दिए साक्षात्कार में अपनी पक्षधरता के कई पक्ष बहुत स्पष्ट कर दिए हैं। नागार्जुन कहते हैं—**हम सर्वहारा के साथ हैं, अपनी राजनीति में, अपने साहित्य में, किन्तु हमें इस विषय में किसी की लगाई क़ैद मंजूर नहीं। हम गरीब किसान के साथ हैं, गरीब मज़दूर के साथ हैं, हरिजन के साथ हैं, इनका उद्धार हो ऐसा हम चाहते हैं।**—ऐसा कहते हुए वे संगठन या पार्टी के विरोधी नहीं हैं, लेकिन वे उसकी आवश्यकता के साथ उसकी सीमा को भी जानते हैं, और लेखक के दायित्व के प्रति जागरूक हैं। **लेखक को स्वतन्त्र इकाई के रूप में पार्टी के अन्दर और पार्टी के बाहर भी देखना होता है। जिन्दगी से उसका रिश्ता पार्टी का सदस्य होने से कहीं बड़ा होता है। दूर तक फैला होता है।** स्व-विवेक का शत्रु होना उन्हें स्वीकार नहीं।

नागार्जुन ने अपनी मूल राजनीतिक दृष्टि को जनता के साथ गहरे और आत्मीय रिश्तों से अर्जित किया है। वे **बौद्धिक बेसमेंट की नौटंकी में** घुसे रहनेवाले लेखक नहीं हैं। वे **संघर्ष और सुविधाओं की बोरडम से जूझने का** फ़र्क़ जानते हैं। इसलिए वहाँ जीवन व्यवहार और सिद्धान्त के बीच कोई फाँक या टकराव नहीं है। नागार्जुन हिन्दी के उन विरल रचनाकारों में हैं जिन्होंने **स्वामी सहजानन्द के किसान आन्दोलन** से लेकर आज

तक लगातार जन आन्दोलनों में सक्रिय हिस्सेदारी की है। जेल गए हैं और यह सब किसी राजनीतिक महत्त्वाकांक्षा के लिए नहीं, रचनाकार के दायित्व के तहत। यह है उनकी राजनीतिक दृष्टि का सीधा व्यवहार। कितने रचनाकार हैं जो इस प्रकार जन संघर्ष में सीधे सक्रिय हुए हों ?

नौ

कर गई चाक / तिमिर का सीना
जोत की फाँक / यह तुम थीं।

नागार्जुन की प्रेम कविता में उनके आवेग और विवेक का सामंजस्य अन्यतम है। वहाँ वे निश्छल हैं, कभी-कभी बहुत अकेले भी। बहुत गहरा दुख और बहुत गहरी करुणा। बुद्ध के दुख ने उन्हें एक विराट करुणा दी थी, जो बुद्ध को **प्रतीत्य समुत्पाद** तक ले गई थी। नागार्जुन की परिस्थितियाँ ज्यादा कठिन हैं, उनके दुख ज्यादा तिक्त हैं। भौतिक स्थितियाँ भिन्न हैं, जटिल हैं। इसलिए निजी दुख उन्हें **बौद्ध दर्शन** तक ले गया हो, पर परिस्थितियाँ और उनका विवेक उन्हें हमारे समय की सबसे विकसित और जीवन्त समझ तक ले आया है।

उनके अनुभव, जीवन से प्राप्त दृष्टि, उनकी करुणा और प्रतिहिंसा के भाव, सबने मिलजुलकर इस **ढाई पसली के घुमन्तु जीव** को उनकी कद-काठी से काफी बड़ा सर्जक व्यक्तित्व बना दिया है। जितना तीव्र है उनका प्रेम उतनी ही तीव्र है उनकी प्रतिहिंसा।

नागार्जुन में वाचिक और लिखी जानेवाली, सारस्वत और आधुनिक कविता के गुणों का दुर्लभ लेकिन बेहद सहज आनुपातिक सन्तुलन है।

नरम जीभ से हमने दिग्गज पर्वत ठेले

केदारनाथ अग्रवाल की कविता सहज और सरल प्रतीत होती कविता है। लेकिन क्या उतनी ही आसानी से उसके अपने आलोक और अन्धकार में, उसकी प्रक्रिया की गुत्थियों में प्रवेश सम्भव है ? वह अपनी मोहकता से इस तरह हमें बाँधती है कि एकाएक उसके अन्दर झाँकना बहुत आसान नहीं होता। उसके शब्दों का ऐन्द्रिक ध्वन्यालोक दृश्य का आभास रचता है। एक पूरा दृश्य जो चित्रात्मक भी है और गतिशील भी। यह दृश्य ही सबसे पहले हमारी संवेदना और चेतना पर छाता है। यह नरम जीभ की मितभाषी कविता है। उसके अन्दर की वस्तु लेकिन कड़ी भी है और आलोचनात्मक विवेक से भरी है। 'फटकार' उसकी अन्तरवस्तु का हिस्सा तो है लेकिन उसके अन्दाजेबयाँ का ढंग 'फटकार' का नहीं है। शब्दों की मितव्ययिता, उसकी लय और शब्दों के ऐन्द्रिय ध्वन्यालोक से उभरता स्थापत्य, धीरे-धीरे और अनजाने ही हमारी स्मृति या कहें कि हमारे संस्कार का हिस्सा बन जाता है। यह बात शायद बहुत बाद में महसूस की जा सकेगी।

केदारनाथ अग्रवाल की लय का वास्तविक स्वरूप क्या है, उनकी संवेदना की लय कैसी है, इसकी बारीक छानबीन की जरूरत है। वह एक ओर नागरीय भी है और दूसरी ओर लोकगीतों का स्वाद भी देती है। मुझे लगता है केदार मूलतः नागरीय संस्कार के ही कवि हैं। उनकी संवेदना किसानी नहीं है, वह नागरीय है। उन्होंने लोक-गीतों और लोक-संगीत का जो स्वाद ग्रहण किया है, वह उस लोकजीवन या लोकसाहित्य से प्राप्त नहीं है; जो वस्तुतः साहित्य या कला न होकर मात्र मनुष्य की गतिविधि, एक जीवन प्रक्रिया का हिस्सा है। यह संस्कार केदार जी ने, जीवन व्यवहार की कला में रूपान्तरित हो चुके स्वरूपों से पाया है।

सामाजिक ढाँचे में परिवर्तन के साथ मनुष्य की जीवन पद्धतियों में भी बदलाव होता है। औजारों में होते बदलाव के साथ ही कई पुरानी गतिविधियाँ व्यर्थ या निरर्थक हो जाती हैं। निरर्थक हो गई ऐसी अनेक गतिविधियाँ जिनमें उसे उल्लास मिलता था, जिनमें कला का कोई बीज रूप मौजूद था, को मनुष्य अपनी स्मृति से पुनः रचता है। यह मात्र अपने बचपन में झाँकना ही नहीं है, बल्कि अपनी गतिविधि का जीवित कोश बनाना या स्मृति (इतिहास के सन्दर्भ में) को संकलित करना भी है। ऐसा करते हुए मनुष्य उसे जीवनयापन की जरूरत की तरह नहीं दोहराता बल्कि उसे कला में रूपान्तरित करता है। यहाँ अलगाव होता है। यहाँ गतिविधि नहीं, उसका नाट्य किया जाता है।

इस प्रक्रिया में वह एकदम पहले की ही तरह नहीं होती वरन् सजती है, सँवरती है। भक्तिकाल की श्रेष्ठ रचना में लोकसाहित्य की भाषा और स्वाद होते हुए भी वह मात्र लोकगीत नहीं है।

केदारनाथ अग्रवाल की लय में लोकगीतों की बनक और स्वाद वस्तुतः अपनी इसी परम्परा के माध्यम से प्राप्त स्वाद है।

माँझी ! न बजाओ बंशी मेरा मन डोलता
मेरा मन डोलता है जैसे जल डोलता
जल का जहाज जैसे पल पल डोलता
माँझी ! न बजाओ बंशी मेरा प्रन टूटता
मेरा प्रन टूटता है जैसे तृन टूटता
तृन का निवास जैसे बन बन टूटता

इस छोटे-से गीत में लोकगीतों जैसी बनक है, लेकिन ''तृन का निवास जैसे बन बन टूटता'' में सारस्वत कविता की जो अनुगूँजें गुँथी-बुनी हैं, उन्हें लक्ष्य किया जाना जरूरी है। 'जमुन जल तुम' की भूमिका में अपनी एकदम प्रारम्भिक कविताओं ओर जीवन के बारे में केदार जी ने कुछ महत्त्वपूर्ण तथ्य उजागर किए हैं। यह केदार जी के कवि मन की बुनावट का पहला चरण है। प्रारम्भिक संस्कार। उन्होंने लिखा है 'मेरे परिवार में भी मेरे पिताश्री काव्य-प्रेमी होने की वजह से आजीवन ऐसे काव्य से सम्पृक्त रहे और प्राचीन कवियों की रचनाएँ सराहते और गुनगुनाते रहे। उनके पास जयदेव, विद्यापति, कालिदास, पद्माकर, मतिराम, बिहारी, हरिऔध, रत्नाकर आदि कवियों के काव्य-ग्रन्थ भी थे। मैं लड़कपन में उनको सुनता, तो मुझे यह स्वर-प्रवाह आकर्षित करता और मैं, न समझते हुए भी उनसे प्रभावित होता रहा। जब कुछ हिन्दी का ज्ञान बढ़ा, तो मैंने उन ग्रन्थों को छुप-छुपकर पढ़ना शुरू किया और परिणाम यह हुआ कि मैं काव्य में प्रतिबिम्बित नारी के सौन्दर्य का रसज्ञ हो गया। भाषा भी अलंकृत हुई है। 'छन्द भी सौन्दर्य से आवेष्टित हुए हैं।' इसके साथ ही इस आकर्षण और अपने रिश्ते का कारण भी वे बताते हैं 'अलावा इसका एक कारण और भी था, मेरे इस प्रकार के सौन्दर्य से अभिभूत होने का। खाते-पीते परिवार में मेरा जन्म हुआ। पेट भरने के लिए संसार में संघर्ष नहीं करना पड़ा और वकील होने तक इससे निश्चिन्त रहा।'

केदार जी द्वारा ऊपर गिनाए गए कवियों के नामों पर गौर किया जाना चाहिए। कोमल पदावली, संयमित आवेग, उल्लास और शिल्प के प्रति बेहद महीन सतर्कता, विशेष रूप से एक साफ-सुथरी और तराशी हुई कविता लिखने के संस्कार उन्हें अपने इस प्रारम्भिक दौर से ही प्राप्त होते हैं। वस्तुतः ये सारे कवि भी कमोबेश नागरीय ही हैं। केदार जी यथार्थ की अनगढ़ता के हामी नहीं हैं। उनका सबसे अधिक जोर कविता की 'बोधगम्यता' पर है। 'फूल नहीं रंग बोलते हैं' की भूमिका में उन्होंने स्पष्ट लिखा। ''मेरे इस प्रयास से यथार्थ का अनगढ़पन कम हुआ है और वह सँवरकर अधिक ग्राह्य

हो गया है।" इस बात पर भी उनका जोर है कि "बाहर आई कविता को मँजी होना चाहिए। उसका रूप-निखार, उसका शिल्प उसे अधिक काल तक जीवित रखता है।"

मात्र कला पर ही सारा ध्यान अगर केन्द्रित होता तो कविता का यह 'माँजना' और 'तराशना' कवि केदार को एक तापहीन कवि में या एक जड़ाऊ कविता के कवि में परिवर्तित कर डालता। यह एक जोखिम भरा काम था। रीतिकाल और प्रयोगवाद के अनेक कवि इसी के शिकार हुए। केदारनाथ अग्रवाल ने इस कला को अर्जित करने के साथ ही साथ लोगों के साथ जीवन्त सम्पर्क और खुली आँख से अपने समय और समाज की विसंगतियों को देखते-परखते हुए एक जीवन दृष्टि को भी प्राप्त किया। मार्क्सवादी जीवन दर्शन में गहरी आस्था ने उनकी जीवन दृष्टि को और अधिक समृद्ध किया। सामाजिक जटिलताओं को समझने की एक साफ समझ दी। इस तरह उनकी कला सही जीवन दृष्टि के साथ एकमेक हुई। इसलिए अनगढ़ता को तराशते हुए न तो उससे जीवन के ताप का क्षरण हुआ और ना ही उनकी कविता ने विविधता को खोया। वह एक ही काट की एकांगी कविता नहीं बनी।

केदार जी की काव्य-लय का स्वरूप बहिर्मुखी है, इसलिए वह विविध स्तरीय जीवन-लयों के बीच निरन्तरता को पकड़ती है। वह सौन्दर्य की अनेक भाव-भंगिमाओं में अपने को व्यक्त करती है। वहाँ रूप की अभिव्यक्ति अनेकरूपणी है। लय की इस गत्यात्मकता और शब्दों की ऐन्द्रिक ध्वनियों से उपजी चित्रात्मकता के बीच विरोधाभास नहीं, एक द्वन्द्वात्मक रिश्ता है। इस चित्रात्मकता का ठाठ उनका एकदम अपना और अलग है। वह छायावादियों से भी भिन्न है और अपने समकालीनों से भी। वहाँ न तो प्रकृति का विराट में रूपान्तरण है, न उसकी अति सूक्ष्मताओं में जाने का आग्रह। वहाँ प्रकृति न भयावह है न स्वप्न। इस मामले में नागार्जुन केदार के पड़ोसी हैं। केदारजी की चित्रात्मकता कैमरेवाली यान्त्रिक चित्रात्मकता नहीं है। उसमें सब कुछ स्थिर नहीं है। वहाँ जीवन की हलचल है। यह हरक़त बहुत अंडरटोन होते हुए भी अनुपस्थित या ठहरी हुई नहीं है। उनके दृश्यों में प्रकृति की हलचल से कवि मन में होनेवाले उद्वेलनों को हम महसूस कर सकते हैं। उसमें 'स्थापत्य' भी है और 'गति और आवेग' भी।

1. *एक बीते के बराबर / यह हरा ठिगना चना / बाँधे मुरैठा शीश पर / छोटे गुलाबी फूल का / सज कर खड़ा है।*

(चन्द्रगहना से लौटती बेर)

2. *पक्षी जो / एक अभी-अभी उड़ा / और एक बोलती लकीर सा / अभी-अभी / नील व्योम वक्ष में समा गया।*

(गाने के लिए गया)

अनेक कविताओं के उदाहरण दिए जा सकते हैं। उनकी चित्रात्मकता में स्थिरता और गति का जो द्वैत है वही उनकी अपनी खूबी भी है और यही चीज अपने समकालीनों में उनकी एक अलग पहचान भी बनाती है।

दो

केदारनाथ अग्रवाल वस्तुतः उजाले और उल्लास के कवि हैं। ऐसा नहीं है कि वे हमारे अँधेरे कोनों-कुचालों की ओर उँगली नहीं उठाते। हमारी विकृतियों, सामाजिक विसंगतियों और सामान्य मनुष्य को दुःख देनेवाली कटु सच्चाइयों पर चोट नहीं करते। तीखे आलोचनात्मक स्वर और वर्ग-संघर्ष के जुझारू तेवर अपनी पूरी सामर्थ्य के साथ वहाँ मौजूद हैं लेकिन उनका मन प्रकृति के टटके दृश्यों और उल्लास के क्षणों में अधिक रमता है। वे साधारण जन के छोटे-छोटे सुखों को बहुत खुशी के साथ बाँधते हैं। इसी कारण उनके यहाँ मेहनतकश अपने पूरे स्वाभिमान के साथ पूरा आदमकद दिखता है। वर्गीय राजनीति और वर्ग-संघर्ष के दृश्य पूरी कलात्मक ऊँचाई के साथ आते हैं।

1. *एक हथौड़ेवाला घर में और हुआ / हाथी सा बलवान / जहाजी हाथोंवाला और हुआ ! / सूरज सा इंसान / तरेरी आँखों वाला और हुआ !*
(मजदूर का जन्म)
2. *घन गरजे जन गरजे / बंदी सागर को लख कातर / एक रोष से / घन गरजे जन गरजे। (घन जन)*
3. *मैंने उसको जब जब देखा / लोहा देखा / लोहा जैसे / तपते देखा / गलते देखा। / ढलते देखा / मैंने उसको / गोली जैसा / चलते देखा। (मैंने उसको)*

लेकिन वर्ग-राजनीति और वर्ग-संघर्ष से हटकर जब केदारजी तात्कालिक या कहें दलगत राजनीति पर या किसी तात्कालिक घटना पर टिप्पणी करते हैं, तब उनकी कविता न तो अपनी कला की खूबियों को प्रकट करती है, न ही वहाँ उनकी आलोचनात्मक सूझ और तर्कशीलता की वयस्कता ही कविता में दीख पड़ती है। तात्कालिक राजनीति या घटना का उनकी अपनी कविता में पूरा-पूरा रूपान्तरण अक्सर (और इस अक्सर को रेखांकित किया जाए) नहीं होता। यह उनकी सीमा भी है।

दुर्दिन, संकट और दुख पर उनकी भी नज़र है लेकिन दुख वहाँ अपराजेय नहीं है। वह सिर्फ दुख का रोना रोनेवाली कविता नहीं है।

आया था संकट घन मार गया।
फूलों की छड़ियों से हार गया।

केदार वस्तुतः ऐसे कवि हैं जो ऐसी छोटी-छोटी चीजों को बचाने, सहेजने और समेटकर दिखाने में रुचि लेते हैं जो दिनोंदिन अमानवीय होती जा रही स्थितियों के बीच भी हमें मानवीय बनाए रखती हैं। हमारी मानवीयता को, हमारे भोलेपन को, हमारी खुशियों को बचाती हैं। ऐसी आन्तरिक और बाहरी दोनों चीजों का पुनः अन्वेषण वे करते हैं, जहाँ कहीं ऐसी चीज़ों पर कुछ धूल-धक्कड़ या काई जम गई है केदारजी उसे

हटाते हैं और एक बार फिर हमें अपनी उन बेहद प्यारी चीजों के पास ले जाते हैं। शायद यही कारण है कि वे बेहद साहस के साथ शोषित वर्ग के लोगों की भी गलतियों की तीखी आलोचना करते हैं।

गुड़गुड़ गुड़गुड़ हुक्का पकड़े / खूब धड़ाके धुआँ उड़ाते /
फूहड़ बातों की चर्चा के / फौवारे फैलाते जाते !

(बुन्देलखण्ड के आदमी)

उन्हें संघर्षशील जुझारू जन से प्यार है। साधारण जन के स्वाभिमान के साथ ही उनमें अपने स्वाभिमान का भी स्वर है। यह स्वाभिमान कोरा दंभ नहीं है। यह जन के साथ अपनी और अपनी रचना की पक्षधरता का स्वाभिमान है। 'लोक और आलोक' की भूमिका में केदार जी ने लिखा है 'न मैं पराजयवादी हूँ, न पलायनवादी। अतएव मैं प्रयोगवादी नहीं हूँ।'' डॉ. रामविलास शर्मा ने केदारनाथ अग्रवाल की कविता पर लिखा है कि ''उनकी शुरू की रचनाओं में छायावाद का कम-से-कम प्रभाव है, उनकी बाद की रचनाओं में नई कवितावाले हथकण्डे कहीं ढूँढ़ने से भी न मिलेंगे।'' अपनी कला के प्रति अद्भुत रूप से ईमानदार कवि हैं केदारनाथ अग्रवाल। काव्य आन्दोलनों की पैंतरेबाजियों से दूर अपनी आस्था और अपनी कविता के प्रति इस ईमानदारी के कारण कई वर्षों की सतत उपेक्षा के बावजूद केदार, नागार्जुन और त्रिलोचन ऐसे कवि रहे हैं जिन्होंने तात्कालिक लाभ और प्रतिष्ठा के लिए टट्टू सवारियाँ नहीं कीं।

जी के काम / किये जीने में / सम्प्रति / सांग लिये सीने में / रुचि की रचना / रची मरम से / बाँध नहीं बाँधे / कुकरम के /

'अपूर्वा' की भूमिका में केदारजी ने इस ओर महत्त्वपूर्ण ढंग से विचार किया है। उन्होंने लिखा, ''हर दशक की पहचानवाले कवि पहले और बादवाले दशकों के कवियों से जुदा कर दिए गये हैं। बात यहाँ तक बढ़ गई है कि एक दशक की कविता दूसरे दशक की कविता से बिल्कुल अलग कर दी गई है। यह पारस्परिक बहिष्करण कविता के मूल प्रवाह को अवरुद्ध करता है। देखा जाए तो यह प्रवृत्ति प्रतिष्ठित हो जाने के रुझान की द्योतक है।'' केदारजी इसका विरोध करते हैं और अपने बारे में स्पष्ट करते हैं कि ''मैं कविता की सांस्कृतिक सार्थकता का समर्थक कवि हूँ।'' इसीलिए वे मानते हैं कि कविता वही है जो ''कर्तव्य और कर्म से उपजी हो'', जो ''सारवान और सार्थक हो और दूसरों की समझ में आ सके।'' उनकी काव्य सम्बन्धी ये मान्यताएँ मात्र कविता आन्दोलनों के बारे में ही नहीं हैं वे उनके जीवन और मनुष्य के रिश्तों के बारे में उनकी राय में भी अभिव्यक्त होती हैं। स्त्री-पुरुष सम्बन्ध के बारे में भी उनकी मान्यताएँ आधुनिकतावादियों की तरह अराजक और लोलुप नहीं हैं। वहाँ भी कर्तव्य और सार्थकता पर ही उनका जोर है। 'हे मेरी तुम' शीर्षक से उन्होंने काफी कविताएँ लिखी हैं। 'जमुन जल तुम' की भूमिका में केदारजी ने लिखा है, ''मूलतः मैं पत्नी प्रेमी रहा

हूँ। मेरी प्रेम कविताएँ उन्हीं के प्रेम और सौन्दर्य की कविताएँ हैं।" परकीया-प्रेम या अराजक प्रेम सम्बन्धों पर चोट करते हुए उन्होंने लिखा है "ऐसी कविताएँ सामाजिक दायित्व से हीन कविताएँ होती हैं और ऐसे कवि न घर में प्रेम को प्रतिष्ठित कर पाते हैं, न समाज में। मेरा ऐसा कहना बहुतों को बुरा लगेगा, लेकिन यह कटु और निर्मम सत्य है। मेरी प्रगतिशीलता में इसका कोई स्थान नहीं है।"

> *हे मेरी तुम ! / गठरी चोरों की दुनिया में / मैंने गठरी नहीं चुराई / इसीलिए कंगाल हूँ / भुक्खड़ शहंशाह हूँ / और तुम्हारा यार हूँ / तुमसे पाता प्यार हूँ।*

गठरी चोरों की इस दुनिया में यही केदारजी की पूँजी है। यह प्यार उनकी कविता को चाहे कई बरसों तक विद्वतजनों से मिले न मिले पर उससे हमेशा मिलता रहेगा, जिसके लिए उन्होंने कविता लिखी है जो उनकी कविता में हर जगह मौजूद है।

जब देखा तब जीवन देखा

त्रिलोचन हिन्दीभाषी अंचल की जातीय चेतना के कवि हैं। उदात्त और घनीभूत अनुभूति के साथ भी उनकी भाषा का सुर बहुत ज्यादा नहीं बदलता, एक विलक्षण सपाटता बनी रहती है। आवेगों की रास तनी रहती है, वह उन्हें उन्मुक्त नहीं छोड़ते। कविता का सम्पूर्ण स्वर सधा हुआ, छन्दानुशासन बहुत कसा हुआ और तटस्थ बना रहता है। 'पिच' बहुत ज्यादा ऊपर-नीचे नहीं जाता। अपनी समकालीन कविता और सारस्वत कविता से उनके गहन रिश्ते कविता की आन्तरिक संरचना और वस्तु में अन्तर्निहित हैं। लेकिन स्वर की ऊपरी तटस्थता उनको एक ऐसा विशिष्ट व्यक्तित्व प्रदान करती है, जिससे उन्हें हिन्दी-कविता में एकदम अलग से पहचाना जा सकता है। आवेगों की ऐसी संयमित अभिव्यक्ति और सुर की ऐसी तटस्थता का कोई दूसरा कवि ढूँढ़ना असम्भव-सा लगता है। शायद यही कारण है कि अद्‌भुत सरलता के बावजूद उनकी कविता से आसानी से एकमेक नहीं हुआ जा सकता। उनकी कविता अपने से आत्मीय होने की बहुत सुविधा नहीं देती। मुझे कई बार लगता है कि फॉकनर के गद्य-सा कड़ियल ठोसपन यहाँ है। बहुत कड़ियल और कुछ हद तक रूखा, किसानी मिजाज। उनकी विनय उन्हें दैन्य की ओर नहीं ले जाती, या वह स्वयं उस ओर उसे नहीं जाने देते। कविता के आन्तरिक और बाहरी अनुशासन में उन्हें तुलसी की ठेठ परम्परा में रखा जा सकता है। उनकी मनोभूमि भी तुलसी के ही सबसे अधिक निकट है, लेकिन समय और परिस्थितियों से उपजी और स्वयं द्वारा अर्जित की गई सारी भिन्नताओं के साथ। रामचन्द्र शुक्ल ने लोकमंगल की ओर उन्मुख कवि के दो विशिष्ट भावों, करुणा और प्रेम, का उल्लेख किया था। त्रिलोचन की कविता में ये दोनों भाव बहुत महत्त्वपूर्ण हैं, लेकिन दूसरी ओर लोकरंजन के लिए वह राम को नहीं चुनते। वह लोक को ही चुनते हैं और उसका मंगल करने की शक्ति जो स्वयं उसी के अन्दर अनर्निहित है, उसे पहचानते हैं। उसकी ओर संकेत करते हैं। वह सामान्य को ही असामान्य का दर्जा देते हैं और इस असामान्य के जरिए पुनः सामान्य को ज्यादा अच्छी तरह समझने की कोशिश करते हैं। यही वह बड़ा फर्क है, जिसके कारण तुलसी का दैन्य उनके यहाँ स्वाभिमान बन जाता है और विनय का स्थान एक पैनी आलोचकीय दृष्टि ले लेती है। उनका एक सॉनेट है :

तुलसी और त्रिलोचन में अन्तर जो झलके
वे कालान्तर के कारण हैं। देश वही है,

लेकिन तुलसी ने जब-जब जो बात कही है,
उसे समझना होगा सन्दर्भों में कल के
वह कल, कब का बीत चुका है—आँखें मल के
जरा देखिए, इस घेरे से कहीं निकल के,
पहली स्वरधारा साँसों में कहाँ रही है;
धीरे-धीरे इधर से किधर आज बही है।
क्या इस घटना पर आँसू ही आँसू ढलके।
और त्रिलोचन के सन्दर्भों का पहनावा
युग ही समझे, तुलसी को भी नहीं सजेगा,
सुखद हास्यरस हो जाएगा। जीवन अब का
फुटकर मेल दिखाकर भी कुछ और बनावा
रखता है। अब बाज पुराना नहीं बजेगा
उसके मन का। मान चाहिए, सबको सबका

(ताप के ताए हुए दिन)

बातचीत के अन्दाज ही नहीं, बातचीतवाली भाषा का भी कलात्मक उपयोग त्रिलोचन ने किया है। उनकी कविता में एक ओर किसानों-सा बातूनीपन है तो दूसरे छोर पर बहुत सारी बात को कुछ शब्दों में, एक चुस्त-से वाक्य या एक सूक्ति में समेट लेने की मितव्ययिता भी। यह द्वैत वस्तुतः इस बात का प्रमाण है कि उनकी कविता का रचाव हिन्दी अंचल के किसान चरित्र, आदतों और बोलचाल से कितने गहरे अर्थों में सम्पन्न हुआ है। 'मैं तुम' की पंक्तियाँ हैं, 'मैं तुमसे, तुम्हीं से बात किया करता हूँ/और यह बात मेरी कविता है'। यह निरन्तर बातचीत ही है जिसके जरिए वह अनुभवों को अर्जित करते हैं। इलहाम की कविता यहाँ नहीं है। विचार की कविता भी नहीं। ना ही आधुनिकतावादियों की तरह जड़ाऊ और झलरमलर करते बिम्ब की। वह बिम्बों की झालरें नहीं बाँधते। बिम्ब उनके यहाँ बहुत कम हैं। और जहाँ हैं वहाँ वे अलग से शोर मचाते, चौंधियाते हुए नहीं आते। वे आते भी हैं तो कविता के अन्दर रच-पग कर आते हैं और पूरी कविता में अन्तर्लीन होते हैं। उनकी कविता एक समग्र इकाई की तरह होती है। एक ऐसी अन्विति वहाँ होती है कि अलग से उसका कोई अंश निकालकर उद्धृत करना अगर असम्भव नहीं तो मुश्किल जरूर होगा। यह अन्विति सिर्फ कविता, या भाषा के स्तर पर नहीं, अनुभव के स्तर पर भी है। वह किसी एकांगी या हिस्सों में बँटे अनुभवों को अपनी कविता में शामिल नहीं करते। शायद यही कारण है कि उनकी कविता किसी समय की मनोदशा को तो उजागर करती है लेकिन बहुत अधिक सतह पर घटित हो रही तत्कालीन स्थितियों या घटनाओं के ब्यौरों को दर्ज नहीं करती। इस बिन्दु पर त्रिलोचन नागार्जुन से एकदम अलग कवि हैं। लेकिन ऐसा कहने का अर्थ यह नहीं कि उनकी कविता अपने समय को दर्ज नहीं करती। वह समाज या इतिहास से निर्लिप्त कविता नहीं है। उसमें मनुष्य के दैनन्दिन संघर्षों से लेकर उसके

संघर्ष का लम्बा इतिहास उसकी विजय और उपलब्धियों के साथ दर्ज है। 'नदी : कामधेनु' मनुष्य के प्रकृति के साथ लम्बे संघर्ष की ही कविता है। बहुत कम शब्दों में त्रिलोचन ने नदी और मनुष्य के बदलते सम्बन्धों के जरिए इसे बाँधा है। त्रिलोचन की काव्य-कला का यह सबसे सार्थक उदाहरण है। तीन छोटे-छोटे अंश पूरी विवरणात्मक शैली में हैं और उसके बाद एक अन्तराल है और उसके बाद एक सूक्त वाक्य—'आज वह कामधेनु है'। नदी को 'कामधेनु' में परिवर्तित कर देना मनुष्य के लम्बे संघर्षों की उपलब्धि है। इस शब्द के जरिए वह अपनी सारस्वत कविता के साथ भी एक पुल बनाते हैं और तुलसी एवं कबीर की कविता का उनकी कविता से एक सजातीय सम्बन्ध भी कायम होता है। केदारनाथ सिंह ने 'ताप के ताए हुए दिन' की समीक्षा करते हुए लिखा है कि त्रिलोचन की हिन्दी एक ऐसी हिन्दी है, 'जिनके शब्दों में लगभग एक हजार वर्षों के संघर्षों की गूँजे हैं और वह इनका भरपूर इस्तेमाल करते हैं।' ये गूँजें बेहद महीन और सांकेतिक रूप में मौजूद हैं। 'ताप के ताए हुए दिन' के पहले खण्ड की अधिकांश छोटी कविताएँ वस्तुतः सांकेतिक भाषा की कविताएँ हैं। प्रकृति के बेहद संश्लिष्ट चित्रों में बहुत गहरे लुके हुए संकेत हैं और बेहद आत्मीय कविताओं में भी। ये कविताएँ मनुष्य के दैनन्दिन कार्यकलापों और सुख-दुख का वर्णन करती हुई एक ऐसे सत्य की ओर इशारा करती हैं, जिससे सामाजिक संरचना के स्वरूप को पहचाना जा सकता है।

त्रिलोचन सामाजिक विसंगतियों का विवरण अपनी छोटी कविताओं में नहीं देते, लेकिन पूँजीवादी व्यवस्था और सामन्तशाही के अवशेषों के कारण जो प्रतिक्रियाएँ पैदा होती हैं, संवेदना पर जो प्रभाव पड़ते हैं उनको वे अपनी कविता में दर्ज करते हैं। निराशा, अकेलापन या ऊब की गहन अनुभूति उनके गीतों और कविताओं में दिखाई देती है। सम्भवतः इसी सन्दर्भ में मुक्तिबोध ने उनकी कविता को मनोवैज्ञानिक काव्य कहा था। उनकी गीतात्मक कविताओं से ली गई कुछ पंक्तियाँ हैं :

1. बाँह गहे कोई
अपरिचय के
सागर में
दृष्टि को पकड़कर
कुछ बात कहे कोई।

2. क्या करोगे
शून्य प्राणों
को भरोगे

पथ कहाँ, वन,
जटिल तरु-घन
हरा कण्टक—

भरो निर्जन
खेद मन का
क्या हरोगे

3. *मौन के सागर में*
गहरे-गहरे
निशिवासर डूब रहा हूँ

जीवन की
जो उपाधियाँ हैं
उनसे मन-ही-मन ऊब रहा हूँ

(ताप के ताए हुए दिन)

'मैंने जो सोचा था', 'कुछ ढंग का लहो', 'रात में' आदि ऐसी अनेक कविताएँ हैं जिनमें उनके अकेलेपन और उदासी को देखा जा सकता है। लेकिन जीवन के प्रति अगाध आस्था उन्हें दारुण अकेलेपन के अँधेरों में धकेल पाने में समर्थ नहीं होती। वहाँ धूप से स्याह हो चुकी काई पानी पीते ही फिर हरिया जाती है और—

जीवन जड़ के ऊपर छा गया
जहाँ रंग न था रंग आ गया।

(ताप के ताए हुए दिन)

यह सांकेतिकता और त्रिलोचन की कविता की विडम्बना ही आठवें दशक की कविता की मुख्य भूमि है। लगभग तेईस वर्ष बाद इन दो वर्षों में त्रिलोचन के तीन कविता-संग्रह प्रकाशित हुए हैं—'ताप के ताए हुए दिन', 'शब्द' और 'उस जनपद का कवि हूँ'। यहाँ यह कह देना भी अप्रासंगिक नहीं होगा कि लगभग दो दशकों के बाद कविता कई घुमावदार और आँकी-बाँकी यात्राओं से होकर आठवें दशक में उस जमीन के नजदीक लौटी है, जो त्रिलोचन की कविता की अपनी ज़मीन है और यही बात उनकी दृष्टि की स्पष्टता और काव्य-व्यक्तित्व की सार्थकता का सबसे बड़ा साक्ष्य है। वह न केवल प्रयोगवाद के रूपवादी रुझानों के प्रति सतर्क थे, वरन् शुरू से ही प्रगतिवादी कविता के अति सरलीकरणों और बड़बोलेपन के प्रति भी सतर्क रहे। यही कारण था कि प्रगतिवादी काव्य आन्दोलन ने भी उन्हें सहजता से स्वीकार नहीं किया और बाद के दौर में तो वह उपेक्षित ही रहे।

त्रिलोचन उन बहुत थोड़े-से कवियों में एक हैं जो खड़ी बोली हिन्दी के स्वभाव से, उसकी बोलचाल की भाषा से और साथ ही उसकी साहित्यिक भाषा से भी बहुत गहराई से परिचित हैं। शमशेर ने लिखा है : "त्रिलोचन खड़ी बोली की हिन्दी भाषा और साहित्यिक अभिव्यक्ति के आधुनिक इतिहास में एक बड़ी महत्त्वपूर्ण कड़ी बनकर

आते हैं।'' वह खड़ी बोली की गद्य-लय को पहचानते हैं और उसे काव्य-लय तक उठा सकने की अद्भुत सामर्थ्य उनमें है। काफी हद तक यही कारण है कि उनकी कविता की भाषा की लय गद्य और काव्य के सन्धिस्थल पर खड़ी दिखाई पड़ती है। वह भाषा के ठेठपन को नष्ट करके या अंग्रेजी की तर्ज़ पर गढ़ी गई एक नकली भाषा को अपनाकर कविता रचना स्वीकार नहीं करते। अगर कोई इसे उनका हठ माने, तो माने, इसकी उन्हें परवाह नहीं। जीवन की भाषा से उनके सम्बन्ध इतने घनिष्ट हैं कि किसी प्रकार का चेतन प्रयास उनके यहाँ नहीं दिखता। वह किसी अनुभवी कुम्हार की तरह उसका इस्तेमाल मिट्टी की तरह कर लेते हैं। अवध अंचल के दर्जनों शब्द उनकी कविता में आते हैं। ये शब्द उनकी भाषा में ऐसे घुले-मिले और पैठे हुए हैं कि उन्हें अलगाकर दूसरे शब्द उनकी जगह नहीं रखे जा सकते, क्योंकि ये शब्द पूरे जीवन-सन्दर्भ के साथ उनकी भाषा में शामिल हुए हैं, चौंकाने के लिए जड़े नहीं गए हैं। भाषा का ही नहीं, कथ्य रूप और उनकी कविता के हर पक्ष का अलग-अलग सामाजिक जीवन से वैसा ही घनिष्ट रिश्ता है जैसा कि समग्र और संश्लिष्ट इकाई के रूप में कविता का जीवन से सम्बन्ध है। भाषा के इस गद्यात्मक रूप और इसकी लय के पीछे की जो गीतात्मकता है, वह बुद्धि द्वारा संचालित और अनुशासित होती है। उनकी भाषा ऊपरी तौर पर बहुत सपाट और काफी हद तक सरल-सहज है, लेकिन इस सहजता और सपाटता की कई भीतरी परतें हैं। अक्सर उन परतों में होनेवाली हलचलें और तनाव ऊपरी सतह पर कम ही दीख पड़ते हैं, पर कई बार एकदम सहज चलती भाषा में आया कोई इकलौता तत्सम शब्द (या 'शब्द' संग्रह का एक सॉनेट जो आधा तकरीबन संस्कृत में और आधा सहज भाषा में है), किस ओर संकेत करता है ? व्यंग्यवाली कविताओं में कई बार इन परतों को देखा जा सकता है जहाँ एक-एक पंक्ति के दूर तक कई-कई अर्थ खुलते नजर आते हैं। भाषा अपने ठेठपन के कारण ही ऊपरी तौर पर इतनी सपाट लगती है, लेकिन उसे जीवन के गहरे संघर्षों से उन्होंने पाया है और जैसा केदारनाथ सिंह, ने लिखा है, उसमें जगह-जगह 'अपनी सम्पन्न स्मृति से छनी गूँजों का सांकेतिक' इस्तेमाल है। यह सही है कि उधार की पाउडर-लाली वह इस्तेमाल नहीं करते। शमशेर ने बहुत साफ शब्दों में संकेत किया है कि 'भाषा का किंचित् भी लालित्य या साहित्यिकपन उसे अयथार्थ बना देगा, जो त्रिलोचन को सह्य नहीं होगा।' यह उनकी भाषा की जरूरी शर्त है यानी ऐसी कोई भी चीज, जो उसे अयथार्थ बना दे, त्रिलोचन को स्वीकार नहीं। भाषा ही नहीं, कविता के किसी भी पक्ष के बारे में यही बात लागू होती है।

यथार्थवादी शैली और बातचीत की भाषा ने त्रिलोचन की कविता को एक और महत्त्वपूर्ण आयाम दिया है—कविता में छोटी-बड़ी कहानी कहने का। अनेक छोटी कविताएँ और सॉनेट ऐसे हैं जिनमें लोककथाओं-सी सरल चुटीली, लेकिन गहरे घाव करनेवाली कहानियाँ त्रिलोचन ने बाँधी हैं। 'धरती' की कविता 'चम्पा' और 'जीवन का एक लघु प्रसंग' का बहुत अधिक सार्थक विस्तार 'नगई महरा' में हुआ है। त्रिलोचन की कहानी कहने की इस कला पर विचार किया जाना चाहिए। एक ऐसे दौर में, जबकि

कहानी का घोर पतन हो चुका है, इस तरह की कविताएँ न केवल एक बड़ी जरूरत को पूरा करती हैं, बल्कि कहानी को अपने संकट से उबरने के रास्ते भी बताती हैं। विवरणात्मकता और संकेतिकता का इतना सूझबूझ-भरा समन्वय यहाँ है कि उसने इस लिखित कविता को करीब-करीब उसकी वाचिक परम्परा के नजदीक ला दिया है। उसे समुदाय के बीच आसानी से सुनाया जा सकता है, कविता की तरह चाहे कम, लेकिन कहानी की तरह अधिक। शायद यह एक ऐसा रास्ता है, जहाँ कविता अपनी वाचिक परम्परा के नजदीक आ सकती है। कविता के अन्दर कहानी कहने की उनकी कला प्रेमचन्द की तरह सरल और कहानी कहने की हमारी लोक-परम्परा जैसी है।

> *'बुआ ने बुलाया महरिन/महरिन आ गई पास/बुआ ने, अब मैं समझता हूँ, कुछ प्यार, कुछ तिरस्कार से/कहा होगा महरिनिया/तू दामाद के घर/क्यों बैठ गई/महरिनिया का जवाब पहले का तैयार लगा/बुआ, अपनी ओर ही निगाह करो/दूसरों की बूझने से अपनी ही बूझना/कहीं अच्छा होता है/और वह इज्जत बचाती हुई/घर में चली गई/छूछा जोर लेकर बाहर निकली/बिल्कुल चुप/बुआ भी चुप ही रही/उसके इनार की ओर चले जाने पर/आप-ही-आप कहा/कौन नीच जाति के मुँह लगे।'*
>
> (ताप के ताए हुए दिन)

सरसरी तौर पर देखें तो इसे गद्य से भिन्न नहीं किया जा सकता। लेकिन रुक-रुककर पढ़ने पर उसकी आन्तरिक लय प्रकट होती है। ऊपर की चार पंक्तियों के बाद ही कविता की शुरुआत होती है : 'नगई कहार था/अपना गाँव छोड़कर/चिरानी पट्टी आ बसा।' क्या इसके साथ ही प्रेमचन्द का कहानी शुरू करने का अन्दाज़ याद नहीं आता ?

'शब्द' और 'उस जनपद का कवि हूँ' त्रिलोचन के सॉनेट के संग्रह हैं। 1950 के आसपास ही त्रिलोचन ने अपनी कविता के लिए सॉनेट का फॉर्म चुना। किंवदन्ती की तरह यह बात प्रचलित रही है कि उन्होंने वड्र्सवर्थ से भी ज्यादा सॉनेट लिखे हैं। यह एक संश्लिष्ट और थोड़ा बड़ा काव्यरूप है। लय की गति का धीमा होना, सॉनेट का खास गुण है। अन्य छोटे गीतों से वह इस मायने में भिन्न है। गम्भीरता, विचारशील भाव, अनुभूति की गहन एकाग्रता और कसी हुई भाषा के साथ ही चौदह पंक्तियों का अनुशासन, ये सारी बातें जो एक सॉनेट की विशिष्टता हैं, त्रिलोचन की मनोभूमि के लिए बहुत अनुकूल थीं। आवेगों की अभिव्यक्ति का संयमित ढंग और स्वर की तटस्थतावाली अपनी काव्य-मानसिकता के कारण ही सॉनेट जैसे विदेशी काव्यरूप ने त्रिलोचन जैसे ठेठ भारतीय किसानी मन के कवि को आकर्षित किया होगा। अष्टपदी में लय का अनुशासन और षटपदी में लय की स्वतन्त्रता के द्वैत ने त्रिलोचन के अपने स्वभाव को लुभाया होगा। इसके अतिरिक्त सॉनेट के पारम्परिक रूप को उठाकर देखें तो वह हर वक्त किसी को (खासतौर पर प्रेमिका को) सम्बोधित करनेवाला काव्यरूप

रहा है। त्रिलोचन की कविता में भी उद्‌बोधन और सम्बोधन अक्सर मौजूद रहे हैं—कविता में बातचीत की कला के ही कारण। सॉनेट को अपनाने और उसे सबसे अधिक समर्थ रूप में साध पाने के ये कुछ मोटे कारण हो सकते हैं। सॉनेट के वह पहले समर्थ कवि हैं। यहाँ तक कि त्रिलोचन और सॉनेट हिन्दी में एक-दूसरे के पर्याय बन गए हैं। शायद ही कोई ऐसा कवि होगा, जिसका कोई छन्द या काव्यरूप उसका पर्याय बन जाए।

सॉनेट में त्रिलोचन ने अधिकांश उपलब्ध रूपों का प्रयोग किया है। पेट्रार्कीय सॉनेट भी उन्होंने लिखे और शेक्सपियर-सरणि के सॉनेट भी, बल्कि उसमें स्पेंसर और सुर्रे दोनों की तुक योजनाओं का इस्तेमाल किया। लेकिन रोला छन्द की अपनी लय में ढलकर त्रिलोचन के सॉनेट ने पूरी तरह हिन्दी के जातीय स्वरूप को ग्रहण कर लिया है। 'शब्द' संग्रह के अधिकांश सॉनेट का रूप पेट्रार्कीय है। ये सॉनेट अष्टपदी और षटपदी में विभक्त हैं। अष्टपदी की तुक 'अ ब ब अ', 'अ ब ब अ' में चलती है, जबकि षटपदी की तुक-योजना इतालवी सॉनेट में अधिक स्वतन्त्र होती है। त्रिलोचन के यहाँ पूरा सॉनेट रोला के मात्रिक अनुशासन में ढला है, अतः षटपदी भी उस अनुशासन से मुक्त नहीं। त्रिलोचन अपने गीतों, छोटी कविताओं और शेक्सपियर-सरणि के सॉनेट के रूप में जितने सहज होते हैं, उतने इस अधिक पुराने काव्यरूप में नहीं हो पाते। कई बार तुक यहाँ सायास साधे जाने का अहसास कराती है, अनेक स्थलों पर कथ्य भी जबरन खींचा गया-सा लगने लगता है। भाषा के स्तर पर भी इन सॉनेटों में तत्सम शब्दों का इस्तेमाल अधिक मिलता है। इन सॉनेटों में कहानियाँ कहने की कला का इस्तेमाल कम है। प्रेम और प्रकृति पर कविताएँ हैं, पर दार्शनिकता उन पर हावी होने लगती है। त्रिलोचन के यहाँ प्रकृति के बहुत संश्लिष्ट चित्र हैं, लेकिन केदारनाथ अग्रवाल की तरह उमंग के बजाय, प्रकृति की सूक्ष्मताओं के प्रति उनका आग्रह अधिक है और इसलिए प्रकृति के वर्णन में वह नागार्जुन या केदार के बनिस्बत निराला के ज्यादा नजदीक हैं। कभी-कभी लगता है कि सॉनेट के इस सबसे प्राचीन रूप को अपनाते हुए त्रिलोचन उसकी प्राचीनता से भी आक्रान्त थे और रूप का चयन करते हुए उसकी मानसिकता में भी जी रहे थे।

यह सॉनेट-रूप पेट्रार्क और दाँते के बाद मिल्टन ने अपनाया था और एक लम्बे अन्तराल के बाद इंगलिश में वड्‌र्सवर्थ और कीट्‌स ने इसे दुबारा जीवन दिया। सम्भवतः इसकी दुरूहताओं का ही परिणाम था कि यह अधिक लोकप्रिय नहीं हो पाया। त्रिलोचन कुछ मायनों में काफी हठी कवि हैं। उन्होंने इसे जरूर ही एक चुनौती की तरह स्वीकार किया होगा। कहना न होगा कि असहजता के बावजूद उन्होंने इसे पूरी मुस्तैदी के साथ साधा है और यह बात हिन्दी के किसी भी अन्य कवि के बूते की बात नहीं रही। रूपगत विविधता और कठिनतम सारस्वत काव्य-रूपों को साधने और अपने ढंग से अपने रंग में ढाल लेने का जैसा जोखिम त्रिलोचन उठाते हैं वह उन्हें हिन्दी के शीर्षस्थ कवियों की श्रेणी में ला खड़ा करता है। लेकिन त्रिलोचन रूपवादी कवि नहीं हैं। कथ्य वहाँ 'डिफ्यूज' नहीं होता और रूप की खातिर उसकी बलि नहीं चढ़ती। बाहर खड़े राक्षस से अपने को बचाते हुए वह चौदह पंक्तियों के छोटे गद्दे में अपने को समेट लेने की

साधना में दक्ष हैं।[1]

पेट्रार्कीय सॉनेट के मुख्यतः शृंखला में लिखे जाने का चलन रहा है। त्रिलोचन में ऐसी शृंखला नहीं मिलती, पर ऐसी शृंखला तैयार की जा सकती है। लेकिन सॉनेट चाहे प्रेम का हो, प्रकृति-चित्रण का या कविता और भाषा-सम्बन्धी, सभी जगह उनका जीवनदर्शन और गहरी राजनीतिक दृष्टि दीख पड़ेगी, कहीं स्पष्ट रूप में और कहीं अस्पष्ट रूप में।

'शब्द' के एक सॉनेट में त्रिलोचन ने कहा है : 'शब्दों के द्वारा जीवित अर्थों की धारा/मैंने आज बहा दी है/जिसके दो तट हैं/एक भाव का एक रूप का। निकट-निकट हैं/चाहे दूर-दूर दिखते हों।' इस रूपक को पढ़ते ही तुलसी याद आते हैं : 'लोक बेद मत मंजुल कूला'—वहाँ कविता की सरिता के ये दो तट हैं यहाँ अर्थों की धारा के दो तट हैं—रूप और भाव। इससे रूप और वस्तु का सम्बन्ध उजागर होता है। जीवित अर्थोंवाले त्रिलोचन के शब्द ऐसे हैं, जिनसे उन्होंने 'वर्ण गन्ध का काम लिया है' और जिन्हें 'असहाय नहीं पाया है कभी किसी क्षण।'

फन्तासी रचना त्रिलोचन का स्वभाव नहीं, मुक्तिबोध-सी एक पूरी-पूरी फन्तासी वहाँ है भी नहीं, पर जहाँ 'कास्मिक इमेजरी' के साथ सूक्ष्म अवलोकन और कल्पनाशक्ति का समन्वय हुआ है, वहाँ त्रिलोचन के सारे संयमों के बीच भी कविता एक बिल्कुल भिन्न धरातल पर चली जाती है, उसके स्वभाव से कुछ बाहर भी। पर ये कविताएँ त्रिलोचन की कविता के एक और बहुत समर्थ पक्ष को उजागर करती हैं। एक प्रेम कविता (सॉनेट) है, जहाँ सिर्फ 'सुना है, भरसक सबकी आँख बचाकर अभी बुना है स्वेटर तुमने मेरे लिए' एक छोटी-सी, बेहद आत्मीय घटना घटी है। इसके साथ ही, रोशनी और खुला हुआ आकाश फैल जाता है। 'अनन्त धुला है, सूरज के पानी से।' यही नहीं, वह आँखों के सुनील जल में' ऐसे खो जाना चाहते हैं कि कोई ढूँढ़े न पा सके, पर यह लुकना ऐसा, जिसमें दिगन्त में सुगन्ध की तरह फैल जाने और जल के ऊपर कंज-सा होने की चाहत शामिल है। ऐसी सूक्ष्म तरंगें बो जाने की इच्छा है जो प्यार उपजाएँ। ऐसी 'कास्मिक' और विलक्षण 'इमेजरी' के बावजूद न तो त्रिलोचन अराजक होते हैं, न रूढ़ अर्थों में रोमेण्टिक। 'शब्द' का यह सॉनेट इस दृष्टि से अद्भुत है :

जल के हिल जाने पर जैसे तल की छाया
हिलने लगती है वैसे ही मेरे मन के
हिल जाने पर मेरा छायापुरुष गगन के
प्रभा-लोक में हिलने लगता है। समझाया

---

1. त्रिलोचन जी ने बातचीत में एक कथा सुनाई थी कि बेन जानसन ने सॉनेट को प्रोप्रेस्तेत का बिछौना कहा है, एक ग्रीक कथा के अनुसार प्रोप्रेस्तेत नाम का एक दैत्य था जिसके पास एक बिछौना और एक कुल्हाड़ा रहता था, वह जंगल से गुजरनेवाले राहगीरों को आमन्त्रित करता और अपने बिछौने पर सोने को कहता, उस छोटे से बिछौने से राहगीर का जो भी अंग बाहर निकलता उसे वह काटकर खा जाता।

तुमने मुझे मर्म जीवन का—मैंने पाया
तुम जल हो मैं निहित बिम्ब हूँ, उड़ते घन के
प्रतिबिम्बों पर सुस्थिर; तार हृदय के खनके
साँस साँस से, जीवन जगकर आगे आया।

छाया छाया छाया छाया—जब भी देखा
केवल छाया देखी; रूप किस ओर खो गया
अपनी चमक दिखाकर, कहाँ गया वह आत्मा
जिसकी सब तलाश करते हैं, जिसकी रेखा
नहीं बनी लेकिन सत्ता का शोर हो गया
सारे जग में, आत्मा ही तो है परमात्मा।

त्रिलोचन ने सॉनेट के लिए रोला छन्द का उपयोग किया है। रोला एक जन-छन्द रहा है। राज्याश्रय प्राप्त कवियों ने इसका उपयोग तकरीबन नहीं किया। अभिजात रुचियोंवाले कवियों में भी इसे अधिकांशतः जगह नहीं मिली। रोला का चयन ही कहीं गहरे में त्रिलोचन की पक्षधरता को उजागर कर देता है। लेकिन रोला को ज्यों-का-त्यों वह स्वीकार नहीं कर लेते हैं। रोला के ऊपर न केवल सॉनेट का एक और अनुशासन वह कायम करते हैं बल्कि उसके मात्रिक अनुशासन और आन्तरिक लय को भी बरकरार रखते हुए उसकी पारम्परिक सहज गेयता को वह एक तरह से भंग कर देते हैं या उसे दुरूह बना देते हैं। हो सकता है कि वह किसी शास्त्रीय बन्दिश में गाया जा सके। लेकिन रोला की सहज धुन में तो उसे नहीं ही गाया जा सकता है। त्रिलोचन वाक्य बड़ा बनाते हैं जो सॉनेट की दूसरी पंक्ति के आधे में जाकर, और कभी-कभी तीन पंक्तियों में समाप्त होता है। इस तरह छन्द के अनुशासन में पंक्तियाँ तो रहती हैं, लेकिन वाक्य उस अनुशासन में नहीं होते। इससे रोला की सरल गेयता काफी हद तक गद्यात्मक लय के नजदीक पहुँच जाती है। रोला छन्द का यह रचाव त्रिलोचन की अपनी अलग पहचान बनाता है। यह छन्द से मुक्ति के बजाय छन्द की ही मुक्ति का एक प्रयास है। यहाँ मुक्ति और अनुशासन के बीच एक द्वन्द्वात्मक रिश्ता है। इसी तरह वह अपनी कविता की वस्तु को ही छन्द में ढालने का काम नहीं करते, बल्कि इसके विपरीत वह छन्द को भी अपनी मनोभूमि और वस्तु के अनुरूप ढालने या कहें बदलने का काम करते हैं।

'उस जनपद का कवि हूँ' के सॉनेट शेक्सपियर-सरणि के ढंग के सॉनेट हैं। यह सॉनेट तीन भागों में विभक्त होता है। अन्तिम भाग एक द्विपदी होती है। त्रिलोचन सॉनेट के इस रूप में ज्यादा सहज होते हैं। शायद इसलिए कि यह रूप नीतिकथाओं या लोककथाओं की सरल बुनावट के नजदीक है जहाँ पूरी कथा अन्त में जाकर किसी नीतिवाक्य या सूक्तिवाक्य में अपने को समेटती ही नहीं, अपने आशयों को भी ज्यादा खोलकर स्पष्ट करती है। त्रिलोचन भी अक्सर सॉनेट को कुछ इसी अन्दाज में समाप्त करते हैं। कई बार ये नीतिवाक्य कविता के अन्त के बजाय बीच में भी आते हैं। ये

नीतिवाक्य उनकी प्रबल नैतिक सच्चाई से उद्भूत हैं। कई बार ये उपदेश या उद्बोधन की तरह लगते हैं और लग सकता है कि ये उनकी कविता को कविता से दूर ले जाते हैं। निराला इस प्रकार के उपदेश को कविता में स्वीकार नहीं करते, लेकिन त्रिलोचन यहाँ निराला से असहमत जान पड़ते हैं। यह छायावाद के बाद का सोच है। मुक्तिबोध और त्रिलोचन में इस बिन्दु पर एक साम्य है। मुक्तिबोध ने 'धरती' की समीक्षा करते हुए शायद इसीलिए इसे त्रिलोचन की कविता का एक विशिष्ट गुण माना था। उन्होंने लिखा कि 'इस नैतिक भावना के कारण ही कवि अधिक मानवीय हो गया है, यह मानवीय गुण ही उसके समाजवादी ध्येय और तद्गत काव्य के उद्गम का मूल कारण है।' वस्तुतः त्रिलोचन की कविता की संरचना हिन्दी भाषा अंचल के लोकसाहित्य, उसकी बातचीत और भाषा से इतने घनिष्ट रूप से जुड़ी है कि उसे उससे अलग करके रूढ़ साहित्यिक मानदण्डों पर नहीं परखा जा सकता। जीवन की समग्रता और संघर्षों के वह केवल दर्शक नहीं, उसके हिस्सेदार भी हैं। यही कारण है कि उनकी कविता का अनुभव-संसार और उनकी कविता का स्वरूप, हिन्दी के दर्शक-कवियों से अनेक स्तरों पर भिन्न नजर आता है।

'उस जनपद का कवि हूँ' में '50 से '54 तक के सॉनेट हैं। भारतीय इतिहास में जितना महत्त्वपूर्ण यह समय है, उससे भी ज्यादा महत्त्वपूर्ण इससे कुछ पहले का समय है। मैं कह चुका हूँ कि त्रिलोचन किसी समय की मनोदशाओं विशेष रूप से शोषित-पीड़ित जनता की मनोदशाओं को कविता में दर्ज करते हैं, घटनाओं को या तो नहीं, या बहुत कम। इन कविताओं में आशा के बावजूद एक गहन करुणा है। आशा है, तो वह भी 'धैर्य धरो' जैसी। पराजय के बाद पुनः अपने को तैयार करने का आह्वान करती हुई। यह करुणा पराजय की भी है और बदलाव की इच्छा और घोर यथास्थिति के द्वन्द्व से उपजी करुणा भी। गौर करने की बात है कि यही वह दौर है जब समूचे दृश्य पर छाई कविता नेहरू और प्रजातन्त्र की ओर बहुत उल्लास और आशा से तक रही थी। अनेक महत्त्वपूर्ण कवि मार्क्सवाद में व्यक्त की गई अपनी आस्था से मुकर रहे थे और उसे अपनी भूल या बचकानापन मान रहे थे। तेलंगाना का सशस्त्र विद्रोह पूरी तरह कुचल डाला गया था और कम्युनिस्ट पार्टी अपने आन्तरिक द्वन्द्व में फँसी हुई थी। त्रिलोचन की कविता ऐसे समय में एकदम अलग, उल्लास और आशा की नहीं, करुणा की कविता है। उनकी कविता की संवेदना, करुणा और सूक्ष्म दृष्टि इस पूरे कालखण्ड का सबसे विश्वसनीय दस्तावेज है :

...आह शून्यता का सन्नाटा
गूँज रहा है धड़कन में दिल की, फिर काटा
कैसे दुर्गम मार्ग, जहाँ वह अरुण न खिलता।

इसी सॉनेट की अन्तिम द्विपदी है :

एकाकीपन दुख का चिर सहचर होता है,
चिन्तामय जागरण विश्व-वन में सोता है।

उनकी यह करुणा, यह पीड़ा नृशंस दमन से उपजी पीड़ा और करुणा ही है। उस वक्त की घटनाओं का कविता में विवरण न होते हुए भी यह कई कविताओं (सॉनेटों) में भी दिखाई पड़ती है। कभी स्पष्ट और कभी सांकेतिक रूप से—

यह निर्मम आघात सहो, फिर उठो सँभलकर
आगे बढ़ो, तुम्हारा पथ वह देख रहा है
तुमको एकाकी।

इस संग्रह के शुरू में कुछ ऐसे सॉनेट हैं जिनका मुख्य पात्र स्वयं त्रिलोचन हैं। इसी तरह के तीन सॉनेट 'ताप के ताए हुए दिन' में भी हैं। इन सॉनेटों के सन्दर्भ में त्रिलोचन ने भूमिका में लिखा है : 'इसमें सन्देह नहीं कि इन तीनों में त्रिलोचन नाम का उपयोग है, किन्तु इस नाम के माध्यम से सामान्य सत्य का विशेषीकरण करने का प्रयास किया गया है।' सामान्य का विशेषीकरण, यह उनकी कविता का केन्द्रीय गुण है।

त्रिलोचन में व्यंग्य के कई स्तर हैं। एक वह, जहाँ वह राजनीति पर चोट करते हैं, या सामाजिक विडम्बनाओं और पाखण्डियों पर। ऐसे प्रसंगों में सुर की तटस्थता के बावजूद घृणा को देखा जा सकता है। यह मुखर होकर डाँट-फटकारवाली घृणा तो नहीं बनती, पर छेदनेवाली घृणा अवश्य होती है। कई बार यह व्यंग्य मखौल उड़ाने के अन्दाज़ में प्रकट होता है। कई बार त्रिलोचन मित्रों पर भी व्यंग्य करते हैं, कवियों पर और खास तौर से हिन्दी के आलोचकों पर। लेकिन इन कविताओं के व्यंग्य का स्वर तकरीबन छेड़छाड़ करने-सा या कहें चिकोटी काटने-सा होता है—'आलोचक का दर्जा—मानो शेर जंगली सन्नाटे में गर्जा।' व्यंग्य के पीछे किसी तरह के दम्भ का एहसास नहीं है। त्रिलोचन बड़बोले कवि नहीं हैं, लेकिन दीन नहीं अदीन मन के कवि हैं :

बड़े-बड़े शब्दों में बड़ी-बड़ी बातों को
कहने की आदत औरों में है पर मेरा
ढर्रा अलग गया है। ढाकों के पातों को
थाली की मर्यादा देकर पहला घेरा
तोड़ दिया।

'उस जनपद का कवि हूँ' संग्रह इस दृष्टि से भी बहुत महत्त्वपूर्ण संग्रह है कि इसमें त्रिलोचन की अपनी कविता के स्वभाव के बारे में कई कविताएँ हैं जिनसे उनकी धारणाओं और कविता की उनकी प्रक्रिया को ज्यादा अच्छी तरह समझा जा सकता है। उनका 'ढर्रा' औरों से अलग है। वहाँ थाली की मर्यादा ढाक के पात ही पाते हैं और 'मन की भाषा/छाती के भीतर धक-धक धड़कती है', लेकिन 'नहीं हवा की लहरों पर उत्ताल बही है'।

रघुवीर सहाय की कविता का वाक्य

एकाएक किसी चेहरे को देखकर मुझे जब लगता है कि यह वही है
तब थोड़ी देर में गौर से देखकर जान पाता हूँ वह नहीं है
दोनों की यह तुलना ऐसी प्रक्रिया है जो जीवन दे जाती है
हथियार मुझसे यह छीन नहीं सकता।

(पहचानना)

बहुत सपाटे में इन वाक्यों को पढ़ा नहीं जा सकता। कॉमा, अर्द्धविराम या पूर्ण विराम भी यहाँ नहीं, जो बाहर से कुछ अंकुश लगाए। अगर तेजी से पढ़ जाएँ तो लगेगा कि यह कैसा वाक्य है ! न तो अर्थ ठीक-ठीक पकड़ आएगा, न उसका कोई सौन्दर्य ही खुलेगा। तब हम सोचेंगे कि उसका ऐसा लिखा जाना बस कोई काव्य चातुर्य ही है। शमशेर का गद्य और कविता, पढ़नेवाले से जैसा धीरज और ठहर-ठहरकर पढ़ने की दरकार रखता है, आत्यन्तिक रूप से भिन्न मिजाज रखते हुए भी रघुवीर सहाय की कविता का वाक्य भी वही कुछ चाहता है।

दो

वाक्य रघुवीर सहाय की कविता में सबसे पहले हमारा ध्यान खींचता है। वह बिम्ब के विरुद्ध नहीं, उसके बरअक्स रखा गया है। यह वाक्य की पुनर्प्रतिष्ठा है। इस वाक्य में हमारी पूर्ववर्ती कविता की स्मृति भी है और रघुवीर सहाय की अपनी, एकदम अपनी निजता भी। यह अब ठीक वैसा ही नहीं है जैसा वह पहले था। हमारे समय के संकट ने और कवि के चेतस हस्तक्षेप ने ऐसा कुछ किया है कि उसके तार अपनी पूर्ववर्ती कविता से जगह-जगह जुड़े भी हैं और अलग भी हैं। यह कोई चौंकाऊ अजूबा नहीं। भारतीय काव्यशास्त्र ने तो सम्पूर्ण काव्य को ही एक महाकाव्य कहा है। शब्दार्थ से वाक्यार्थ को अलग माना गया है। रघुवीर सहाय में उनका वाक्यार्थ ही अभिनीत नहीं होता, उसे लिखे जाने का ढंग भी नाट्य की सृष्टि करता है। श्रीकान्त वर्मा में वाक्य की मुखर और तीव्र लय नाटकीयता को पैदा करती है। रघुवीर सहाय में अर्थ और शैली का युग्म मिलकर नाटकीयता को रचता है। वह एक सीधा वाक्य नहीं है। कविता में वाक्य की चर्चा हो तो त्रिलोचन की याद आना अनिवार्य-सा है। वस्तुतः वे वाक्य—

एक पूरे वाक्य के कवि हैं (सम्भवतः सबसे समर्थ कवि)। लेकिन उनका वाक्य एक किस्म की क्लासिकीय गठन में बेहद कसा हुआ है। रघुवीर सहाय का वाक्य बाँकपन लिए है। प्रवाह में पढ़ने में वह सायास असुविधा पैदा करता है। उसमें संवादी और विवादी पद दोनों आपस में गुँथे हैं। उसकी लय और उसका संगीत भिन्न हैं। यह एक सरल सांगीतिक लय नहीं है जो विचार और अर्थ को डुबोकर केवल संगीत को प्रमुख बना देती है। नागार्जुन के शब्दों में कहें तो 'जो कानों को मधुर लगती है पर चेतना को ठग लेती है।'

लड़ता हुआ समाज, नई आशा अभिलाषा
नए चित्र के साथ नई देता हूँ भाषा।

—त्रिलोचन

हिंसा केवल हिंसा कितनी आसान है
उसमें राज्याश्रय है उसमें क्षमादान है

—रघुवीर सहाय

रघुवीर सहाय की कविता में वाक्य स्थितियों की जटिल बुनावट के साथ दो विपरीत स्थितियों और भावों को मिलाकर अधिक जटिल तो बनता ही है, अधिक नाटकीय भी हो जाता है। नागार्जुन नाटकीयता के अद्वितीय कवि हैं पर उनका मिजाज स्पष्ट रूप से आलोचकीय है। वर्ग व्यवस्था के विरुद्ध वहाँ प्रतिहिंसा स्थायी भाव है। विश्लेषण से प्राप्त सूत्र वहाँ निष्कर्षात्मक ढंग से आते हैं। रघुवीर सहाय की कविता में निष्कर्ष से अधिक संशय है। आलोचना से ज्यादा विश्लेषण पर जोर है। और वर्ग व्यवस्था के प्रति प्रतिहिंसा नहीं : 'नफरत करते हुए मैं कोई सृष्टि नहीं कर सकता/सब छोड़ना होगा लिखने के वास्ते।'

तीन

'सीढ़ियों पर धूप में' की भूमिका में वात्स्यायनजी ने लिखा है कि 'भाषा की सहज प्रवाहमान प्रसादमयता' रघुवीर सहय की कविता में है। 'कहानियों और समय-समय पर टीप लिए गए अन्तरालोकित वाक्यों में संघात के क्षण को पकड़ने की सजगता' भी लक्षित होती है। भाषा के सन्दर्भ में तो नहीं, पर उसके व्यवहार में मुझे लगता है सहायजी भाषा के प्रवाह को कई तरह से, बार-बार रोकते हैं। झटके के साथ और इस तरह उसके संगीत में संघात पैदा होता है। यह जो संघात या झटका है, उसी से कविता में अर्थ अभिनीत होता है। कविता में कोई अभिनेता नहीं होता, जो स्वाँग के बीच, ठीक उस क्षण में, जब आप अभिनेता से एकात्म स्थापित करते हुए भावुक होने लगें, रोककर बताए कि मैं मात्र अभिनेता हूँ और फलाँ पात्र का अभिनय कर रहा हूँ। सहायजी की कविता में संघात अभिनेता की इसी भूमिका को निभाता है। यहीं से उसमें

एक किस्म का नाटक पैदा होता है। एक किस्म का ऐलिएनेशन इफेक्ट, जिससे नाट्य भी बना रहे और अर्थ को गौरव और महत्त्व मिले। महत्त्व मिले उस बात को जिसे कहा जा रहा है। 'आत्महत्या के विरुद्ध' में उन्होंने लिखा था : 'आधुनिक कविता में संसार के नए संगीत का विशेष स्थान है और वह आधुनिक संवेदना का आवश्यक अंग है। मैंने अपनी कुछ कविताओं में संगीत की खोज की है।'

संसार का नया संगीत ! लक्ष्य किया जाना चाहिए, पारम्परिक नहीं। जोर संसार के नए संगीत और आधुनिक संवेदना पर है। और यह भी कि नए संगीत की कविता में खोज की गई है। पाया नहीं, खोजा गया है। यह संगीत घात-प्रतिघात से, संघात से बना है। पर बोलना बात को ही है। किसी भी अन्य उपकरण की आवाज को बात से ऊँचा होने का यहाँ अधिकार नहीं है। श्रीकान्त वर्मा की तीव्र झटकेदार लय से यह भिन्न है। वहाँ संगीत की लय के साथ भाषा भी उतनी ही मुखर हो जाती है और अराजकता में विचार नाम के 'शत्रु' को सुपुर्दे-खाक कर दिया जाता है। सहायजी के यहाँ संगीत की लय और बात की लय एक-दूसरे के विपरीत चलती हैं। संगीत संघात के साथ चलता है और भाषा चिन्तन की लय में। यह विपरीतों का युग्म है—

कुछ होगा कुछ होगा अगर मैं बोलूँगा
न टूटे न टूटे तिलिस्म सत्ता का मेरे अन्दर एक कायर टूटेगा
टूट, मेरे मन टूट एक बार सही तरह

'आत्महत्या के विरुद्ध' की यह लय 'हँसो हँसो जल्दी हँसो' में करुणा, साहस, भय और आतंक के साथ मिलकर एक अलग ही रूप ग्रहण कर लेती है—

एक दिन इसी तरह आएगा—रमेश
कि किसी की कोई राय न रह जाएगी—रमेश
क्रोध होगा पर विरोध न होगा
अर्जियों के सिवाय—रमेश
खतरा होगा खतरे की घण्टी होगी
और उसे बादशाह बजाएगा—रमेश।

खतरे की यह घण्टी आपातकाल में बजी थी। एकाएक ही मेरा ध्यान इस बात पर गया कि 'हँसो हँसो जल्दी हँसो' अकेला ऐसा संग्रह है जिसमें कोई भूमिका नहीं है। जैसे यह बिना किसी भूमिका के बोलने का संकटकाल है। संकट के समय के लिए भाषा की मुद्रा और कविता के लिए कुछ नई शैलियों का भी आविष्कार रघुवीर सहाय ने किया है। यह भाषा का खेल है या खिलन्दड़ापन ? क्या यह सपाटबयानी है ? यह संकट की ऐसी भाषा है जो अपनी तहों को लुकाकर ही अपने को अधिक से अधिक खोलती है। इसमें अपने समय के भय को दिखाने का साहस है। आतंक को प्रकट करने का ऐसा साहस जिसे भय की मुद्रा में कहा गया है। यह एक किस्म की वक्रोक्ति है।

वक्रोक्ति की शास्त्रीय परिभाषा में यह कितनी अँट सकेगी मैं नहीं जानता। यह एक साथ त्रासद-कामदी है और कामिक-त्रासदी भी। इसमें हमारे समाज की राजनीति का प्रहसन कामदी की तरह है और उसके बीच मनुष्य की स्थिति त्रासदी की तरह। यह वक्रोक्ति इस नाटकीय कविता की अभिनेता है। (महबूब था की तर्ज़ पर !)

बहुत सारे शब्दों के बावजूद यह एक मितभाषी कविता है। रघुवीर सहाय की मितभाषिता अपने समकालीन केदारनाथ सिंह से एकदम भिन्न है। मितव्ययिता और अपव्ययिता शब्द संख्या से तय नहीं होती। रघुवीर सहाय के यहाँ पर्याप्त शब्द हैं और लम्बे-लम्बे वाक्य हैं। वस्तुतः मितव्ययिता और अपव्ययिता शब्द और अर्थ के अनुपात से निर्धारित होती हैं। साठोत्तरी कविता से इस अर्थ में उनकी कविता बहुत अलग है।

भाषा का खेल (प्लेफुलनेस) या खिलन्दड़ापन जिसे कहा गया वह एक ऐसी सजग कोशिश है जो शायद ही उनके किसी समकालीन में हो। भाषा का यह 'खेल' करुणा को भावुकता में बदलने के बीच एक सजग व्यवधान खड़ा करता है। यही कवि चाहता है। यह विस्मृत नहीं किया जाना चाहिए कि साठ के आसपास कविता में अस्तित्ववाद के प्रभाव से जब आत्महत्या का अहोरात्र कीर्तन गाया जा रहा था, रघुवीर सहाय के उन्हीं दिनों आए कविता संग्रह का नाम था 'आत्महत्या के विरुद्ध'। क्या यह उस प्रवृत्ति का प्रत्याख्यान नहीं ?

हर सजग कवि अपने समय की कविता से अपने तईं इंटरेक्शन करता है। साहित्य में शुद्धतावाद सम्भव नहीं। अपने से विपरीत मूल्यों, कला कौशल और विचारधारावाली कविता से भी इंटरेक्शन आवश्यक होता है। क्योंकि कला पर विचारधारा का एकाधिकार नहीं। घोर जन विरोधी विचार सरणियों में विश्वास करनेवाले कवि भी उच्च कला को अर्जित कर सकते हैं। इसलिए कला के स्तर पर कई बार उससे सीखना भी जरूरी हो सकता है। त्रिलोचन सम्भवतः नई कविता से इंटरेक्शन करनेवाले पहले और सबसे सजग (लेकिन चुप्पे) कवि हैं। किसी भी नई प्रवृत्ति को ज्यों का त्यों अंगीकार करते चले जाना न तो बदलना है न इंटरेक्शन। श्रीकान्त वर्मा ने जिस तरह अकविता के मूल्यों को अंगीकार किया रघुवीर सहाय, केदारनाथ सिंह या कुँवरनारायण ने नहीं किया। अकविता से उनका संघर्ष हमारे लिए मूल्यवान है। रघुवीर सहाय का संघर्ष कुछ हद तक मुक्तिबोध की तरह है। हालाँकि उतनी स्पष्टता के साथ वैचारिक या विचारधारात्मक नहीं। यह संघर्ष एक प्रक्रिया के रूप में है जो 'लोग भूल गए हैं' संग्रह तक चलता हुआ देखा जा सकता है। अन्तिम दौर की नई कविता, साठ के बाद की अकविता और कई बार अपनी ही आस्थाओं से संघर्ष और आत्मसंघर्ष को लक्ष्य किया जा सकता है। स्त्री को लेकर उनका नजरिया अपने समकालीनों में श्रीकान्त वर्मा और अकवितावादियों से लगातार भिन्न होता गया है। अपने अनेक समकालीनों की तरह राजनीति के सन्दर्भ में भी उनका रवैया निषेध का नहीं है। उनके इस संघर्ष का आधार विचारधारात्मक नहीं, स्व-विवेक का ही अधिक है।

चार

जनता या लोगों के बारे में उनके निषेधात्मक वाक्यों को उनकी नाटकीयता के सन्दर्भ में देखना जरूरी है। वह निषेध का नाट्य नहीं है। वह एक ऐसा आत्मीय नाट्य है जिसमें कवि बार-बार एक खीझे हुए, चिढ़े हुए आदमी की भूमिका में दिखाई पड़ता है। कुछ तो शायद इसलिए कि लोग जैसी उसकी अपेक्षा है, उतने संघर्षशील नहीं हैं। कुछ इसलिए भी कि कवि स्वयं संघर्ष करते आदमी को, उसके छोटे-छोटे संघर्षों को अनदेखा करता है। लेकिन यह आदमी जो कविता का 'मैं' है, पूरी तरह विरक्त या विमुख नहीं है। यह ऐसे आदमी का कथन नहीं है जिसे जनता या लोगों से नफरत हो। 'आत्महत्या के विरुद्ध' की भूमिका में रघुवीर सहाय ने लिखा है : 'विराट भीड़ों के समाज को बदलने का आज सिर्फ एक ही साधन है : वह है सत्ता का उपयोग, जो समुदाय का एक-एक व्यक्ति अलग-अलग निर्णयों से हाथों में देता है।' यहाँ बदलाव की इच्छा है। समाज के बारे में उनकी राय से असहमति हो सकती है, है भी। सहायजी की सामाजिकता वस्तुतः एक आन्तरिक सामाजिकता है और उनकी कविता की नाटकीयता इस आन्तरिक सामाजिकता का आत्मीय नाट्य है। जनता के बारे में उनका कथन अक्सर इसी नाट्य का हिस्सा है।

अपनी आत्मीयता को वे अक्सर आलोचना या खीज की तरह रखते हैं। इस तरह वे अपनी पूर्ववर्ती कविता में व्यक्त आत्मीयता के उन तरीकों को दोहराने से अपने को बचाते भी हैं जिन्हें कविता द्वारा पहले ही निचोड़ लिया गया है। अपनी सामयिक स्थितियों से कवि की यह मुठभेड़, जो एक ओर बेहद आत्मीय है, गहन और दुर्बोध भी, वही उनकी कविता के फार्म की सबसे जटिल समस्या को निर्धारित करती है। कहे-अनकहे को रचने के लिए वे एक नई लय, नई तरह के वाक्य और एक नए संगीत को अन्वेषित करते हैं। इसमें मुखरता भी कम है और अनावश्यक प्रयोग भी नहीं। वह आधुनिक बौद्धिकता की कविता है पर पूरी तरह आधुनिकतावादी कविता नहीं। इसीलिए उसमें आधुनिकतावाद की अनेक प्रवृत्तियों का प्रत्याख्यान भी है। वह यथार्थ का सिर्फ वर्णन नहीं करती, यथार्थ का, उसके सच का अन्वेषण करती है। 'कविता तभी होती है जब वह विषय से दूर और वस्तु के निकट हो' ('लोग भूल गए हैं') इसलिए उसमें वर्णन कम हैं, दृश्य से उपजी टिप्पणियाँ अधिक हैं। रैहटारिक कम है। सोचने के अन्दाज में वक्तव्य की जगह विश्लेषणात्मक टीपें अधिक हैं। हाँ यह खतरा भी है कि कविता कहीं हर चीज को फिलासिफाई न करने लगे।

एक घनी नफ़रत और साधारण लोगों से बदले की भावना
इन तमाम बूचे और उठंगे मकानों को बनाती चली जाती है
यह संस्कृति इसी तरह के शहर गढ़ेगी

(लोग भूल गए हैं)

पाँच

रघुवीर सहाय की एक कविता है अतुकान्त चन्द्रकान्त—

चन्द्रकान्त बावन में प्रेम में डूबा था
सत्तावन में चुनाव उसको अजूबा था
बासठ में चिन्तित उपदेश में ऊबा था
सरसठ में लोहिया था और...और क्यूबा था
फिर जब बहत्तर में वोट पड़ा तो यह मुल्क नहीं था
हर जगह एक सूबेदार था हर जगह सूबा था

अब बचा महबूबा पर महबूबा था कैसे लिखूँ

कविता में मात्र हमारे जनतान्त्रिक चुनावों के संकेत हैं। वास्तविक वस्तु तक उन संकेतों से पहुँचना है। यह एक ऐसी कविता है जिसमें वास्तविक वस्तु कविता से बाहर है। हमारी स्मृति में है। आजाद भारत के इतिहास में है। संकट के समय जब शब्द पर प्रतिबन्ध हों, जब चुटकुले तक से बचना जरूरी हो क्योंकि 'उसमें शब्द है', तो शब्द किस तरह अपने लिए रास्ते तलाश करता है, यह कविता इसका महत्त्वपूर्ण उदाहरण है। 'अन्धेर नगरी' नाटक ने जिस तरह कठिन समय में बात कहने का रास्ता तलाश किया था, इस कविता को उसी परम्परा में समझना चाहिए। इसकी अन्तिम पंक्ति एकाएक मात्र एक भाषाई खेल लग सकती है, लेकिन इसे 1972 के बाद 1975 तक आए राजनीतिक घटनाक्रम के सन्दर्भ में देखें तो हम जान पाएँगे कि 'पर महबूबा था कैसे लिखूँ' यह व्याकरण या भाषा की दिक्कत से पैदा हुआ खेल नहीं, 1971-72 में प्रचण्ड बहुमत पाए नेता के जन-विरोधी तानाशाह में बदलने से पैदा हुए राजनीतिक संकट से पैदा हुआ प्रश्न है।

छह

साठ तक आते-आते कविता बिम्ब से मुक्त होने लगी। भाषा और शिल्प के स्तर पर वह उन्मुक्त और अराजक होने की स्थिति तक भी गई। इसी समय हिन्दी आलोचना ने सपाटबयानी शब्द (या मूल्य) की ईजाद की। बिम्ब के बरअक्स वाक्य की उपस्थिति के लिए सपाटबयानी एकदम अपर्याप्त और भ्रमपूर्ण शब्द था। वस्तुतः देखना यह भी चाहिए कि इस परिवर्तन के सामाजिक, सांस्कृतिक और राजनीतिक कारण क्या थे ? क्या यह मात्र नई कविता से मुक्ति के लिए किया गया काव्य कौशल भर था ? क्या यह नई कविता के मुहावरे के पुराने पड़ जाने से पैदा हुआ था ? कुछ हद तक हो सकता है, ऐसा भी हो। मुझे लगता है लेकिन इसका एक बड़ा कारण नेहरू युग के बिम्ब का विघटन भी था। वह लुभावना और बाद में जटिल हुआ बिम्ब विघटित हुआ।

आजादी के संघर्ष में देखे गए स्वप्न और उसके बाद पैदा हुए हालात की जो फन्तासी थी, इन दो पाटों के बीच फँसी 'नीच ट्रेजेडी' भी अब बेपर्दा हो चुकी थी। संघर्ष की समाज में वैसी सामूहिक और व्यापक स्थितियाँ नहीं थीं जिनसे रैहटारिक की एक अर्थवान कविता प्राप्त की जा सकती। समाजवादी आन्दोलन के हौसले पस्त होकर बिखर रहे थे। पहली वाम सरकार गिरा दी गई थी। शायद नग्न होती राजनीति का डोलता संसार एक नाटकीय गद्य को ही सबसे अर्थवान ढंग से पैदा कर सकता था और यह गद्य लय ही उसे अभिव्यक्त कर सकने में ज्यादा समर्थ हो सकती थी। यह मात्र संयोग नहीं कि त्रिलोचन ने इसी समय लगभग गद्य लय में अपने सॉनेट रचे और बाबा नागार्जुन ने बहुत नाटकीय राजनीतिक कविताएँ।

यह एक ऐसे वाक्य और ऐसी गद्य लय को पाने की चेष्टा थी जो बिम्ब की तरह संश्लिष्ट भी हो और अर्थ व्यंजना के स्तर पर कई तहों को भी अपने में समेटे हो। 'कुकुरमुत्ता' और 'मँहगू महँगा रहा' की धारा विकास का रास्ता खोज रही थी। रघुवीर सहाय में एक साथ दो तरह की शैलीगत प्रवृत्तियाँ देखी जा सकती हैं। एक ओर सघन गद्यात्मक वाक्य की बुनावट और दूसरी ओर वाक्य की बेहद नाटकीय, लयात्मक, कुछ हद तक तुकान्त बुनावट जिसमें द्विवेदी और भारतेन्दु युग की वर्णनात्मकता भी है और नाटकीयता भी। ऊपर-ऊपर हल्की-फुल्की दिखती तुकबन्दी-सी, अन्दर-अन्दर करुणा, आतंक और विडम्बना—

चौड़ी सड़क गली पतली थी
दिन का समय घनी बदली थी
रामदास उस दिन उदास था
अन्त समय आ गया पास था
उसे बता यह दिया गया था उसकी हत्या होगी

इसको पढ़कर एकाएक ही सियारामशरण गुप्त की 'एक फूल की चाह' याद आती है—

भीतर जो डर रहा छिपाए
हाय वही बाहर आया
एक दिवस सुखिया के तन को
ताप तप्त मैंने पाया।

सात

संयोगवश जो नाटकीयता 'आत्महत्या के विरुद्ध' और 'हँसो हँसो जल्दी हँसो' में है वह 'सीढ़ियों पर धूप में' या 'लोग भूल गए हैं' में ठीक उसी तरह नहीं है। गौर करें तो लगेगा कि 'सीढ़ियों पर धूप में' की अधिकांश कविताओं की जो लय है वह एक बार फिर कुछ-कुछ

'लोग भूल गए हैं' की कविताओं से आकर जुड़ती है। 'लोग भूल गए हैं' की बहुधा कविताएँ एक किस्म के काव्य-निबन्ध हैं। क्या इसे निबन्ध-कविता कहा जा सकता है ? यहाँ विवरण हैं लेकिन उनके साथ लगातार सोचना और हर स्थिति पर टिप्पणी करते चलने का एक सिलसिला है। इस अर्थ में कुछ हद तक वे निबन्धात्मक हैं और एक अर्थ में नहीं भी क्योंकि उसमें किसी एक ही विचार या आइडिये के इर्द-गिर्द सोच का सिलसिला नहीं है। दृश्य के अन्दर कई और दृश्य हैं और उसमें कई अन्तराल हैं और उन्हीं पर टिप्पणियाँ हैं। संग्रह का केन्द्र सांस्कृतिक परिदृश्य और समाज में पैदा हुई हिंसा की राजनीति है। एक किस्म की सांस्कृतिक राजनीति और राजनीतिक संस्कृति। संवेदनात्मक चिन्तन की इस निबन्धात्मक कविता शैली में मुखर नाटकीयता की गुंजाइश कुछ कम है—

कला बदल सकती है क्या समाज ?
नहीं, जहाँ बहुत कला होगी परिवर्तन नहीं होगा।

यह 'बहुत सी कला' और कला क्या है ?—

वे जिन तकलीफों को जानकर
उनका वर्णन नहीं करते वही है कला उनकी
कम से कम कला है वह
और दूसरी जो 'बहुत सी कला' है वह।

यह जो दूसरी 'बहुत सी कला' है यही रघुवीर सहाय के सोच का, चिन्ता का मुख्य विषय है। इसकी कई परतों को उन्होंने उधेड़ा है। इसमें नवधनाढ्य वर्ग की हिंसक संस्कृति है, जिसमें 'नाच, गाना और भोग-विलास/फुरसती वर्ग के लड़के-लड़कियों के शगल हैं।' इस परिदृश्य में ऐसा मनोरंजन है 'जो नफरत से पैदा हो।' इसमें वे मोटर मालिक हैं जो 'नियम तोड़कर/बाएँ हाथ से अगली गाड़ी से अगिया जाते हैं।' यह संस्कृति उसको पोसती है जो 'सत्य से विरक्त है/देह से सशक्त और दानशील धीर है।' इसमें शासक चाहता है—

संस्कृति मन्त्री से कहा राजा ने देखो-देखो मन्त्री जी
हर एक विधा के भीतर कितने ही प्राचीन कला रूप—
क्या तुम्हें यह उपयोगी नहीं दिखाई देता ?
क्यों नहीं तुम सैकड़ों कलाकार इसी काम पर लगा देते
कि वे उनमें से पुराने रूप लेकर नई रचनाएँ करें ?
क्या तुम नहीं समझ पाते कि यह उनको एक अनिश्चित आगामी कल
रचने से रोक रखने का सरलतम ढंग है ?

इस सांस्कृतिक परिदृश्य में शासक द्वारा पैदा किए जा रहे पुनरुत्थानवाद पर, लोककला के आडम्बर पर और सारे पाखण्ड पर रघुवीर सहाय की बहुत स्पष्ट नज़र

है। इस पूरे परिदृश्य को देखने में अवलोकन की उनकी अद्वितीय क्षमता को लक्ष्य किया जा सकता है। इसी में उनकी राजनीतिक दृष्टि और उसकी समस्या भी अन्तर्निहित है। रघुवीर सहाय की गहन मानवीयता और चीजों को देखने की सूक्ष्म दृष्टि कई बार उन्हें उनकी अपनी राजनीतिक दृष्टि की सीमा से बाहर भी ले आती है। वे उसका अतिक्रमण करते-से लगते हैं। पर अक्सर यह होता है कि उनकी राजनीतिक दृष्टि की सीमा और अवलोकन से निकले सूत्र के बीच बहुत द्वन्द्व होता है। ऐसी स्थिति में वे अक्सर एम्बीगुअस हो जाते हैं। अनिर्णय और अमूर्तता की स्थिति बनने लगती है। 'आत्महत्या के विरुद्ध' में तो उन्होंने यहाँ तक लिखा : 'कहीं, कहीं नहीं है भ्रान्ति, वहीं है सबसे कम काव्य'। यह कैसी भ्रान्ति है जिसकी बिना पर ही कविता आश्रित है ?

आठ

रघुवीर सहाय की दिक्कत यह है कि उनका आत्मसंघर्ष अक्सर स्वविवेक से ही तय होता है, किसी विचारधारात्मक आधार पर नहीं। लेकिन उनके वक्तव्य कई बार ऐसा एहसास कराते हैं कि उनके पास एक विचारधारात्मक आधार भी है। 'दूसरा सप्तक' में उन्होंने लिखा : 'कोशिश तो यही रही है कि सामाजिक यथार्थ के प्रति अधिक से अधिक जागरूक रहा जाए और वैज्ञानिक तरीके से समाज को समझा जाए।' यह भी कि 'शमशेर बहादुर सिंह का यह कहना मुझे बराबर याद रहेगा कि जिन्दगी में तीन चीजों की बड़ी जरूरत है : ऑक्सीजन, मार्क्सवाद और अपनी वह शक्ल जो हम जनता में देखते हैं।'

कुछ बरस पहले एक बातचीत में उन्होंने कहा कि ऑक्सीजन के बारे में तो वे अब भी वही मानते हैं पर मार्क्सवाद के बारे में अब उनका विचार बदल गया है। यह उन्होंने कहीं लिखा या नहीं, यह तो मैं नहीं जानता पर 'दिनमान' की उनकी कई टिप्पणियाँ उनके इस बदले हुए सोच को बताती हैं। 'दूसरा सप्तक' के परिचय में ही लिखा गया है कि कवि का एक संग्रह 'सीढ़ियों पर धूप में' प्रकाशित हो चुका है। इसी संग्रह में 'लेखक की नोट बुक से' रघुवीर सहाय ने लिखा है : 'रचना के लिए किसी न किसी रूप में वर्तमान से पलायन आवश्यक है।' इसके साथ ही उन्होंने छायावाद को 'वायविक विराट और व्यक्ति के सौन्दर्यबोध का स्फीत रूप' भी कहा है। अपनी पीढ़ी के लिए उनका मानना है : 'अब कवि मानवीय यथार्थ के आमने-सामने है।' यथार्थ के साथ इस आमने-सामने से यह निष्कर्ष निकला है कि 'सभी प्रकार का अनिश्चय एक बौद्धिक परिपक्वता से उद्भूत होता है।' यानी बौद्धिक परिपक्वता के लिए जरूरी है कि आप अनिश्चय में बने रहें। यह किस दर्शन की सूझ है ? जब स्व-विवेक का आधार विचारधारात्मक नहीं होता तो दरार देखते ही वे मूल्य हममें ताकझाँक करने लगते हैं जिनसे हमारा संघर्ष है।

रघुवीर सहाय के शब्द लेकर कहें तो कह सकते हैं : 'संघर्ष की रणनीतियाँ उन्हीं के आदर्शों की पूर्ति करती दिखाई दे रही हैं जिनके विरुद्ध संघर्ष है' ('लोग भूल गए हैं' का निवेदन) 'सीढ़ियों पर धूप में' की ही एक छोटी कविता है—

नारी बिचारी है
पुरुष की मारी है
तन से क्षुधित है
मन से मुदित है
लपककर-झपककर
अन्त में चित है।

यह 'अन्त में चित है' पद किस काव्य-संस्कार से आया है ? या 'दुनिया एक बजबजाई हुई-सी चीज़ हो गई है' क्या अस्तित्ववादी लटका ही नहीं है ? या 'सभी लुजलुजे हैं, थुलथुल हैं, लिबलिब हैं, पिलपिल हैं' इसे किस विचारधारा में रखा जाए ? यह कहना लेकिन अवान्तर प्रसंग नहीं कि श्रीकान्त वर्मा या अकवितावादियों की तुलना में रघुवीर सहाय में इस तरह की प्रवृत्तियाँ बहुत कम हैं, कम होती गई हैं। लेकिन 'दूसरा सप्तक' के वक्तव्य और कविताओं में या 'सीढ़ियों पर धूप में' की कविताओं में, जो पॉजिटिव था, आगे चलकर रघुवीर सहाय अक्सर उस स्पष्टता से दूर होते-से, बचते-से लगते हैं—

हम को तो अपने हक सब मिलने चाहिए
हम तो सारा का सारा लेंगे जीवन
'कम से कम' वाली बात न हमसे कहिए

तोड़ो तोड़ो तोड़ो
ये ऊसर बंजर तोड़ो
ये धरती परती तोड़ो
सब खेत बनाकर छोड़ो

इस दूसरी कविता के साथ बरबस ही केदारनाथ अग्रवाल की 'काटो काटो काटो करबी' की याद आती है।

यह स्वर पहले संग्रह में है हालाँकि इसी संग्रह में ऊहापोह भी कम नहीं। वहीं पर 'मेरा एक और जीवन है/जिसमें मैं अकेला हूँ।' यह स्वर भी है। 'नारी बिचारी है' वाला स्वर भी है। इस ऊहापोह का विकास आगे चलकर ज्यादा हुआ है। हालाँकि स्त्री को लेकर उनका नजरिया बदला है। उस चेहरे को देखने की कोशिश भी है जो 'उसका विद्रोह है'। पुरुष समाज में स्त्री की स्थिति, उसकी अपनी मानसिकता और कमी का एक गहन विश्लेषण है। पर उसमें स्त्री की पीड़ा अधिक है, उसका जुझारूपन कम।

नौ

'आत्महत्या के विरुद्ध' के वक्तव्य में रघुवीर सहाय ने लिखा है : 'मोटे, बहुत मोटे तौर पर लोकतन्त्र ने हमें इंसान की शानदार जिन्दगी और कुत्ते की मौत के बीच चाँप

लिया है।' इसके साथ ही उन्होंने लिखा कि 'अकेला कारगर साधन भीड़ के हाथ में है। (गौर करें भीड़ के) मैं इस साधन के अधिक से अधिक इस्तेमाल के लिए लड़े बिना नहीं रह सकता, लेकिन इसके माने यह नहीं कि मैं भीड़ का कायल हूँ।' इस भीड़ भरे समाज को बदलने का एक ही साधन है 'सत्ता का उपयोग' और इस सत्ता को पाने का तरीका है 'समुदाय का एक-एक व्यक्ति अलग-अलग निर्णयों से जो कुछ हाथों में देता है।' क्या यह एक बुर्जुआ जनतन्त्र नहीं है—आलोचना के बावजूद ?

स्वाधीनता से पहले तक जनतान्त्रिक विचारोंवाले लेखक उपनिवेशवाद के विरुद्ध चल रहे राष्ट्रीय आन्दोलनों में बुर्जुआ धारा के साथ थे लेकिन स्वाधीनता के बाद जनतान्त्रिक धारा दो भागों में बँटती चली गई। एक वह जो प्रतिपक्ष में है और दूसरी जो सत्ता के पक्ष में खड़ी हुई। सत्तापक्षवाले जनतान्त्रिकों में अजीब दुविधा है। वे कविता में सीधे पक्ष लेने का साहस नहीं करते। वे या तो अराजक हो जाने या गैरराजनीतिक दिखने का स्वाँग करते हैं। अगर श्रीकान्त वर्मा और अशोक वाजपेयी का गद्य और डायरियाँ उनकी कविता के साथ रखें तो इसका ज्यादा खुलासा हो सकता है। श्रीकान्त वर्मा का निषेधवादी स्वर और अराजकता को उनकी पिछले दिनों छपी डायरियों के साथ मिलाएँ तो पता चलेगा कि अराजकता या पूर्ण निषेध, एंग्री यंगमैन की मुद्रा नहीं, सत्ता का पक्ष लेने का ही एक ढंग था। यहाँ इतना जोड़ना जरूरी है कि उनकी अराजकता अपने चरम पर उन्हें बुर्जुआ जनतान्त्रिक भी नहीं रहने देती। यह एकाधिकार या फासिज्म के पक्ष में चली जाती है। इसी तरह 'फिलहाल' के बाद अशोक वाजपेयी के लेखों में बार-बार दिए गए बुर्जुआ संविधान के हवाले और उनकी कविता की गैरराजनीतिक मुद्रा में भी एक घना सम्बन्ध है। रघुवीर सहाय निश्चय ही इस जनतान्त्रिक पद्धति में प्रतिपक्ष के कवि हैं। वे प्रतिपक्ष हैं, बुर्जुआ तन्त्र के विपक्ष नहीं। कम-से-कम 'आत्महत्या के विरुद्ध' में तो एकदम नहीं। 'लोग भूल गए हैं' मैं उनकी आलोचना का स्वर और कई बार स्थितियों के मूल कारणों की ओर किए गए इंगित इस सीमा का अतिक्रमण करते-से लगते हैं।

उनकी दिक्कत यह है कि वे कारण को साफ-साफ जताना नहीं चाहते। ऐसा करने से उन्हें डर लगता है कि वे प्रगतिवाद के करीब चले जाएँगे। 'कोई एक मतदाता' कविता इसी दुविधा की कविता है—

कितना अच्छा था छायावादी
एक दुख लेकर वह एक गान देता था
कितना कुशल था प्रगतिवादी
हर दुख का कारण पहचान लेता था

यह तारीफ नहीं, दोनों आन्दोलनों के प्रति बेहद सरलीकृत बयान है। इनका अपना दुख क्या है ?—

कितना अकेला हूँ मैं इस समाज में
जहाँ सदा मरता है एक और मतदाता।

यह अकेलेपन की तकलीफ है। यह वही रोना है जो साठ के आसपास अधिकांश कवि रो रहे थे। क्योंकि उन्हें लोग 'मार तमाम लोग' लगते थे। समाज उन्हें भीड़ लगता था। किसी संगठित कार्यवाही की ओर उनकी नजर ही नहीं उठती थी। उठती भी तो वह विद्रोह उन्हें 'विद्रोह और काइयाँ' लगता था।

रघुवीर सहाय की निगाह हर वक्त विक्टिम इंडिविजुअल की ही तरफ जाती है, जुझारू व्यक्ति (फाइटिंग इंडिविजुअल) कभी उनकी कविता का पात्र नहीं बनता। उनके यहाँ किसी छोटे या बड़े संगठित संघर्ष का कोई चित्र नहीं। सामूहिक चेतना की वहाँ कोई गुंजाइश ही नहीं। नागार्जुन, केदारनाथ अग्रवाल, शमशेर या त्रिलोचन जिस तरह जनता की बहुत छोटी-छोटी संगठित कार्यवहियों को भी लक्ष्य कर पाते हैं, मुक्तिबोध जिस तरह मनुष्य के संघर्ष को एक विराट में बदल देते हैं, वह निगाह रघुवीर सहाय के पास है ही नहीं। संघर्ष को अदेखा करने का जैसे वे हठ-सा ठाने हैं। जुझारू व्यक्ति अगर कहीं आ भी जाए तो वह कम-से-कम किसी सामूहिक चेतना के प्रतिनिधि के रूप में तो बिल्कुल नहीं आता। इसलिए वह या तो एक पराजित आदमी की तरह आता है या एक चिड़चिड़े आदमी की तरह। उसकी नियति है कि 'उसकी हत्या होगी।' तय है कि वह मार दिया जाएगा—

यह भी दिखा कि जनता संगठित होकर
आलोचना नहीं कर पा रही है।

(लोग भूल गए हैं)

क्या वास्तव में यही सच है ? क्या वह सब बेमतलब है जो नागार्जुन और शमशेर, केदार और त्रिलोचन की कविता में है ? नागार्जुन और अन्य प्रगतिशील कवियों के लिए छोटे से छोटा संघर्ष भी मायने रखता है। व्यक्ति-संघर्ष भी। क्योंकि वे इसे मनुष्य के एक बड़े संघर्ष का ही हिस्सा मानकर चलते हैं, जैसा कि वह है भी। अगर यह मात्र यूटोपियन है तो पूछा जाना चाहिए कि जो भी जनतान्त्रिक सुविधाएँ हमें मिली हैं, वे किस आधार पर प्राप्त हुई हैं ? आजादी के तुरन्त बाद अगर करिअप्पा सैनिक शासन लागू करवाने में सफल नहीं हो पाए तो क्यों ? आपातकाल में या उसके बाद कुछ चुनावों में भारी पराजय को ठेंगा दिखाकर अगर इन्दिरा गांधी और उनकी कांग्रेस तानाशाही नहीं लाद पाई तो क्यों ? क्या यह मात्र हमारे कुशल नेताओं की मेहरबानी है, जिन्होंने लोकतन्त्र को वैसा बनाया है, जैसा रघुवीर सहाय उसे देख रहे हैं ? क्या इसमें जनता के संगठित-असंगठित संघर्षों का कोई महत्त्व नहीं ? एक ही उद्धरण देना चाहता हूँ। आठ घण्टे काम का पहला संघर्ष 1862 में हावड़ा स्टेशन के 1200 मजदूरों की हड़ताल के साथ हुआ था। यह मई दिवस के विश्व आन्दोलन से 24 वर्ष पहले हुआ था। यह माना जा सकता है कि यह हड़ताल वर्ग चेतना से लैस नहीं थी।

अलेक्सान्द्र बोरोन्स्की ने एक पते की बात लिखी है : 'कलाकार अधिक संकीर्ण होता है, वह अपनी छापों के लिए, यों कहें कि प्रोफेशनल छापों को तोड़कर जीवन

की अन्य सभी छापों के लिए बहरा होता है। यही कारण है कि कई कलाकार बहुत एकतरफा लोग होते हैं।'

दस

रघुवीर सहाय ने 'लोग भूल गए हैं' के निवेदन में लिखा है : 'आज अन्याय और दासता की पोषक और समर्थक शक्तियों ने मानवीय रिश्तों को बिगाड़ने की प्रक्रिया में वह स्थिति पैदा कर दी है कि अपने अधिकारों के लिए संघर्ष करनेवाले जन मानवीय अधिकार की अपनी हर लड़ाई को एक पराजय बनता हुआ पा रहे हैं। संघर्ष की रणनीतियाँ उन्हीं के आदर्शों की पूर्ति करती दिखाई दे रही हैं जिनके विरुद्ध संघर्ष है, क्योंकि संघर्ष का आधार नए मानवीय रिश्तों की खोज नहीं रह गया है।' कुछ हद तक इस बात से सहमत होते हुए भी सारे संघर्ष के सन्दर्भ में इतने निर्णायक रूप में ऐसा मानना सम्भव नहीं। हालाँकि ऐसा अक्सर तभी होता है जब व्यवहार और सिद्धान्त के बीच खाई हो। यह बात अर्धसत्य होते हुए भी हमारे समय के लिए एक बड़े संकट की ओर इशारा करती है। यही नहीं इसके बाद एक और महत्त्वपूर्ण बात उन्होंने अपने निवेदन में लिखी है : 'ये सम्बन्ध हृदय परिवर्तन से नहीं बनेंगे, संघर्ष के नतीजों की बार-बार जाँचे से बनेंगे।' यही वह दृष्टि है जो उनकी अपनी सीमाओं का अतिक्रमण कर जाती है। लेकिन सवाल इसे विकसित करने का है। अगर रघुवीर सहाय की निगाह इस संघर्ष की ओर जाए तो वे अवश्य ही पाएँगे कि उसमें पराजय ही पराजय नहीं, जय भी है। बुर्जुआ जनतन्त्र में होनेवाली उलटफेर का भी एक मकसद है पर सवाल उसे पीपुल्स डेमोक्रेसी में बदलने का है। रघुवीर सहाय उसके पक्षधर कवि नहीं हो पाते। उनकी कविता की यही सीमा है। यह सवाल तो ठीक है कि 'कितना कम जानते हो तुम उस डर के कारण को—आज की संस्कृति का जो मूल स्रोत है।' पर यह काम कवि का है कि वह उस ओर इशारा करे। उसे अनावृत्त करे। यथार्थ स्थितियों की सिर्फ आलोचना ही नहीं उसे बदलने की दिशा की ओर इंगित करना कवि का काम है—

हमको तो अपने हक सब मिलने चाहिए
हम तो सारा का सारा लेंगे जीवन
कम-से-कम वाली बात न हमसे कहिए।

'आशा' रघुवीर सहाय की कविता में बहुत ही कम आती है वस्तुतः आधार निराशा का है। लेकिन यह निराशा कुछ समकालीनों से भिन्न है। इसमें 'कुछ नहीं हो सकता' वाला निराशावाद नहीं है। इसमें 'सब कुछ बदला जाना चाहिए लेकिन बदला नहीं जा रहा है' वाली निराशा है। इसलिए यह निष्क्रियता की ओर नहीं जाती, सक्रियता की अपेक्षा करती है।

'हाँ' का नमक और 'ना' का लोहा

'अकाल में सारस' केदारनाथ सिंह का चौथा संग्रह है। उनके पाठकों के लिए इसमें बहुत कुछ परिचित होते हुए भी, कुछ अपरिचित भी है और नया भी। इस संग्रह में केदारनाथसिंह की कविता की कई परिचित विशिष्टताएँ कम होती लग सकती हैं, लेकिन यहाँ कविता का रास्ता ज्यादा खुलता हुआ दिखता है। ज्यादा विस्तृत होता हुआ। केदारजी की ही कविता के सन्दर्भ में देखें तो कहा जा सकता है कि इस संग्रह में उनकी कविता के चिरपरिचित स्वभाव के विरुद्ध कई कविताओं का मुहावरा उतना चुस्त और चमकदार नहीं है जैसा अक्सर उनकी कविता का रहा है। आशय यह नहीं कि कविता के उनके उपकरण एकाएक, एकदम बदल गए हैं। नहीं, उनकी कविता के सभी परिचित तत्त्व इस संग्रह में भी मौजूद हैं, फिर भी उनमें कुछ परिवर्तन स्पष्ट रूप से लक्ष्य किया जा सकता है।

केदारजी की कविता अपने प्रस्तुत पाठ में, भाषा, कथ्य और बिम्बों के टटके और उजलेपन से जितने खुलेपन का आभास देती है, अपनी संरचना में वस्तुतः वह उतनी खुली और उन्मुक्त होती नहीं। उसके पूरे रचाव पर हर जगह कवि के स्वभाव की एक अस्पष्ट छाप हमेशा देखी जा सकती है। कोई विचार, भाव या आवेग कवि के स्वभाव का अतिक्रमण नहीं कर सकता। कोई पंक्ति अचानक कवि के अनुशासन को धता दिखाती बहुत मुखर हो जाए या कोई अनचीह्नी ढीली-ढाली पंक्ति बिन बुलाए अतिथि की तरह आकर कविता के बीच ठस जाए, ऐसा वहाँ सम्भव नहीं। विषम संवेगों के लिए केदारजी की कविता में बहुत. ज्यादा जगह नहीं है।

दिनों-दिन जटिल होते जा रहे जीवन में शुद्ध प्रगीत ने कविता की वसुन्धरा पर पहले ही अपनी नागरिकता लगभग खो दी है। प्रगीतात्मकता और प्रबन्धात्मकता का वैसा शुद्ध विभाजन भी आज सम्भव नहीं रहा, जो कुछ बरस पहले तक सम्भव था। प्रगीत-तत्त्व के इन बीस-पच्चीस बरसों में अनेक अन्य तत्त्वों से अपने को जोड़कर, कविता की कई नई भंगिमाओं को उजागर किया है। 'अभी बिल्कुल अभी' में जो गीतात्मक तत्त्व मौजूद था, केदारजी ने उसे अनेक नए तत्त्वों से संपृक्त करते हुए अपनी कविता के कई नए धरातल उजागऱ किए हैं। कई-कई लयों को आविष्कृत किया है। वस्तुतः उनकी कविता का गीतात्मक तत्त्व हमेशा ही भारतीय जन के अन्तर संसार की जटिलताओं और उसके आत्मिक वैभव की विविधता को अभिव्यक्त करता रहा है।

नई कविता में पचास-पचपन के आसपास जब केदारनाथ सिंह और उनके समकालीनों ने प्रवेश किया था तो कविता में मुख्य जोर ''नवीन बिम्बों के परिचय'' द्वारा ''हमारी ऐन्द्रिक चेतना को वृहत्तर यथार्थ के साथ संपृक्त'' करने पर था। यहाँ तक कि इस कविता पर लगे दुरूहता और अस्पष्टता के आरोप का कारण बताते हुए केदारजी ने लिखा कि यह ''उसके सर्वथा नए अपरिचित, सघन बिम्बों की अधिकता'' के कराण है। चरित्र की तरह बिम्ब का साधारणीकरण आसान नहीं था। क्योंकि वह ''कवि के रागात्मक अनुबन्धों पर आधारित'' था। लेकिन साठ का वर्ष बीतते न बीतते सघन बिम्बों की अधिकता का यह रास्ता अवरुद्ध होने लगा। यथार्थ के साथ उनका रिश्ता टूटने लगा और कविता में सघन बिम्बों की अधिकता के विरुद्ध सपाटबयानी पर जोर दिया जाने लगा। शायद ऐसा करना उस समय की कविता की मुक्ति के लिए आवश्यक भी था। इस बदलाव का परिणाम यह हुआ कि कविता एकाएक बहुत मुखर और वाचाल हो गई। लेकिन इस मुखरता के साथ ही एक परिवर्तन और हुआ, ''सुन्दर जीवन की अभिलाषा'' और भविष्य की आशा का स्वर मन्द पड़ गया। निराशा और निषेध का स्वर केन्द्रीय हो गया। कविता ने एक गुस्सैल मुद्रा अख्तियार कर ली और उसकी निगाह केवल विद्रूप और विसंगत पर आकर कुछ इस प्रकार अटकी, कि सब कुछ से एक चिढ़ और सब कुछ के नकार को ही कविता ने सबसे ज्यादा अर्थवान मान लिया। कविता के परिदृश्य में हुए इस बदलाव में सबसे विकट और दुविधाजनक स्थिति केदारजी की ही दिखाई पड़ती है।

अपने पूर्व में अर्जित उपकरणों को तिलांजलि देकर, सब कुछ को तोड़-फोड़कर बाहर निकल आने की जैसी उत्कट बेचैनी और हड़बड़ाहट केदारजी के अन्य समकालीनों में नजर आती है, वैसी उनके यहाँ सिरे से नदारद है। वहाँ एक दुविधा है। बेचैनी भी है, लेकिन संयम और विवेक को खोती हुई नहीं। वे इस सारी स्थिति को शंकित मन से देखते हैं। उन्होंने इस बदलाव को बहुत उत्साह के साथ स्वीकार नहीं किया। इसके कुछ तात्कालिक नुकसान हो सकते हैं, उन्हें कुछ हद तक हुए भी। लेकिन इसके चलते ही अपनी आस्था, अपने विश्वास और अपनी पहले की कविता को नकारने की वैसी आवश्यकता उन्हें कभी नहीं पड़ी, जैसी श्रीकान्त वर्मा, रघुवीर सहाय या सर्वेश्वरजी के लिए आवश्यक हुई। उन्होंने न तो अपनी ''वृहत्तर यथार्थ से सम्पृक्ति'' की आस्था को छोड़ा और न कभी उसका पश्चात्ताप ही किया।

कविता-परिदृश्य में हुए इस बदलाव के, शायद इसीलिए, सबसे धीमे स्वर केदारजी की ही कविता में सुनाई पड़ते हैं। 'फर्क नहीं पड़ता' वस्तुतः इस पूरे परिदृश्य पर एक टिप्पणी भी है। इस तरह की कुछ गिनी-चुनी कविताओं में उन्होंने सपाटबयानी का सफल उपयोग किया है। लेकिन बहुत मुखर वे यहाँ भी नहीं होते। सपाटबयानी के साथ-साथ लगभग आधुनिकतावाद के अनुकरण में चली आई अनास्था का बहुत धीमा स्वर भी यहाँ सुनाई दे सकता है। बहुत दूर तक लेकिन यह राग उनके स्वभाव के साथ मेल नहीं खाता। शायद यही कारण है कि जब उनके समकालीनों के एक ही वर्ष में

दो-दो संग्रह प्रकाशित हो रहे थे, केदारजी ने कविता में लगभग चुप्पी-सी साध ली थी। उनमें इस नए स्वर में स्वर मिलाने की मुखरता नहीं थी, लेकिन इसके गलत मूल्यों का विरोध करने की मुखरता भी नहीं थी। वे इस आस्थाहीन और वाचाल काव्यदृश्य के मुखर नहीं, एक चुप प्रतिपक्ष हैं।

कभी-कभी यह देखकर बहुत आश्चर्य होता है (पता नहीं इसके सांस्कृतिक कारण क्या हैं ?) कि पचास-पचपन के आसपास नई कविता में आई इसी पीढ़ी के हर कवि में, अलग-अलग अनुपात में ही सही, मगर एक अजीब किस्म की आत्ममुग्धता है। अपने या अपनी कविता के सन्दर्भ में वैसी तीक्ष्ण और बेबाक विश्लेषणात्मक क्षमता इस पूरी पीढ़ी में नजर नहीं आती, जैसी मुक्तिबोध के यहाँ सम्भव हुई। समाज के बदलाव को लेकर वैसी अदम्य आशा भी यहाँ नहीं है। लेकिन इसे लक्ष्य किया जाना चाहिए कि केदारजी के समकालीनों में निराशा और नकार का भाव लगातार बढ़ा है, जबकि केदारजी ही अपनी पीढ़ी के अकेले ऐसे कवि हैं जिनमें गहरी करुणा और अवसाद के बीच भी मनुष्य, उसके दैनन्दिन जीवन और सामान्य जन की मानवीयता में एक आशा लगातार बनी रही है। एक ज़िद की तरह उन्होंने इस आशा को बचाए रखा है। चाहे यह किसी को बहुत महत्त्वपूर्ण न लगता हो, लेकिन भारतीय कविता का यह एक अत्यन्त महत्त्वपूर्ण गुण है।

'अभी, बिल्कुल अभी' (1960) के बीस वर्ष बाद 1980 में केदारजी का दूसरा संग्रह प्रकाशित हुआ था। इस बीच की लम्बी चुप्पी का कारण तलाशने के साथ ही उनकी इस पुनः सक्रियता को भी लक्ष्य किया जाना चाहिए। कविता में उनकी इस पुनः सक्रियता में ही शायद उनकी चुप्पी के रहस्य भी छिपे हैं। त्रिलोचनजी की एक कविता-पुस्तक पर लिखते हुए केदारजी ने इसे रेखांकित किया कि कई घुमावदार रास्तों और भटकावों के बाद आठवें दशक में कविता पुनः अपनी मूल धारा की ओर लौट आई है। (इस कथन के शब्द कुछ और हो सकते हैं, लेकिन उनका आशय यही है।) केदारजी के पुनः सक्रिय होने और प्रगतिवाद के लगभग भुला दिए गए हमारे सबसे समर्थ कवियों की पुनः प्रतिष्ठा के राजनीतिक, सामाजिक और सांस्कृतिक कारण जो हों, लेकिन इतना तो स्वीकारना ही होगा कि कविता-परिदृश्य के इस परिवर्तन में आठवें दशक की कविता ने ऑक्सीजन का काम किया। कविता का अपने मूल स्वभाव और मूल धारा की ओर लौटना निश्चय ही एक महत्त्वपूर्ण घटना है। आठवें दशक की कविता ने एक बार पुनः जीवन के साथ जुड़े बिम्बों का सृजन किया। एक बार पुनः इस कविता में हमारे आसपास के जन-जीवन के चित्र प्रकट हुए। लोक-तत्त्व के साथ रिश्ते बनाते हुए इस कविता ने अपने राजनीतिक परिदृश्य के साथ एक अर्थवान साक्षात्कार की कोशिश की। वस्तुतः केदारनाथ सिंह और रघुवीर सहाय आठवें दशक की कविता और प्रगतिवाद के बीच की सबसे अर्थवान कड़ी हैं। सामान्य जीवन के प्रति गहरा लगाव इसका पुल है।

केदारजी के बिम्ब बेहद चुस्त और चमकदार हैं लेकिन अपरिचित नहीं। वे केदारजी

के आत्मिक सृजन में रचे ऐसे बिम्ब हैं जिनका मूल स्रोत हमारा वस्तु संसार है। उनमें हमारे आसपास का जन-जीवन, उसकी चीजों और संघर्ष का रस, गन्ध और सौन्दर्य है। उसमें दूर की कौड़ी खोजकर लाने का हठयोग नहीं। असम्बद्ध बिम्बों को आसपास रखकर चौंकानेवाली नाटकीयता या स्वाँग भी उनका स्वभाव नहीं। 'अकाल में सारस' संग्रह के पहले 'ज़मीन पक रही है' और कुछ हद तक 'यहाँ से देखो' की कविताओं में केदारजी कविता के मुख्य बिम्ब और उसके साथ आए बिम्बों के बीच एक अन्तराल का उपयोग करते हैं। इस तरह कविता की निरन्तरता में जो अवरोध, एक सुचिन्तित अवरोध पैदा होता है, वह उनके हर बिम्ब की एक सापेक्ष स्वायत्तता भी निर्मित करता है :

उसकी आरी कई बार लकड़ी की नींद
और जड़ों में भटक जाती थी
कई बार एक चिड़िया के खोंते से
टकरा जाती थी उसकी आरी
उसे लकड़ी से
गिलहरी की पूँछ की हरकत महसूस हो रही थी
एक गुर्राहट थी
एक बाघिन के बच्चे सो रहे थे लकड़ी के अन्दर
एक चिड़िया का दाना गायब हो गया था।

(ज़मीन पक रही है)

यहाँ बिम्बों के बीच जो अन्तराल है उसे जोड़नेवाली भाषा अनुपस्थित है। बिम्बों के बीच का यह अन्तराल बिम्बों के ऊर्जा कणों से उद्‌भासित और भरा है। सपाटबयानी या मुखर वाचालता या नाटकीय वक्तव्यों की ओर जाने के बजाय लोकतत्त्व और प्रगीतात्मक तत्त्व के सम्मिलन से केदारजी ने अपने लिए एक अलग मुहावरा अर्जित किया है। 'अकाल में सारस' की कविताओं से पहले इस लोकतत्त्व का स्वरूप सांकेतिक अधिक था। लोककथात्मकता के साथ उसकी वर्णनात्मकता वहाँ नहीं थी। इसलिए उसमें एक खास किस्म की नाटकीयता का भी अहसास होता था। 'अकाल में सारस' की कविताओं में इस अन्तराल का एकदम लोप तो नहीं हुआ है लेकिन यह थोड़ा सिकुड़ गया है। सांकेतिकता कम हुई है और एक बहुत संक्षिप्त-सी वर्णनात्मकता यहाँ दीख पड़ती है। वे बिम्ब जो पहले अलग-से चमकते और ऊपरी तल पर स्वायत्त-से नज़र आते थे, वे अब कविता में घुलमिल-से गए हैं। कथ्य के साथ उनकी अभिन्नता ज्यादा सघन हुई है। इन कविताओं में आई सांकेतिकता ज्यादा मुखर, ज्यादा स्पष्ट है। जरूरी नहीं कि उनकी लोककथात्मकता का तार किसी परिचित-अपरिचित लोककथा से जुड़ा ही हो। कई बार वे स्वयं ऐसी छोटी-छोटी कहानियाँ कविता में रचते हैं जिसका स्वाद हमें अपनी लोक-परम्परा से जोड़ देता है। उसके ताने-बाने में रची-बसी शायद लोकलय

ही हमें उस स्वाद तक ले जाती है :

''अचानक टूट गया था
उसका मिट्टी का बाघ
एक छोटा-सा सुन्दर बाघ
जो तारों से लड़ चुका था
लड़ चुका था चाँद और सूरज
और समुद्री डाकुओं से
ठीक उसकी आँखों के आगे
उसके हाथों से गिरा
और खन्न से टूट गया।

('सड़क पर दिख गए कवि त्रिलोचन')

मेरे बेटे
कुएँ में कभी मत झाँकना
जाना
पर उस ओर कभी मत जाना
जिधर उड़े जा रहे हों
काले-काले कौए।

(कुछ सूत्र जो एक किसान बाप ने बेटे को दिए)

जब राजा मरा
सोने की एक बहुत बड़ी अर्थी बनाई गई
जिस पर रखा गया उसका शव
शानदार शव जिसे देखकर
कोई कह नहीं सकता
कि वह राजा नहीं है।

(लोककथा)

वर्णनात्मक शैली, बिम्ब और प्रगीतात्मक तत्त्वों के साथ रची-बुनी यह शैली एकाएक 'अकाल में सारस' में ही प्रकट हुई हो, ऐसा नहीं है। वस्तुतः इसके कुछ संकेत 'ज़मीन पक रही है' की टमाटर बेचनेवाली बुढ़िया, माँझी का पुल; और 'यहाँ से देखो' संग्रह की एक ठेठ देहाती कार्यकर्त्ता के प्रति, पानी में घिरे हुए लोग, बनारस या दन्तकथा जैसी कविताओं में भी दिखाई दे जाते हैं। वर्णनात्मकता का उपयोग करने में लेकिन वहाँ एक हिचक नजर आती है। यह हिचक 'अकाल में सारस' की भी कई कविताओं में दिखाई दे सकती है। प्रसंगवश यह कहना ज़रूरी है कि यह लोकतत्त्व केदारजी की कविता को आत्मीय तो बनाता ही है, लेकिन उसका स्वरूप आधुनिक है और इसकी आड़ में हमारी सामाजिक विडम्बना या जटिलता से बचने की कोशिश नहीं है, बल्कि

उसमें ज्यादा गहरे धँसने का रास्ता खोजने की कोशिश है। इन कविताओं में आई विडम्बना एक किस्म की तर्केतर, अन्तःप्रेरित विडम्बना है। लोकतत्त्व के बावजूद इसके चरित्र राजा-रानी, पशु-पक्षी या पुराने योद्धा नहीं, हमारे आज के जीवन के मेहनतकश जन हैं। उनके लोकविश्वास, सगुन-असगुन मौसम और समय को देखने-परखने के उनके उपकरण ही यहाँ प्रमुखता प्राप्त करते हैं। इस तरह केदारजी की कविता एक साथ हमारे लोकजीवन और नगरीय जीवन के बीच, हमारी स्मृति और यथार्थ के बीच और हमारे आन्तरिक संसार और वस्तु संसार के बीच पुल बनाती कविता है :

जैसे चींटियाँ लौटती हैं
बिलों में
कठफोड़वा लौटता है
काठ के पास
वायुमान लौटते हैं एक के बाद एक
लाल आसमान में डैने पसारे हुए
हवाई अड्डे की ओर।

(मातृभाषा)

मेरी हड्डियाँ
मेरी देह में छिपी बिजलियाँ हैं
मेरी देह
मेरे रक्त में खिला हुआ कमल
क्या आप विश्वास करेंगे
यह एक दिन अचानक
मुझे पता चला
जब मैं तुलसीदास को पढ़ रहा था।

(रक्त में खिला हुआ कमल)

लोक और क्लासिक रचना की ऐसी ही अनुगूँजें हमारी रचना की मूल परम्परा को रेखांकित कर जाती हैं। यहाँ त्रिलोचन और केदारनाथ सिंह बहुत आसपास खड़े नजर आते हैं। यह महज संयोग नहीं है कि 'अकाल में सारस' की एक बहुत अच्छी कविता है—"सड़क पर दिख गए कवि त्रिलोचन" छोटे-छोटे-से वाक्यों के संवाद और त्रिलोचनजी से किसी मुलाकात को याद करते हुए उसका जिक्र करती यह कविता कई जगह बहुत निजी डायरी-सा आनन्द देती है। एक बहुत मामूली-सी दिखती घटना को लगभग कहानी में रूपान्तरित करते हुए केदारजी संवेदना के अधिक जटिल संसार में धँसने की कोशिश करते हैं। यह कविता त्रिलोचन और केदारजी की समानताओं और फर्क, दोनों को प्रकट करती है। आवेग की रास दोनों ही कवियों के यहाँ बेहद कसी हुई है। संवेगों में बहुत ज्यादा उतार-चढ़ाव दोनों ही कवियों में बहुत कम है। न तो

बहुत उग्रता के लिए जगह है न भावविह्वलता के लिए। त्रिलोचन का जोर लेकिन 'क्रिया' पर है और केदारजी का 'बिम्ब' पर। त्रिलोचनजी की कविता की आन्तरिक लय कविता में कहीं गहरे तल में पैठी होती है, केदारजी की काव्य-लय को कविता में सहज ही पकड़ा जा सकता है। त्रिलोचन की तरह केदारजी में काव्य-लय को गद्य-लय की सीमा तक उठा ले जाने का विकट कौशल नहीं है। वस्तुतः केदारनाथ सिंह नगरीय कवि हैं। लोक के उनके सभी बिम्ब अपनी सारी सहजता के बावजूद न तो अनगढ़ हैं न धूमिल की तरह किसानी ठसक से भरे हुए। "जनपदीय चेतना में रची-बसी भाषा की ऐन्द्रिकता, अर्थ-ध्वनि, मूर्त्तता, गूँज और व्याप्ति" वस्तुतः उनकी स्मृति का ही हिस्सा ज्यादा है। जनपद से उनके लगाव बहुत गहरे और भावनात्मक हैं। अक्सर तो नहीं लेकिन कभी-कभी यह नास्टेल्जिया भी लग सकता है। एक अजीब किस्म का विभाजन उनकी कविता में अक्सर दिखता है। यहाँ शहर अक्सर ही एक पीड़ा की तरह आता है :

पूछता है एक चेहरा दूसरे से मौन
बचा हो साबूत ऐसा कहाँ है वह—कौन ?

(छोटे शहर की एक दोपहर)

मैं एक-एक से मिला
मैंने एक-एक से बात की
मुझे आश्चर्य हुआ
लोगों को तो लोग
जानते तक नहीं थे !

(एक और अकाल)

इसके बरक्स गाँव का जिक्र जब भी कविता में आता है तो वह अक्सर बहुत आत्मीयता के साथ आता है। उनकी कविता में शहर या शहरीकरण के उजले पक्ष न देखने की जिद-सी है और दूसरी ओर गाँव की विकृतियों, उसके अँधेरे कोने-कुचालों को भी न देखने की जिद है। इसलिए गाँव के सन्दर्भ में वहाँ अक्सर उसके उजले ही बिम्ब दीख पड़ेंगे। शहर और गाँव को लेकर यह दृष्टि कभी-कभी गांधीवादी आदर्शवाद के और करीब पहुँच जाती है :

अब दृश्य बिल्कुल साफ था
अब हमारे सामने
गाय थी
किसान था
रास्ता था
सिर्फ हमीं भूल गए थे
जाना किधर है !

(रास्ता)

केदारनाथ सिंह गैर-राजनीतिक कवि नहीं हैं। उनकी राजनीतिक दृष्टि कविता में कथन से ज्यादा आशय में प्रकट होती है। यह पक्ष लेने की राजनीति है। गहरे अर्थ में वर्गीय राजनीति। व्यावहारिक-दलगत राजनीति के चित्र वहाँ लगभग नहीं हैं। इस व्यावहारिक-दलगत राजनीति के परिदृश्य से मुठभेड़ करने की कोशिश उनकी कविता में कम-से-कम रघुवीर सहाय की तरह नहीं है। हालाँकि अपने समकालीन श्रीकान्त वर्मा की तरह अति मुखर होकर वे राजनीति को 'सेलीब्रेट' भी नहीं करते। सर्वेश्वरजी की तरह उनके यहाँ हर राजनीतिक उभार के साथ स्वर में स्वर मिलाने का भावोच्छ्वास भी नहीं। कहना न होगा कि पचास के बाद आई नई कविता के कवियों में रघुवीर सहाय और केदारनाथ सिंह ने ही राजनीति से साक्षात्कार के सबसे ज्यादा अर्थवान रास्ते तलाश किए हैं। केदारजी में शोषित-पीड़ित भारतीय जन के पक्ष में खड़े होने का स्पष्ट और आत्मीय संकल्प है और क्रिया के अर्थ को खोजने की गहरी ललक भी :

होंठों को बहुत कुछ चाहिए
उन्हें चाहिए 'हाँ' का नमक
और 'ना' का लोहा
और कई बार दोनों
एक ही समय।

(होंठ)

'अकाल में सारस' कई दृष्टियों से महत्त्वपूर्ण संग्रह है। कथात्मक वर्णन-शैली के अपने खतरे होते हैं। कई बार इसमें ऐसे वर्णन बढ़ने लगते हैं जो कविता को आगे बढ़ाने के बजाय व्यर्थ के विस्तार की बोझिलता भी देते हैं और कई बार विवरण मात्र सजावटी भी होने लगते है। लेकिन कविता से जब जीवन के चित्रों का लोप होने लगता है, ऐसे जोखिम उठाना बहुत अर्थवान हो जाता है। केदारजी में जो मितव्ययिता है वह उन्हें व्यर्थ के विस्तार से बचाती है और हमारे जन-जीवन के अलक्ष्य लिए जा रहे चित्रों को एक बार पुनः कविता में स्थापित करती है। ये कविताएँ 'हाँ' के नमक और 'ना' के लोहे से बनी हैं। इस संग्रह की कुछ असफल कविताएँ आनेवाले बदलावों के ज्यादा अर्थवान संकेतों को प्रकट करती हैं।

हर वक्त एक 'अच्छी कविता' बने रहना कविता के गुण के बजाय उसका दुर्गुण है और सीमा भी। इस संग्रह में केदारजी 'अच्छी कविता' की मुश्किल से कुछ बाहर आते दिखते हैं। केदारनाथ सिंह में परिवर्तन बहुत एकाएक घटित नहीं होते। एकाएक घटित होनेवाले परिवर्तनों की अपनी जोखिम भी है। कई बार ऐसे परिवर्तन बिना किसी आत्मसंघर्ष के, एक किस्म की अवसरवादिता के चलते भी सम्भव हुए हैं। अकविता के कई कवियों में इसे लक्ष्य किया जा सकता है। केदारजी में इस तरह दृश्य के साथ-साथ अपने को बदल लेने की चालाकी न कभी पहले सम्भव हुई न आज ही वह सम्भव है। अकविता के प्रारम्भिक दौर में उनके कई समकालीन 'स्त्री' को लेकर जिस

तरह के फैशनेबल पतित मूल्यों के शिकार हुए, वहाँ केदारनाथ सिंह और रघुवीर सहाय ने कभी उन मूल्यों के साथ अपना स्वर नहीं मिलाया।

कहने का अभिप्राय यह कि केदारनाथ सिंह की कविता में किसी परिवर्तन के बहुत तेजी से घटित हो जाने की आशा नहीं की जानी चाहिए। वह बहुत धीरे उनकी रचना-प्रक्रिया में रच-बसकर ही दृश्य पर प्रकट होगा। उनकी कविता वस्तुतः बिम्बों, प्रतीकों और संकेतों की ऐसी भाषा में आकार लेती है जो अपने समयबोध और गत्यात्मकता के साथ एक लय में निबद्ध होकर ऐसी प्रतिक्रिया को जाग्रत करती है, जो चीजों के रहस्य को जानने, सोचने और समझने के लिए हमसे बतियाती भी है और हमें बाध्य भी करती है। इसलिए मौसम चाहे जितना खराब हो जाए :

उम्मीद नहीं छोड़तीं कविताएँ
वे किसी अदृश्य खिड़की से
चुपचाप देखती रहती हैं
हर आते-जाते की
ओर बुदबुदाती हैं
धन्यवाद ! धन्यवाद !

एक कवि की नोटबुक

कविता का आख्यान : एक

लगता है जैसे यह समय कविता में आख्यान के पुनर्वास का समय है। आख्यान ने कविता में जगह-जगह अपने घरघूले बना लिए हैं। कविता आख्यानात्मक हुई है। हालाँकि कविता और आख्यान के बीच पूरी तरह सम्बन्ध विच्छेद कभी नहीं हुआ। कहानी भले ही काव्य तत्त्व से अपना पिण्ड छुड़ाने की लगातार कोशिश करती रही हो पर कविता अपने विभाजित हुए घर की ओर लौट-लौटकर आती रही है। समकालीन कविता में आख्यान का पुनर्वास इसी कोशिश की एक कड़ी है। कविता और आख्यान की यह रिश्तेदारी हमेशा एकसी नहीं रही, कविता से बाहर के संसार में होनेवाले बदलाव के साथ कविता के आख्यान का चरित्र भी बदलता रहा है। कवियों के अपने निजी कौशल और स्वभाव से भी उसकी कई भँगिमाएँ बनी-बिगड़ी हैं। एक समय तक कविता के आख्यान में मानवीय सम्बन्धों और प्रकृति के विवरणों पर ही ज्यादा जोर था। उसी में कवि अपने काव्य कौशल की अद्वितीयता का लोहा मनवाता था। समकालीन कविता में ज्यादा जोर दृश्य पर है। लगता है मुक्त बाजार और सूचना विस्फोट ने कविता के आख्यान को जानकारियों और विवरणों से भर-सा दिया है। कभी-कभी तो यह भी लगता है कि इसमें पहले जैसी आन्तरिकता और आत्मीयता का ताप नहीं है। कई बार लगता है कि बहुत सारे ब्यौरे और जानकारियाँ जो आख्येय नहीं हैं उन्हें भी कविता के आख्यान का जबरन हिस्सा बनाया जा रहा है। लगता है कविता की सारी आन्तरिक स्पेस चीजों से इतनी अधिक भर गई है कि उसमें चलने फिरने की कोई जगह ही नहीं बची है। उसमें भटका नहीं जा सकता। कभी-कभी लगता है कि वह अपने इस आख्यान से चौंकाना चाहती है। चमत्कार पैदा करना चाहती है। यूँ कविता के आख्यान के लिए कुछ भी निषिद्ध नहीं है लेकिन निरपेक्ष और निरर्थक जानकारियों का दबाव पाठक के लिए बहुत बार अड़चन बन जाती है। कई बार तो यह भी लगता है कि कविता अपनी किसी कमजोरी या अपनी मूल मंशा को छिपाने के लिए इन ब्यौरों की आड़ का इस्तेमाल कर रही है। हालाँकि हमेशा ऐसा नहीं होता।

द्विवेद्वी युग की कविता आख्यान को एक मुकम्मल कहानी में रूपान्तरित करने की कोशिश करती जान पड़ती थी। कई बार तो ऐसा लगता था जैसे कविता किसी आख्यान का मात्र पद्यानुवाद कर रही है। इस तरह वह आख्यान को अपना अधीनस्थ बना लेती थी और कविता को मात्र पद्य में अवमूल्यित कर डालती थी। कवि का सारा उपक्रम

आख्यान को एक ऐसे बन्द अन्त तक पहुँचा देता था जहाँ आगे की कविता के, आख्यान के और सोचने के सारे पट बन्द हो जाते थे। सियारामशरण गुप्त जैसे कवियों में कई बार इसके अपवाद भी पाए जा सकते हैं। छायावाद ने कविता और आख्यान के रिश्ते को बदल दिया। निराला के दुर्लभ और व्यापक अनुभव अपने छन्द में एक सांगीतिक औचित्य को खोज लेने से ही सन्तुष्ट नहीं होते, उसके आन्तरिक तर्क को विकसित करने के लिए वे एक नरेटिव...एक आख्यान से उसे जोड़ते हैं। सम्भवतः पहली बार छायावादी कविता ही मुकम्मल ढंग से कविता में आख्यान को कविता के आख्यान में रूपान्तरित करती है। निराला की कविता के आख्यान में जैसी वस्तुपरकता है वह आगे चलकर नागार्जुन, केदार और त्रिलोचन के यहाँ दिखाई देती है, छायावादी रंग-रोगन को झाड़-पोंछकर बाहर आती हुई। प्रसाद की कविता का आख्यान कई काल्पनिक विवरणों और अवधारणात्मक सूत्रों को अपने में बुनता चलता है। वहाँ अनुभव के सृजन क्षण में पदार्थ की चेतना और एक आदर्श का सम्मिलन होता है। वहाँ कल्पना की एक सक्रिय हिस्सेदारी चीजों को मूर्त बनाती है।

मुक्तिबोध सम्भवतः पहली बार कविता के आख्यान को एक बन्द कथात्मक संरचना से मुक्त कर देते है पर उनका आख्यान दार्शनिक प्रश्नों में अपना विलयन करता हुआ-सा लगता है। कई बार तो यह भी लगता है कि दर्शन कविता के आख्यान में जज़्ब होने के बजाय कविता के आख्यान को ही अपने में जज़्ब कर रहा है। यह बात अज्ञेय की कविता पर भी उतनी ही लागू होती है। नई कविता की दार्शनिक मुद्रा कविता के आख्यान को अपनी दार्शनिक मुद्राओं को ढोने की गाड़ी बना देती है।

कविता के आख्यान और कहानी के आख्यान में कुछ बारीक-से फर्क हमेशा बने रहते हैं। सुधीर रंजन सिंह ने अपने एक लेख 'आख्यान का संकट' में लिखा है कि कथाकार की कोशिश हमेशा यह होती है कि वह जो लिख रहा है उसके दृश्य बाहर भी बनते चले जाएँ जबकि कवि चाहता है कि पाठक की मुठभेड़ शब्दों से हो। मुझे लगता है कि कविता अपने आख्यान को ज्यादा स्वतन्त्र कर पाती है। कविता के आख्यान में ज्यादा स्पेस होता है। कविता के आख्यान में जहाँ आख्यान कविता में पूरी तरह अन्तर्लीन हो जाता है, वह कविता की और कविता के आख्यान की, दोनों की उपलब्धि है। ऐसा हमेशा सम्भव नहीं होता। आख्यान और कविता का रिश्ता बहुत बार वस्तु और काँच की उस बरनी की तरह बना रहता है जिसमें यह रखी है। वस्तु उस बरनी का रूप ग्रहण कर लेती है पर उससे एकमेक नहीं होती, वस्तु बरनी के काँच से दिखाई भी पड़ती रहती है पर दोनों का अस्तित्व अलग-अलग बना रहता है। इस तरह कविता में आया आख्यान कविता का आख्यान नहीं बन पाता। वह महज कविता में एक आख्यान होकर रह जाता है। रघुवीर सहाय की कविता 'आपकी हँसी' में आख्यान पूरी तरह कविता में अन्तर्लीन हो गया है। पात्र उसमें घुलमिल गए हैं। सारे ब्यौरे सारे विवरण जैसे घुलकर समाप्त हो गए हैं। बस पात्र के वाक्य बचे हैं और हर बात के बाद एक हँसी बची है। उस पूरे उपाख्यान की विडम्बना मात्र उसकी हँसी की पुनरावृत्ति से ही उजागर होती है। अर्थ की

कई तहें खुलती जाती हैं और एक पूरा घटनाक्रम और उसका पूरा-पूरा दृश्य आँखों के सामने आने लगता है। जबकि 'दयाशंकर' कविता आख्यान के साथ अपने व्यवहार में द्विवेदी युग की कविताओं की याद दिलाती है। कविता का आख्यान कई भंगिमाएँ अपना सकता है। केदारनाथ सिंह 'बढ़ई और चिड़िया' में आख्यान के साथ जो व्यवहार करते हैं वह 'बाघ' कविता में बदल जाता है।

कविता के आख्यान में इस समय आ रहे बदलावों को लक्ष्य किया जाना चाहिए। इसका जोर एक हद तक सबाल्टर्न सच्चाइयों पर है। दमित प्रवृत्तियों, विषयों और अलक्षित किए गए ब्यौरों पर भी। हो सकता है इसका एक कारण उत्तर आधुनिक विमर्श का प्रभाव हो। पर ऐसा अगर है भी तो यह उसका एक सकारात्मक प्रभाव है। इस कविता के आख्यान में सामान्य जीवन का अति सामान्य दृश्य है। उसका अतिपरिचित और अतिसामान्य होना ही शायद उसका असामान्य होना है। उसका सारा विस्मय उसके अविस्मयकारी होने में है। मीडिया और सूचना विस्फोट से इस कविता के आख्यान में कई अच्छे और कई बुरे असर पड़े हैं। उसमें जीवन के कई अलक्षित विवरणों को समेटने की ललक दिखती है तो दूसरी ओर निरर्थक विवरणों का आधिपत्य भी दिखता है। दृश्य पर जोर उसे एक हद तक सम्प्रेषणीय बनाता है तो कई बार उसे लीनियर...सपाट भी बनाता है। ब्यौरे अगर जीवन को उसकी छोटी-छोटी चीजों के साथ दर्ज करते हैं तो कई बार ये ही ब्यौरे कविता के मर्म तब पहुँचने में रुकावट भी बन जाते हैं। यह सच है कि अकविता की तरह आख्यान के साथ बहुत ज्यादा तोड़फोड़, चमत्कृत करनेवाली कलाबाजियाँ यहाँ नहीं हैं। एक हद तक समकालीन कविता का आख्यान आसपास के जीवन और हमारे जातीय अनुभव को दर्ज करने की कोशिश करता जान पड़ता है। अलग-अलग अनुभवों को एक साथ लाकर एक-दूसरे से गूँथने और उससे किसी तरह की समग्रता को अर्जित करने की कोशिश इसमें नहीं है या बहुत कम है। यह अनुभव के अलग-अलग क्षणों को अलग-अलग दर्ज करने की कोशिश ज्यादा है। इसमें छोटे-छोटे उपाख्यानों पर जोर है। एक वृहत आख्यान या बहुत सारे आख्यानों को जोड़कर एक बड़े आख्यान को साधने की कोशिश कम है। कई बार लगता है कि समकालीन कविता का आख्यान अपनी चौहद्दियाँ खींचकर कविता को सीमित कर रहा है, कभी-कभी ऐसा होता भी है। कविता के आख्यान में अतिक्रमण के लिए कई चोर दरवाजे और कई गुप्त सुरंगें होती हैं। वहाँ दिक और काल के साथ खेल करने की अपार गुंजाइश बनी रहती है। कहानी अपनी सारी प्रयोगधर्मिता के बावजूद ऐसी छूट नहीं देती या बहुत कम देती है। हालाँकि यह तो कवि पर ही निर्भर करता है कि वह इन चोर दरवाजों और गुप्त सुरंगों का कितना और कैसा इस्तेमाल करता है। कविता के आख्यान का वर्चस्व बिम्बों के खेल को संगुप्त कर देता है।

मुझे अक्सर लगता है कि आख्यान का यह पुनर्वास एक हद तक विखण्डन की अवधारणा का प्रत्याख्यान भी है।

कविता का आख्यान : दो

ऋतुराज की कविता के आख्यान का स्वरूप कई मायनों में बहुत दिलचस्प है। अपनी प्रयोगधर्मिता से वह हमें बार-बार विस्मित करता है। वह लगभग लोककथा के करीब पहुँच जाता है। इसमें काव्यात्मक अवकाश ज्यादा है और उसके विवरण उसकी लय में घुलमिल-से जाते हैं, लय का हिस्सा बन जाते हैं। उनकी कविता का आख्यान चित्रात्मक तो है ही लयात्मक भी है। वहाँ पात्र और स्थितियाँ यथार्थ की चौहद्दियाँ लाँघ जाते हैं। काल्पनिक उड़ान भरते हुए वे फन्तासियों को छूने लगते हैं। वहाँ तीनों काल अपनी उपस्थिति एक साथ बनाए रहते हैं। कविता में आख्यान एक स्तर पर अपनी मुक्ति प्राप्त करता है और इस तरह वह यथार्थ दृष्टि का विस्तार करता जाता है।

पानी की स्मृतियाँ उनकी कविता में बार-बार और अलग-अलग तरह से प्रवेश करती हैं। उनकी स्थानीयता कई बार प्रसंगों, वस्तुओं और प्राकृतिक विवरणों में प्रकट होती है और कई बार भाषा की 'टोन' में। जिस तरह विनोद कुमार शुक्ल में भी उनकी स्थानीयता को उनकी वाक्य की संरचना में देखा-सुना जा सकता है। ऋतुराज की कविता के आख्यान की बनावट, उसकी संरचना, उन्हें कई स्तरों पर स्वतन्त्र करती है। वे इस छूट का इस्तेमाल बहुत कौशल के साथ आख्यान में राजनीतिक कमेंट गूँथ देने में करते हैं। कई बार ऋतुराज वस्तुनिष्ठ विवरणों को काल्पनिक या लोक बिम्बों से प्रतिस्थापित करते जान पड़ते हैं। मनोहरम् या जुझारनाथ जैसी कई कविताओं को पढ़ते हुए मुझे ऐसा ही महसूस हुआ।

विष्णु खरे की कविता के आख्यान की बनावट कुछ भिन्न है। वहाँ ब्यौरे अधिक गद्यात्मक, तथ्यात्मक और ठोस-से हैं। आब्जेक्ट या स्थिति के प्रति उनका रवैया घनिष्ट होते हुए भी स्वामित्ववाला है। इस स्वामित्व में आवेगों की रास बहुत खिंची हुई है। इसमें एक तरह की 'हिडन डाइडेक्टिक' है। कई बार वे अपने 'मैं' को एक अधीनस्थ चरित्र बना देते हैं और कभी-कभी तो उसे एकदम छिपा-सा लेते हैं। उनमें एक चौकन्नापन तो है लेकिन कई बार उसमें आन्तरिकता की कमी खलती भी है। विजय कुमार भी अपने 'मैं' को छिपाते हैं। लेकिन उसमें गहरी आन्तरिकता बनी रहती है। उसमें आत्मसजगता कम है। विजय कुमार अपने को ज्यादा खुला छोड़ते हैं। ज्यादा बहकने और भटकने देते हैं।

ऋतुराज की कविता के आख्यान में अक्सर ऐसे चरित्र आते हैं जो समाज की परिधि पर रह रहे हैं। विष्णु खरे में अपने बचपन की और नगरीय जीवन की स्मृतियाँ ज्यादा हैं। मध्यवर्ग और निम्न मध्यवर्गीय चरित्र ज्यादा हैं। नगरीय समस्याएँ ज्यादा हैं। इसलिए उसमें अकेले होते लोग ज्यादा हैं। एक हद तक विष्णु खरे की कविता का आख्यान अधिकतर नास्टेल्जिक है। विष्णु खरे में लेकिन जहाँ ब्यौरे कविता के आख्यान में पूरी तरह अन्तर्लीन हो जाते हैं वहाँ कविता का आख्यान अद्‌भुत हो जाता है। 'लालटेन जलाना' इस अर्थ में एक महत्त्वपूर्ण कविता है। वहाँ सारे ब्यौरे एक प्रक्रिया

के हिस्से बन जाते हैं और रोशनी...एक मुकम्मल रोशनी को बनाने की प्रक्रिया की सघनता, कठनाई और बहुत महीन सावधानियाँ धीरे-धीरे हमारे सामने खुलने लगती हैं।

विष्णु खरे की कविता के आख्यान में, इलियट का सहारा लूँ तो कहा जा सकता है कि 'सेंस आफ फेक्ट' पर बहुत ज्यादा जोर है। नरेश सक्सेना में भी इस सेंस आफ फेक्ट पर बहुत जोर है। नरेश सक्सेना के यहाँ तथ्य लेकिन साइंटिफिक है। विज्ञान का तर्क और तथ्य। लेकिन नरेश सक्सेना अपने तीव्र आवेग की लय को दबाते नहीं। साइंटिफिक फेक्ट ही उनकी लय को जितना संयत करे, वह उतनी ही संयत होती है। उसमें अलग से किसी तरह का प्रयास नहीं है। इस 'तथ्य बोध' की प्राप्ति के लिए बकौल इलियट अपने व्यक्तित्व और इच्छाओं का दमन करना पड़ता है। विष्णु खरे के यहाँ इस दमन को थोड़ा बहुत महसूस किया जा सकता है लेकिन नरेश सक्सेना इस अर्थ में ज्यादा मुक्त हैं। विष्णु खरे की कविता के आख्यान में एक किस्म का पिक्टोरियल इमोशन दिखाई देता है।

ऋतुराज, विष्णु खरे या नरेश सक्सेना से लीलाधर जगूड़ी की कविता के आख्यान की संरचना थोड़ी भिन्न है। जगूड़ी ज्यादा ऐन्द्रिक हैं। उनमें संस्कृत कविता के आख्यान की अनुगूँज सुनाई देती है। उसमें कहने का एक अन्दाज़ है। आसपास के जीवन-विवरणों के साथ प्रकृति के बहुत ऐन्द्रिक ब्यौरे सघन रूप से गुँथे-बुने हैं। उनका ध्यान इमोशन और सम्बन्धों से ज्यादा स्थितियों की विडम्बना पर है। 'हाथी और पहाड़' एक ऐसी कविता है जहाँ जगूड़ी की कविता के आख्यान की सारी खूबियों को एक साथ देखा जा सकता है। उनकी ऐन्द्रिकता, प्रकृति और जीवन के बारीक ब्यौरों को पकड़ने और उन्हें एक-दूसरे के साथ गूँथने का कौशल और पूरे दृश्य और प्रसंग के भीतर उसके अन्तर्विरोधों और विडम्बनाओं को बिना किसी शोरोगुल के खोलते चले जाना, यह सब कुछ इस कविता में है। मजे-मजे से शुरू हुआ प्रसंग बहुत चुपचाप चलते हुए एक त्रासदी में बदल जाता है। उनके आख्यान में बिम्बों का एक संगुप्त खेल निरन्तर जारी रहता है। विजय कुमार की एक बड़ी खूबी यह है कि उनके सारे ब्यौरे एक जगह जाकर करुणा की एक सघन स्थिति में विलयित हो जाते हैं। डिज़ाल्व हो जाते हैं।

समकालीन कविता में आख्यान के इस सजग पुनर्वास ने कविता में कई नई सम्भावनाओं को पैदा किया है। कुछ समय पहले भाषा की मितव्ययिता और सांकेतिकता के चलते कविता से जीवन के विवरण ही लगभग लुप्त होने लगे थे। यह स्थिति एक हद तक बदली है। भगवत रावत की अतिथि कथा, विनय दुबे की दुलीराम भोई, नरेश सक्सेना की 'कांक्रीट कथा', मंगलेश की 'गाता हुआ लड़का', वीरेन डंगवाल की 'रामसिंह', इब्बार रब्बी की 'पंछीनामा', नरेन्द्र जैन की 'अन्ताक्षरी खेलती लड़कियाँ', ज्ञानेन्द्रपति की कई कविताएँ कविता के आख्यान की बनावट में आ रहे बदलाव और आख्यान के साथ बनाए जा रहे कई तरह के सम्बन्धों को जानने के लिए महत्त्वपूर्ण हो सकती है। कविता का यह आख्यान एक हद तक कहानी के आख्यान की रूढ़ियों को तोड़ने में मददगार हो सकता है बशर्ते कि विधाओं को एक-दूसरे की हमजोली के

रूप में देखा जाए।

कविता में आख्यान के पनुर्वास से एक वृहत जीवन, उसकी जटिलताओं, उसके रहन-सहन के ढंग, उसके रीति-रिवाज, उसकी चाल-ढाल, उसके बोलने-चालने का अन्दाज़, उसकी कहन-शैलियाँ और मार तमाम तरह की चकल्लसों को दर्ज करना सम्भव हो सकेगा। अनेक सम्बन्धों, लुप्त हो रही चीजों और प्रकृति की स्मृतियों को बचाकर वह सिर्फ जीवन के इतिहास की सामग्री ही नहीं बचाएगी बल्कि मुझे लगता है ऐसा करके कविता अधिक जुझारू भी बनेगी और अधिक लोगों के लिए अधिक अपनी।

संगीत के बारे में कविता : एक

किसी संगीतकार का संगीत या किसी गायक का गायन सुनते हुए जैसे शीर्षकों से हिन्दी में कई कविताएँ लिखी गई हैं। शायद इन कविताओं के जरिए कवि संगीत से अपने सम्बन्ध या संगीत के प्रति अपना अनुराग व्यक्त करना चाहता होगा। सम्भव है कि कविता और संगीत के बीच किसी अन्तर्सम्बन्ध को तलाशने की कोई मंशा इन कविताओं का लक्ष्य हो। संगीत और कविता के बीच अलग-अलग समाजों में कई तरह के सम्बन्ध रहे हैं। जॉर्ज थॉमसन ने लिखा है कि 'ग्रीक कविता संगीत की ब्याहता थी। वहाँ कोई शुद्ध वाद्य संगीत नहीं था और अधिकांश सर्वोत्कृष्ट कविता संगीत की संगत के लिए रची जाती थी।' भारतीय समाज की स्थिति इससे बहुत भिन्न है। ग्रीक कविता और संगीत का रिश्ता बहुत सीधा है। हमारे यहाँ रिश्ता इतना सीधा नहीं है। शुक्ल जी ने चित्रकला और संगीत से कविता के एक सम्बन्ध की ओर इशारा करते हुए लिखा था कि कविता अपने मूर्त विधान के लिए चित्र विद्या की प्रणाली का अनुसरण करती है और 'नाद सौष्ठव के लिए वह संगीत का कुछ सहारा लेती है।' यानी यहाँ वह संगीत की ब्याहता नहीं है। यह परस्पर उपयोग का बल्कि कहें कि 'कुछ सहारा' लेने का सम्बन्ध है। प्रश्न यह है कि वे कविताएँ जो किसी का संगीत सुनकर या किसी का गायन सुनकर जैसे शीर्षकों से लिखी गई हैं, क्या वे शीर्षक में बताए गए संगीत या गायन के मन पर हुए प्रभाव को व्यक्त करती हैं ?

कहीं ऐसा तो नहीं है कि ये कविताएँ मात्र किसी संगीत या संगीतकार के प्रति कृतज्ञता के भाव को ही व्यक्त करने के लिए लिखी गई हैं ? हालाँकि कृतज्ञता व्यक्त करने के लिए भी कोई कविता लिखी जा सकती है। अगर कसीदे लिखे जा सकते हैं तो कृतज्ञता व्यक्त करने के लिए भी कविता लिखी ही जा सकती है। पर यह अलग मुद्दा है।

इस तरह की कविता से मन में पहला सवाल तो यह उठता है कि इस कविता की भाषा से शीर्षक में उल्लेखित संगीत का क्या कोई रिश्ता बना है ? क्या उस संगीत के नाद सौष्ठव ने इस कविता की भाषा को कुछ बदला है ? क्या कवि की अन्य कविताओं की भाषा से इस कविता की भाषा में कोई फर्क लक्ष्य किया जा सकता है ? क्या इस कविता की भाषा में या उसकी लय में उल्लेखित संगीत की ध्वनि को थोड़ा-बहुत सुना जा सकता है ? कहीं संगीत कविता का मात्र विषय ही तो नहीं है ?

कविता ने संगीत की वस्तु से भी क्या कोई रिश्ता कायम किया है ?

कई बार तो ऐसा भी लगता है कि ऐसी कविताएँ मात्र चलन के तहत लिखी गई हैं। कभी-कभी लगता है कि किसी संगीतकार मित्र के लिए अपनी आत्मीयता या श्रद्धा व्यक्त करने के लिए ये कविताएँ लिखी गई हैं। इसलिए संगीत का जो आस्वाद है, मन पर हुआ प्रभाव है, उसके समानान्तर कुछ चित्र बिम्ब इन कविताओं में गढ़े गए हैं। और ये सारा तामझाम बहुत सब्जेक्टिव किस्म का है। एक स्तर पर यह एक तरह की एनॉलाजी तैयार करती हैं। उसके भी कील-काँटे बहुत दुरुस्त नहीं हैं। संगीत के आस्वाद को शब्द बिम्ब में अनूदित करने की यह कोशिश क्या सचमुच किसी संगीत की स्मृति को जगा सकती है ? मार्क्स ने कहीं लिखा है, 'चित्र और संगीत दो भिन्न कला रूप हैं जिन्हें किसी एक से परिणत नहीं किया जा सकता। वस्तु जिस रूप में आँख के लिए होती है उसी रूप में कान के लिए नहीं होती और आँख की वस्तु से कान की वस्तु भिन्न होती है।' ये कविताएँ दो भिन्न वस्तुओं को एक-दूसरे का पर्याय बनाने की कोशिश करती लगती हैं। पर इसमें वे अक्सर विफल हो जाती हैं। क्योंकि जिन शब्द-चित्र-बिम्बों को वे हमारे सामने रखती हैं उनका संगीत से कोई सम्बन्ध उजागर नहीं होता। ये बिम्ब संगीत का प्रतिनिधित्व करने में सक्षम नहीं हैं, सम्बन्ध टूटा-बिखरा-सा है इसलिए अविश्वसनीय है।

संगीत के आस्वाद को किसी ध्वनि बिम्ब में रूपान्तरित करने की कोशिश यहाँ नज़र नहीं आती। ध्वनि बिम्ब हिन्दी कविता में यूँ भी बहुत कम हैं। संगीत के बारे में या उसकी किसी स्मृति में लिखी जा रही कविता अगर उस संगीत के स्मरण के लिए कुछ ध्वनि बिम्ब रचती तो शायद वह ज्यादा विश्वसनीय होता, उसके कील-काँटे थोड़े कम दुरुस्त होते तो भी।

संगीत के बारे में कविता : दो

किसी का संगीत सुनकर उसके प्रभाव को व्यक्त करती, अपनी भाषा और लय में एक नाद सौन्दर्य की सृष्टि करती कविता से अलग, संगीत के साथ एक अलग तरह के सम्बन्ध को तलाशने की कोशिश मंगलेश डबराल की 'संगतकार' या विष्णु खरे की 'व्याख्यातीत' में नज़र आती है। ये कविताएँ मुझे लगता है कि संगीत के किसी प्रभाव का नहीं, संगीत की एक आन्तरिक प्रक्रिया का अनुसरण करती हैं। इसलिए उसमें संगीत के उत्पाद की किसी प्रतिलिपि को बनाने की कोशिश नहीं है। उसमें किसी ध्वनि के लिए चित्र बिम्ब की एनॉलाजी तैयार करने की कोई हड़बड़ी भी नहीं है। क्योंकि ये कविताएँ वस्तुतः संगीत की या संगीत के उत्पादन की प्रक्रिया को देखने की कोशिश करती हैं। यह कोशिश बहुत अलग ढंग से अज्ञेय की 'असाध्य वीणा' में भी दिखाई पड़ती हैं। वहाँ इस प्रक्रिया के बहुत बारीक विवरण दर्ज होते हैं।

नाद सौन्दर्य की दृष्टि से रीतिकाल की कविता ज्यादा समर्थ थी। छायावाद के बाद,

कविता इस दृष्टि से विपन्न हुई है। यह कविता संगीत के प्रभाव से कतराने की कोशिश करती है। लगता है इसकी आधुनिकता में संगीत आड़े आता है। इसके बौद्धिक कड़ेपन को कुछ डाइल्यूट करता है। लेकिन संगीत और कविता का रिश्ता इतना आदिम है कि कविता बार-बार उसे अलग-अलग ढंग से तलाश करती है।

विष्णु खरे 'स्वराभ्यास' के उपेक्षित स्वर को सुनने की कोशिश करते हैं तो मंगलेश 'संगतकार' की उस सुर को जो कई बार मूल गायक के स्वर को कई जगह सँभालता और सहारा देता है। एक स्तर पर ये कविताएँ संगीत की सबाल्टर्न सच्चाइयों को देखने और सुनने की कोशिश है, साथ ही जीवन की सबाल्टर्न सच्चाइयों को देखने की भी।

संगीत और कविता के अन्तर्सम्बन्धों के कुछ अलग कोनों को देखने की कोशिश इन कविताओं ने की है। पर संगीत से कवि के इस वैचारिक और आत्मिक रिश्ते ने भी उसकी भाषा को लगभग नहीं बदला है, कई बार मुझे ऐसा महसूस होता है।

मुग्ध कविता

कुछ कवि होते हैं जो मुग्ध होते हैं। उनकी निगाह हमेशा जीवन के कुछ उजले पक्षों और उजली चीजों की ओर ही उठती है। जीवन और सृष्टि के सौन्दर्य की जीवन्तता के प्रति उनमें एक उत्सव-सा भाव होता है। वे सिर्फ सौन्दर्य को देखते हैं और उसे अपनी कविता में दर्ज करते हैं। यह दर्ज करना एक स्तर पर जो सुन्दर है, अच्छा है, मानवीय है को बचाना है। सहेजना है। इस तरह चीजों को अवेरने का भाव स्त्रियों में अधिक होता है। इस तरह के कवियों की कविता में आलोचनात्मक तेवर कम होता है या एक तरह से उससे कतराने की कोशिश इनमें दिख सकती है। उनकी कविता में कहीं-कहीं गुस्सा दिख सकता है। यह गुस्सा वस्तुतः सुन्दर को नष्ट किए जाने से उपजी पीड़ा है। हिन्दी कविता में इस मुग्ध भाव को कभी ठीक-ठीक व्याख्यायित नहीं किया गया। बल्कि इस भाव को कुछ हेय दृष्टि से देखा जाता रहा है। सुमित्रानन्दन पन्त और चन्द्रकुँवर बर्थवाल के बाद यह भाव अपनी पूरी सघनता में शमशेर और केदारनाथ सिंह में अपने-अपने ढंग से दिखता है। आलोकधन्वा की कविता के सबसे सुन्दर हिस्से वे हैं जहाँ वे जीवन और सृष्टि के सौन्दर्य के प्रति मुग्ध हैं। मुग्ध कवि की ऐन्द्रिकता किसी अन्य कवि की ऐन्द्रिकता से कुछ भिन्न होगी। मुग्ध कवि अपनी ऐन्द्रिकता से सृष्टि का उत्सव रचता है। आलोकधन्वा की कविता में मुग्धता और उल्लास का यह भाव मनुष्य के श्रम सौन्दर्य को देखने तक विस्तार पाता है। यह लगभग वह भाव है जो 'तोड़ती पत्थर' में निराला में दिखता है। आलोकधन्वा की उँगलियाँ इसे थोड़ी कोमलता से छूती हैं।

कभी-कभी लगता है कि मुग्धता, रचना को जीवन की आलोचना माननेवाली अवधारणा से मेल नहीं खाती। उसकी पटरी कुछ भक्तिकाल से और कुछ-कुछ छायावाद से बैठ सकती है। इन दोनों ही आन्दोलनों में 'रमने' का जो भाव बार-बार दिखता है वही या लगभग उसी बिरादरी की मुग्धता समकालीन कविता के मुग्ध कवियों में भी दिखती है। ऐसी रचना को अक्सर 'गुडी-गुडी' कहकर उसकी कुछ अवहेलना-सी की जाती रही है। यह अजीब विरोधाभास-सा मुझे लगता है। एक ओर हम जीवन को सुन्दर बनाने और उसकी सुन्दरता को सहेजना चाहते हैं पर कविता जब यही काम करती है तो उसे स्वीकार करने में हम अक्सर कृपण होते हैं। हम ऐसी कविता को आलोचनात्मक विवेक की या संघर्ष की कविता की पाँत में नहीं रखते या रखने से बचते हैं।

कभी-कभी तो मुझे यह भी लगता है कि मनुष्य के दुखों और यातनाओं से एक औसत प्रभाव पैदा करनेवाली कविता बनाना कुछ हद तक आसान है लेकिन जीवन और सृष्टि में जो सुन्दर है उसे दर्ज करते हुए, पूरे मन से उसे,उसके उल्लास और उत्सव को दर्ज करते हुए एक अच्छी कविता रच पाना ज्यादा मुश्किल काम है।

ऐसी कविता अपने पाठक से एक हद तक सब्जेक्टिव होने की भी माँग करती है...शायद।

त्रिलोचन की कविता के लिए एक रूपक

त्रिलोचन की कविता की काठी थोड़ी कड़ी है। सरलता के बावजूद उसमें ऐसा कुछ है जिसके चलते उस कविता से सम्बन्ध बनाना सहज नहीं होता। इस कविता के बारे में एक रूपक मेरे मन में आता है...।

एक लड़का जिसका जन्म एक पहाड़ी शहर में हुआ। वहीं उसका बचपन बीता, उसी शहर में उसने साइकिल चलाना सीखा और बरसों उसी शहर में उसने साइकिल चलाई। इस शहर में उतार-चढ़ाव बहुत थे। शहर पहाड़ी शहर की तरह ही था। यहाँ साइकिल चलाने में असुविधा तो थी पर एक सुविधा भी थी। जब चढ़ाई आती तो मेहनत से पैडल मारकर, अपनी सीट से थोड़ा-सा उचककर या कभी-कभी सीट छोड़कर लगभग खड़े होकर, पूरा दम लगाकर, चढ़ाई पर साइकिल चढ़ाना पड़ता। ऐसा करते हुए लड़के की साँस फूल जाती। लेकिन इसका भी अपना ही मजा था। इसके बाद ही एक सुन्दर-सा ढलान होता और साइकिल फर्राटे से उस पर दौड़ने लगती। तब न लड़के को पैडल मारना पड़ता और न कोई और मेहनत करनी पड़ती। साइकल किसी हवाई जहाज के लैण्ड करने की तरह चलती, अगर ढलान थोड़ा ज्यादा हुआ तो साइकिल एक ऐसी गति पकड़ लेती कि वह आगे आनेवाली चढ़ाई पर भी कुछ दूर बिना पैडल मारे ही चढ़ जाती। इस बीच फूली हुई साँस भी सामान्य हो जाती।

एक दिन इस लड़के का तबादला एक मैदानी शहर में हो गया। ऊपरी तौर पर तो लगा कि अब साइकिल चलाने में सुविधा होगी। पर ऐसा हुआ नहीं। मैदानी इलाके में सड़कें समतल थीं। इसलिए साइकिल चलाते हुए लड़के को लगातार पैडल मारते रहना पड़ता। पहाड़ी शहर में साइकिल सीखे इस लड़के को लगातार पैडल मारने की आदत ही नहीं थी।

कुछ ऐसी ही आदत हिन्दी कविता के पाठक की भी है। भावों के बहुत उतार-चढ़ाववाली कविता पढ़ने की आदत। भक्तिकाल की कविता हो, छायावाद की या त्रिलोचन को छोड़कर प्रगतिवाद की। त्रिलोचन कविता में भावों और संवेगों की रास हमेशा ही पकड़े रहते हैं। कसकर। उनकी कविता के पास जाने में कुछ हद तक वैसी ही दिक्कत दरपेश आती है जैसी पहाड़ी शहर में साइकिल सीखे लड़के को मैदानी इलाके में साइकिल चलाने में आती है।

दूसरी नागरिकता की कविता

अधिकांश कवि दो स्थानीयताओं के नागरिक होते हैं। यह विकास की जो प्रक्रियाएँ हमने अपनाईं उनका एक अनिवार्य परिणाम है। पहली स्थानीयता वह होती है जहाँ कवि का जन्म होता है, उसके बचपन का बड़ा हिस्सा जहाँ गुजरता है। दूसरी वह जिसे वह अपनी रोजी-रोटी के लिए चुनता है। वह स्वैच्छिक भी हो सकता है और आरोपित भी। अक्सर कवि अपनी रचना में अपनी पहली स्थानीयता के ही नागरिक बने रहते हैं। वे अक्सर अपनी दूसरी स्थानीयता को अनदेखा करते हैं। दूसरी स्थानीयता का अनुभव उनका रचनानुभव बन नहीं पाता। ज्ञानेन्द्रपति की कविता इस अर्थ में एकदम उलट है। वह अपनी दूसरी नागरिकता की कविता है। उसने जिद और साहस के साथ अपनी दूसरी स्थानीयता की नागरिकता को अर्जित किया है। दूसरी स्थानीयता की नागरिकता में कई बार दूसरे दर्जे का नागरिक हो जाने का खतरा भी मौजूद होता है। ज्ञानेन्द्रपति इस खतरे से अतिक्रमण की प्रविधियों को तलाश करते हैं और उन्हें बहुत सचेत ढंग से जाँचते-परखते हैं। दुनिया में कुछ ऐसे भी रचनाकार हुए हैं जिन्होंने अपनी भाषा को छोड़कर एक दूसरी भाषा को, बाद में सीखी हुए भाषा को अपने रचनाकर्म के लिए चुना। यह एक कठिन निर्णय है और जटिल काम। मुझे नहीं पता कि ऐसा लेखक सचेत रूप से चुनी गई इस दूसरी भाषा के अन्तरलोक में जा पाता है या नहीं और जा पाता है तो उस भाषा के भीतर कितना धँस पाता है। मुझे लगता है ऐसा रचनाकार कुछ कम इनसाइडर और अधिक आब्जर्वर होता है।

यह आन्तरिक और बाहरी के द्विआधारी विभाजन जैसा सरलीकृत मामला नहीं है, इसे एक के विरुद्ध दूसरे को रखकर नहीं समझा जा सकता। जो इनसाइडर नहीं, जरूरी नहीं कि वह हमेशा आउटसाइडर हो। कुछ ऐसे भी फितरती हो सकते हैं जो रास्ते नहीं जानते पर अपने को गलियों में भटकने को छोड़ देते हैं। ऐसे व्यक्ति को इनसाइडर चाहे न कहा जा सके पर आउटसाइडर भी नहीं कहा जा सकता। दूसरी नागरिकता का रिश्ता ऐसे अनेक जोखिमों से होकर गुजरता है। वह बहुत चौकन्ना और सावधान भी हो सकता है और बहुत फक्कड़ और बेपरवाह भी। यह लेकिन रचनाकार के अपने स्वभाव पर निर्भर करेगा।

मुझे लगता है कि प्रश्न दूसरी भाषा की नागरिकता का हो या दूसरी स्थानीयता की नागरिकता का ऐसा रचनाकार पहले विवरणों की ओर आकृष्ट होता है। भाषा का

व्याकरण और जगह का व्याकरण दोनों ही उसे अपनी ओर आकृष्ट करते हैं, दूसरी जगह या दूसरी भाषा के साथ उसका रिश्ता कुछ कम स्वाभाविक होता है। कुछ कम लचीला, मूल निवासी की बनिस्बत उसके ब्यौरे अधिक प्रामाणिक होंगे। उसके कील-काँटे ज्यादा दुरुस्त होंगे, हो सकते हैं।

'गंगातट' ज्ञानेन्द्रपति की दूसरी स्थानीयता की नागरिकता की कविता है। उन्होंने अपनी भाषा नहीं बदली लेकिन उनकी अपनी भाषा की जो पूर्व भंगिमा थी वह बदली है। यह सचेत भी है और स्वैच्छिक भी। इसमें अपनी पहली स्थानीयता की अनूगूँजें तकरीबन नहीं हैं। यह किसी निर्वासन के चलते अपनाई गई नागरिकता नहीं है। इसलिए इसमें किसी तरह का त्रास, आतंक या दुख नहीं है, इसमें प्रस्तुत दृश्य को उसके पूरे ब्यौरों में पकड़ने और रचने का पूरा धैर्य है।

पूरी तरह पहली स्थानीयता के लिए अपनी वर्तमान स्थानीयता की अवहेलना करते चले जाना अगर नास्टेल्जिया है तो दूसरी स्थानीयता के प्रति ऐसी आसक्ति जो पहली को अनदेखा करे, उसे क्या कहा जाएगा ?

छोटे आकार की रचना

विष्णु नागर शुरू से ही एक छोटे आकार की कविता लिखते हैं। छोटे आकार से मेरा अभिप्राय है कम पंक्तियों और अक्सर छोटी पंक्तियों की। कहानी भी उन्होंने अक्सर छोटी ही लिखी। कभी-कभी तो दो या तीन पंक्ति की भी। पहले मुझे लगता था कि यह एक स्टाइल भर है। एक किस्म का शिल्प या भाषा के साथ व्यवहार का अपना अन्दाज़। हालाँकि यह सब तो उसमें है ही। लेकिन इसमें यथार्थ के साथ कवि का सृजनात्मक व्यवहार भी शामिल है। भारतीय कविता की इकाइयाँ...इन्हें छन्द कह लें, तो वे अक्सर ही बहुत छोटे रहे हैं। श्लोक हो, दोहा हो या चौपाई। अन्य छन्दों की इकाई भी छोटी है, कवित्त, सोरठा या कुण्डली। कविता की इतनी छोटी इकाइयाँ बनने के पीछे कौन-से भौगोलिक कारण रहे होंगे ? सामाजिक संरचना की वो कौन-सी खूबियाँ रही होंगी जिन्होंने इन छोटी इकाइयों को गढ़ा होगा ? क्या यह सिर्फ याद रखने की सुविधा के कारण ही छोटे बनाए गए। पानी के बुलबुले की ध्वनि को छन्द में रूपान्तरित करने के लिए जैसे बुदबुद छन्द रचा गया...क्या इसी तरह कविता की अन्य इकाइयों का भी सम्बन्ध हमारी प्रकृति, हमारी सामाजिक संरचना या मूल्य दृष्टि से जुड़ा है ? ग़ज़ल में भी एक पूरी इकाई है शेर, जो दोहे या चौपाई की ही तरह एक कविता का हिस्सा होकर भी अपने में स्वतन्त्र इकाई भी है। जापान में इसी तरह एक छोटी इकाई है—हाइकू। क्या कविता की इकाई का छोटा होना एशियाई विशेषता है ? पता नहीं। मैं पूरे विश्वास से नहीं कह सकता। हमारे महाकाव्य भी इन छोटी-छोटी इकाइयों से बने हैं। जैसे बहुत छोटी-छोटी इकाइयों से बनी एक विराट देह।

यह मात्र शिल्प का मामला नहीं है। मुझे लगता है यह एक मूल्य दृष्टि का सवाल है। एक पूरी मानसिक संरचना का भी। गांधी ठीक ऐसे समय में भारतीय मन के बीच अपनी पैठ बना लेते हैं जब स्थापत्य से लेकर योजनाओं तक में वृहत आकार का प्रबल आकर्षण था। एक किस्म से रूस की क्रान्ति के बाद के निओ-क्लासिसिज़्म के दौर में। नेहरू बहुत हद तक इस क्लासिसिज़्म का प्रतिनिधित्व भी करते हैं। यह लघु मानववाली बात से अलहदा है। हमारे मिथकों में भी छोटे और विराट रूप के बीच एक अजीब-सा रिश्ता है। अवतार बहुत मजबूरी में ही विराट रूप ग्रहण करते हैं। वामन अवतार तो बहुत छोटा रूप होकर भी तीन डग में अखिल ब्रह्माण्ड को माप लेता है। कृष्ण की जो लीलाएँ सूर के पदों में बिखरी हुई हैं उनमें से अधिकांश में कृष्ण छोटे ही हैं। उनका

विराट स्वरूप तो एक ही बार प्रकट होता है। कुरुक्षेत्र में। राम को भी कौशल्या के पुत्र होने का भरोसा प्राप्त करने के लिए छोटा होना पड़ता है।

इस तरह छोटा होना हमारे भारतीय मन को कुछ ज्यादा ही रास आता है। विराटत्व से हमारी आत्मीयता नहीं बनती। हम विराट को भी छोटी इकाई के रूप में ही पाना चाहते हैं। शायद इसीलिए भारतीय यथार्थ दृष्टि भी भिन्न है और उसका रोमान भी।

कविता में कौतुक

कविता को शायद बार-बार उन तमाम जकड़बन्दियों से मुक्त होने के लिए जो उससे पहले की कविता के चलते बन गई थीं, कई किस्म के कौतुक रचने की जरूरत होती है। आधुनिक कविता में इस प्ले को, एक किस्म के कौतुक को शुरुआत से ही लक्ष्य किया जा सकता है। अभिव्यक्ति की नई-नई हिकमतें तलाशने के लिए पुराने कटघरों को तोड़ना या उनसे बाहर आना जरूरी होता है। भारतेन्दु जब-जब खड़ी बोली में कविता करते हैं तो तरह-तरह के कौतुक रचते हैं। शिल्प के स्तर पर, भाषा और अन्तर्वस्तु के स्तर पर भी। मुकरियों और नाटक के गीत इसी का परिणाम हैं। भारतेन्दु की दिक्कत सम्भवतः ब्रज भाषा की कविता के लगभग रूढ़ हो चुके ढाँचों से बाहर आने की भी रही होगी और अभिव्यक्ति के लिए एक कठिन समय ने भी उनकी कविता में कौतुक की जरूरत को पैदा किया होगा।

कविता में कौतुक कई बार निरा कौतुक भी हो सकता है। वामपन्थी कवि अक्सर ही प्ले या प्रयोग के प्रति बहुत निःशंक और निःसंकोच नहीं होता। एक आन्तरिक सेंसर उसे निरर्थ कौतुक से हमेशा रोकता रहता है, वह अगर प्ले करेगा जैसा नागार्जुन में अक्सर मिलता है तब भी वह अर्थ के प्रति सावधान रहेगा। उसे हमेशा अर्थ में सोद्देश्यता चाहिए। वह अर्थ से निर्णय करता है, आशय से नहीं। आधुनिक या आधुनिकवादी कवि कौतुक के प्रति ज्यादा निःसंकोच, ज्यादा निर्बन्ध लगता है। साही, विपिन कुमार अग्रवाल, गिरिजाकुमार माथुर या प्रभाकर माचवे में, यहाँ तक कि एकाध दो जगह ही सही पर वात्स्यायन में भी लगभग निरे कौतुक लगनेवाले प्रयोग मिल जाते हैं। रघुवीर सहाय और सर्वेश्वर दयाल सक्सेना की भी कुछ कविताएँ याद की जा सकती हैं।

कभी-कभी लगता है कविता में कौतुक को लगभग निरर्थक या बहुत अगम्भीर कवि कर्म मान लिया गया है। कौतुक के प्रति ऐसी अवज्ञा भाषा और कहन की भंगिमाओं को रूढ़ बनाती जाती है। अकविता ने कविता में कौतुक या प्ले का अलग ढंग से इस्तेमाल किया। उसमें प्ले तो लगभग अराजकता की हद तक था लेकिन प्लेफुलनेस बहुत कम थी, नई कविता को कौतुक के कभी-कभार किए गए प्रयोग ने छायावादी खाँचों से बाहर आने में कितनी मदद की यह कहना मुश्किल है पर इसे सप्रमाण देखा जा सकता है कि अकविता में कौतुक ने एक बड़ा काम किया। उसने पहले की कविता,

कविता की भाषा और शिल्प के सभी ढाँचों को तोड़-फोड़ डाला।

कोई कवि अपने से पहले की और अपने आसपास की कविता से जब-जब मुक्त होना और अपनी कविता के लिए एक अलग स्पेस बनाना चाहता है वह बहुत सतर्क होकर कविता में कौतुक करने की कोशिश करता है। नक्सलबाड़ी के विद्रोह के साथ आई कविता में कौतुक के लिए जगह ढूँढ़ना एक मुश्किल काम था। आक्रामक तेवर और कौतुक का युग्म बनना अगर असम्भव नहीं तो बहुत कठिन काम तो था ही। वीरेन डंगवाल की कविता इसी को सम्भव करती है। अपनी इस प्रतिबद्धता के बीच वह कौतुक के लिए स्पेस खोज लेती है।

मुझे लगता है कविता को बीच-बीच में बार-बार ऐसे कौतुक रचना और रचते रहने की कोशिश करते रहना चाहिए, जिनकी सार्थकता अर्थ के बजाय आशयों में प्रकट होती हो। जो निरन्तर जड़ताओं को तोड़ते हुए कविता में और कविता के परिदृश्य में साँस लेने की नई जगहें बनाते हों।

भूलने के पक्ष में

एक अद्भुत चीज है भूलना, भूल जाना। एक दिलचस्प प्राकृतिक गुण। शायद एक बहुत जरूरी प्रक्रिया। जब हम भूलते हैं तो नया खोजते हैं, खोजने की कोशिश करते हैं। कुछ नया रचते हैं। भूलने से रचने का अद्भुत रिश्ता है। स्मृति की जो अनुगूँज है, रचना में, वह अक्सर भूल गए 'कुछ' की ध्वनि है। स्मृति का सचेतन हस्तक्षेप रचना के लिए बहुत अच्छा या बहुत काम का नहीं।

विस्मृति न हो तो जीवन बहुत कठिन होगा। स्मृतियों से लदा-फँदा जीवन या रचना, स्मृति-विहीन रचना से भी ज्यादा बुरी है। उसमें रचनाकार की क्षमता का उपयोग नहीं होता।

भूलना एकदम या पूरी तरह भूलना नहीं होता। कभी भी, कहीं भी, न जाने किस प्रसंग में कुछ ऐसा जो हम भूल गए थे, अचानक याद आ जाता है, आ सकता है। कई बार भूला हुआ याद नहीं आता, पर याद आता है कि हम कुछ भूल गए हैं। उसको याद करने के लिए जब अपनी स्मृति पर बहुत जोर देते हैं तो, कुछ और ऐसा भी याद आ सकता है, जो हम पहले भूल गए थे। भूलना एक प्रक्रिया जैसा है। एक सतत प्रक्रिया। जिसमें भूला हुआ, कभी भी उपस्थित हो सकता है और याद में बनी हुई कोई बात कभी भी विस्मृत हो सकती है। कविता का क्या इस भूलने की प्रक्रिया से, इस आदत से कोई जरूरी रिश्ता है ?

कविता को इस भूलने ने हमेशा नया होने में मदद की है। गद्य विस्मृति से अपना जीवन नहीं तलाश सकता। उसे तो सब कुछ याद करना होता है। सब कुछ याद रखना होता है।

संगीत और कविता

न जाने कितनी बेचैनियों, तनावों, अभावों और निरर्थक भाग-दौड़ में फँसा हमारा आधुनिक जीवन, किसी म्यूजिक सिस्टम पर गाते किसी गायक के अपने में समेट लेनेवाले राग में अपनी नींद ढूँढ़ रहा है। संगीत कुछ-कुछ एक स्त्री की तरह है !

कविता की बहुत भीतरी पर्तों में जो एक संगीत है, वह भी क्या हमें, हमारी निजी चिन्ताओं से परे, किसी और लोक में ले जाने का उपक्रम करता है ? शायद ठीक-ठीक और हमेशा ऐसा नहीं होता होगा, पर कभी-कभी तो ऐसा होता ही है...।

गाना

उत्पीड़ित लिंग समूह, दमित-दलित वर्ण और जातियाँ तथा हमेशा ही हाशिए पर रखे गए वर्ग समूह अक्सर ही सामूहिक रूप से गानेवाले समूह होते हैं। समूह में गाना उनके जीवन व्यवहार का ही हिस्सा होता है, कोई सांस्कृतिक आयोजन नहीं। यह गाना उन्हें एक-दूसरे से जोड़ता है, एक-दूसरे के दुख से। इसमें एक निष्क्रिय ही सही पर प्रतिरोध भी है। वर्चस्वशाली या सत्ताधारी वर्ग के लोग किसी खास आयोजन के तहत भले ही सामूहिक रूप में गा लें, लेकिन सहज रूप से वे कभी समूह में नहीं गाते।

सामूहिकता वर्चस्वशाली का गुण नहीं है। उत्पीड़ित का स्वभाव है।

अन्तराल

कई बार ऐसे अन्तराल आते हैं जब कुछ भी लिखते नहीं बनता। कभी-कभी ये अन्तराल इतनी बेचैनी, ऊब और जड़ता से भरे होते हैं कि लगता है जैसे आप लिखना भूल गए हैं। ऐसे समय में कई बार किसी दूसरे का लिखा, पढ़ने का भी मन नहीं होता। मन मारकर आप पढ़ें भी तो रचना का रहस्य नहीं खुलता। उसकी प्रत्यक्ष खूबियों तक पर आँख नहीं टिकती। कई बार ऐसे अन्तराल बहुत बड़े भी हो जाते हैं।

शायद हर रचनाकार को ऐसे अन्तराल भुगतना ही पड़ता होगा। उम्र के साथ कई बार ऐसे अन्तराल जल्दी-जल्दी आने लगते हैं और शायद बड़े होने लगते हैं। ठीक-ठीक ऐसा क्यों होता है जानना मुश्किल काम है। जब हम लिखना शुरू करते हैं तब हमारे पास, उससे पहले के जीवन के, कई बरस का अनुभव होता है। उस अनुभव को रचना प्रक्रिया से गुजरने के लिए भी एक पर्याप्त समय मिल चुका होता है। लेकिन बाद में यह स्थिति बदल जाती है। अनुभव कम होने लगते हैं। अनुभव अगर कम न भी हों तो उसे पकने, बनने के लिए एक समय लगेगा। क्या यह समय अन्तराल है ?

कई अनुभव ऐसे होते हैं कि वे तत्काल रचना में परिवर्तित हो जाते हैं। बहुत तीव्रता के साथ। पर कई अनुभव उतनी ही तेजी से रचना में नहीं बदलते। यह अलग-अलग लेखकों के साथ अलग-अलग होगा। रचना प्रक्रिया की जो आन्तरिक मशीनरी है, वह कुछ अनुभवों को तेजी से रूपान्तरित करने में अभ्यस्त भी हो सकती है। लेकिन जीवन सतत परिवर्तनशील है और लगातांर और अधिक जटिल हो रहा है। इसलिए नए अनुभव और अधिक जटिल होते जाते हैं। रचना प्रक्रिया की आन्तरिक मशीनरी इन नए अनुभवों को रूपान्तरित करने की अभ्यस्त नहीं है। उसे इसके लिए नए मेकेनिज्म पैदा करने होते हैं। इस सारी प्रक्रिया में जो समय लगता है, क्या वह अन्तराल है ?

ऐसा हो सकता है शायद !

दो किस्म के लेखक

दरवाजे पर दस्तक होती है। यह दस्तक की आवाज है जो बिना दरवाजे खोले ही अन्दर आ जाती है। कविता भी ऐसी ही आवाज है। वो अन्दर आ जाती है। दरवाजे के खुलने का इन्तजार नहीं करती ! तुम्हारी इजाजत की उसे जरूरत नहीं। वो इतनी पजेसिव है कि तुम्हें किसी और काम के लिए वह मुक्त नहीं होने देगी। कवि अपनी ही कविता का उपनिवेश है।

कविता का स्वभाव ही तय करेगा कि वह तुम्हें कितनी छूट देती है। रचनाकार कम से कम दो तरह के होते हैं। एक वे जो रचना के इस प्रकटन के सामने समर्पण कर देते हैं। रचने का सुख लेते हैं। और दूसरे तरह के रचनाकार अक्सर ऐसे समय में पलायन करना चाहते हैं। लिखने से बचने की कोशिश करना चाहते हैं। रचना उनकी खोपड़ी पर सवार होती है और वे भागते फिरते हैं। यह कम त्रासदायक नहीं। इस भागने में सुख कम है तकलीफ ज्यादा है। पर रचनाकार को लगता है, रचना का सामना करना शायद और भी ज्यादा तकलीफदेह है। इस बचने और भागने की सबसे बड़ी विडम्बना यह है कि रचनाकार पूरी तरह बचना या भागना भी नहीं चाहता। वह रचना भी चाहता है और बचना भी ! ये दो ऐसे विपरीत कर्म हैं जो एक साथ सम्भव नहीं।

निजी मुहावरे की कैद

कवि का निजी मुहावरा—इस पद पर मुझे अक्सर एक सन्देह-सा बना रहा है।

जो निजी मुहावरे बहुत आकर्षक, बहुत चुस्त-दुरुस्त, कहना चाहिए बहुत स्मार्ट किस्म के होते हैं, वे कवि को बहुत कम स्वतन्त्रता देते हैं। इन मुहावरों की संरचना में आन्तरिक स्वतन्त्रता कम होती है। इनमें नए रास्ते तलाशना कठिन होता है। इसलिए इनकी सामर्थ्य कम होती है। मुहावरा कितना ही बेहतर हो, अपने दोहराव के साथ ही वह मेनेरिज्म बन ही जाता है। धूमिल, विनोद कुमार शुक्ल या श्रीकान्त वर्मा के मुहावरे भी एक समय के बाद उनकी कैद ही बने।

इस तरह के मुहावरों से एक समय के बाद मुक्त होना कठिन होता है। रचनाकार इसमें घुटन महसूस करता है, पर उससे मुक्त होने का साहस नहीं जुटा पाता। उसे अपनी अस्मिता का खतरा सताने लगता है। अपनी रचना के बिखर जाने का डर लगता है।

कुछ मुहावरे ज्यादा लचीले होते हैं। वो कम चकाचौंध पैदा करते हैं। उन पर आँख-कान टिकाने के लिए थोड़ा श्रम करना होता है। इनमें जीवनानुभवों को, ज्यादा से ज्यादा और बहुत अलग-अलग तरह के अनुभवों को, विषयों को, भिन्न अन्तर्वस्तुओं को समेटने की ताब होती है। इस तरह ऐसे निजी मुहावरे चाहे एकाएक आकर्षित न करें पर वे रचना की कैद नहीं बनते। वे अन्तर्वस्तु के साथ परिमाणात्मक रूप से और कभी-कभी गुणात्मक रूप से बदल जाते हैं। ऐसे मुहावरों से छूटने के लिए रचनाकार को अतिरिक्त श्रम नहीं करना पड़ता। वहाँ अस्मिता के खोने का कोई भय नहीं होता। तनाव नहीं होता।

आलोचना में कवि के निजी मुहावरे की जब-जब चर्चा होती है तो अक्सर चुस्त मुहावरों पर ही ध्यान केन्द्रित किया जाता है। उस मुहावरे में आन्तरिक स्वतन्त्रता कितनी है, उसमें विस्तार की गुंजाइश कितनी है, वह कितना लचीला हैं, इस पर कम ही बात होती है।

निजी मुहावरा कवि की मानसिकता का मामला भी है। एक अतिरिक्त अनुशासन जो रचना की अपनी आन्तरिक माँग से बाहर का है, सृजन के लिए बाधक ही होगा। (कभी-कभी शार्टकट या सहूलियत भी) छन्द से यह एक अर्थ में भिन्न मामला है, क्योंकि छन्द कवि द्वारा अर्जित नहीं...।

शब्द और वाक्य

आत्मकेन्द्रित और मात्र अध्ययन की ओर उन्मुख लेखक में अक्सर नए-नए शब्दों के अन्वेषण की, नए शब्द गढ़ने की प्रवृत्ति दिखाई देती है। उसकी रचना में ये शब्द अलग से टँके हुए-से, चमकते हुए-से दिख जाते हैं। कई बार तो यहाँ तक होता है कि शब्द ही उसकी रचना में प्रमुख हो जाते हैं। ये शब्द ही उसकी पहचान बन जाते हैं। और एक हद तक उसकी कैद भी।

जीवन की ओर देखनेवाले लेखक में वाक्य ज्यादा प्रमुख होता है। वाक्यपदीय में तो भर्तृहरि ने पूरे काव्य को एक महावाक्य कहा है। त्रिलोचन की रचना में भी और उनकी बातचीत में भी इस वाक्य पर बहुत जोर है। एक पूरा वाक्य लिखो—वो अक्सर इस बात को कहते हैं।

वाक्य ही आगे जाकर मुहावरे का रूप लेता है। जीवन की ओर देखनेवाली रचना में मुहावरे अधिक होते हैं। बल्कि उससे नए मुहावरों का जन्म होता है।

यहाँ जब नए शब्द भी प्रवेश करते हैं तो वे जीवन की हलचल के बीच बने-तपे शब्द होते हैं। और वे वाक्य में अपनी जगह बनाकर ही प्रवेश करते हैं।

लय की कुदाल

कविता में लय अगर बहुत तीव्र है तो वह कई बार ऐसे अनुभवों को भी हमारे अन्तस से बाहर ले आती है, जिनके बारे में कविता के प्रारम्भ में हमने नहीं सोचा था। ये अनुभव, विचार या संवेदनाएँ कहीं भीतर थे, पर उनके बारे में हमें मालूम नहीं था। एक तीव्र लय जैसे हमारे जाने बिना ही हमारे भीतर से बाहर उलीच देती है।

तीव्र लय तीव्र आवेगों के साथ गुँथी-बुनी हो सकती है या अति नाटकीयता के साथ भी। मुक्तिबोध की काव्य लय और श्रीकान्त वर्मा की काव्य लय भिन्न हैं।

लय रूप है या अन्तर्वस्तु ?

लय के पीछे एक आवेग है, नाटकीयता है, क्रोध है, खीज है, पता नहीं क्या-क्या है ! ऐसी अनगिन चीजें, अनगिन लयों को बना सकती हैं। जब एक लय मिल जाती है या हमारा कवि-मन जब किसी एक लय को पा लेता है, बना लेता है, तब वह लय स्वतन्त्र रूप से अपना काम करने लगती है। असंख्य बार वह हमारे जीवनानुभवों को, विचारों को, संवेदनाओं को, कई बारे हमारे विरोधाभासों और कुण्ठाओं को भी, ऊपर के सारे अवरोधों को हटाती हुई, झाड़-झंकाड़ों, मिट्टी की पर्तों को हटाती और चट्टानों को तोड़कर बाहर ले आती है।

लय एक कुदाल की तरह काम करती है। इसे जैसे कोई एक स्वचालित मशीन चलाती है। वह हमारे अन्तस की कठिन पर्तों के नीचे दबे बहुत सारे अच्छे और बुरे दोनों को बाहर ला सकती है।

लय को जब-जब आवेग से काटकर या उसे दबाकर 'माइल्ड' करने, नर्म करने की कोशिश होती है तो वह कविता को कहीं-न-कहीं बाधा पहुँचाती है। जब लय जीवन के राग-रंग से प्राप्त नहीं की जाती तो वह अक्सर 'माइल्ड' होती है। इस जीवन-हीन लय की कमियों को ढाँपने के लिए कविता चमत्कारों और जड़ाऊ किस्म के शिल्पों की ओर मुड़ती है।

लय सिर्फ उत्खनन का ही काम नहीं करती, वह रचती भी है। जीवन का पुनर्सृजन करती है और अपने काल का भी।

कविता और कुर्सी

कविता कोई फिनिश्ड प्रोडक्ट नहीं है। वह एक प्रक्रिया है। इसलिए कवि और पाठक के बीच का सम्बन्ध भी एक सतत सम्बन्ध है। कुर्सी बनाने के बाद उसे खरीद लेनेवाले और उसे बनानेवाले के बीच जिस तरह सम्बन्ध समाप्त हो जाता है, कवि और पाठक के बीच ऐसा नहीं होता।

कविता और वस्तुएँ

दरवाजे की घंटी बजती है...ट्रिन...ट्रिन...।

दरवाजा खोलता हूँ तो तमाम वस्तुएँ मुझे धकियाती हुई प्रवेश करती हैं।

—'ए...ए...कहाँ चली आ रही हो। मैंने तुम्हें नहीं बुलाया। मुझे तुम्हारी जरूरत भी नहीं। निकलो यहाँ से !' मैं कहता हूँ।

—'तुमने बुलाया या नहीं इससे कोई खास फर्क नहीं पड़ता। यह हमारा समय है, वस्तुओं की महाविजय का समय। हम जहाँ चाहें जा सकते हैं। हमने सारे बन्धन तोड़ डाले हैं। हम मुक्त हैं, कहीं भी आने-जाने को। अब हमें कोई कहीं भी घुसने से नहीं रोक सकता।' वस्तुएँ कहती हैं एक साथ।

—'लेकिन यह मेरा घर है...।'

—'अब कोई भी जगह तुम्हारी नहीं है। स्पेस और समय की वे सारी धारणाएँ बदल चुकी हैं। तुम अब केन्द्र से बाहर चले गए हो।'

यह रूपक-सा है। पर मुझे इधर की कविता में यह बात तेजी से महसूस हुई है कि उसमें विवरण बढ़ रहे हैं। वस्तुओं की उपस्थिति बढ़ रही है। और इस सबके साथ ही उसमें, कविता में, भाषा का बोझ बढ़ रहा है। कविता में अब ज्यादा शब्द, ज्यादा भाषा का उपयोग हो रहा है। उसमें शब्दान्तराल कम हैं। भाषा के मामले में वह मितव्ययी कविता नहीं है। वह ज्यादा बोलती है।

क्या यह इस नए बाजार की भाषा है। क्या यह वस्तुओं के आक्रमण से उपजी भाषा है। क्या कविता सिर्फ विचार के स्तर पर ही विरोध कर रही है ? व्यवहार के स्तर पर इस नई प्रवृत्ति के सामने उसने घुटने टेक दिए हैं ? या यह कि उसके व्यवहार और विचार के बीच कोई विरोधाभास बन रहा है ?

समय की गति इतनी तीव्र हो गई है कि रुककर सोचने का अवकाश शायद रचनाकार के पास नहीं है...।

कविता, शैतान और राक्षस

हिन्दू माइथोलॉजी में शैतान जैसे चरित्र नहीं हैं। वहाँ राक्षस हैं। दैत्य हैं। राक्षस शक्तिशाली है, अत्याचारी है और अहंकारी है। वह कठिन तपस्याएँ करता है, अमरता के वरदान प्राप्त करता है और अन्ततोगत्वा अपनी गलतियों या मूर्खताओं से या देवताओं की चालाकी से मारा जाता है, उसमें ब्रिलिएंस की, बौद्धिक दीप्ति की कमी है। उसके चरित्र में शैतानियाँ नहीं हैं, शरारत नहीं है। हिन्दी कविता में भी सामान्यतः शरारत के लिए बहुत जगह नहीं है। भाषा, शिल्प या अन्तर्वस्तु के साथ बहुत छेड़छाड़ के प्रति एक तरह की अन्तर्बाधा हिन्दी के प्रायः कवियों में रही है। शरारत कभी-कभी जब कुछ कविताओं में नज़र आती भी है, तो उस कविता को याद भले रख लिया जाए पर उस पर अन्य तथाकथित गम्भीर कविताओं की तरह तरजीह नहीं दी जाती। नागार्जुन रघुवीर सहाय या सर्वेश्वर दयाल सक्सेना की ऐसी अनेक कविताओं पर विचार करने को अक्सर टाला जाता रहा है।

खिलंदड़ेपन और शरारत या शैतानी में कुछ महीन-से फर्क किए जाने चाहिए। खिलन्दड़ेपन में एक किस्म की फक्कड़ी है, शरारत में बौद्धिक दीप्ति है, चतुराई भी और गहरी सूझ-बूझ भी। एक कवि को, मुझे लगता है कि दूसरी पौराणिक परम्पराओं से गुजर कर, अपनी अन्तर्बाधाओं से खुद को मुक्त करना चाहिए।

कठिन समय में, शरारत राजनीतिक कविता के लिए बहुत जरूरी हिकमत हो सकती है।

मणिकर्ण : एक

मणिकर्ण एक अद्भुत जगह है ! चारों ओर पहाड़ों से घिरा। एक छोटा-सा कटोरा हो जैसे। इसी में एक नदी प्रवेश करती है, बहुत उछलती, कूदती-फाँदती, गुस्सैल नदी। नाम भी है—कुपित पार्वती। मणिकर्म हर वक्त इस नदी के शोर से भरा रहता है। कुपित पार्वती का प्रवाह इतना तेज है कि उसने अपने रास्ते में आनेवाले सारे पत्थरों, चट्टानों को तराशकर गोल कर दिया है। पानी पत्थर को तराश देता है। नर्मदा का प्रवाह भी पत्थरों को तराश कर शिव बना देता है। पानी को ताकत बनने के लिए प्रवाह की जरूरत होती है।

इस नदी के ही दूसरी ओर उबलते हुए गर्म पानी के सोते हैं। इन सोतों से कई कुण्ड बने हैं। लोग इस पानी से चाय बना लेते हैं। कपड़े की पुटरिया में बाँधकर चावल को कुण्ड के पानी में लटका देते हैं, कुछ ही देर में चावल पक जाता है।

एक ओर कुपित पार्वती है जिसका पानी बहुत ठण्डा है और प्रवाह बहुत तेज। दूसरी ओर उबलता हुआ पानी है जो छोटे-छोटे कुण्डों में बँधा हुआ है। लगता है जैसे क्रोध की गति और ताप विभाजित हो गया है।

वेग और ताप के बीच यह विभाजन और फिर भी अगल-बगल उसकी उपस्थिति, क्या किसी नए रचना कौशल को जन्म देगी ?

मणिकर्ण : दो

मणिकर्म पहुँचने का रास्ता बहुत कठिन था। सँकरी-सी सड़क, जिसके एक ओर गहरी खाइयाँ थीं। गाड़ी से बाहर झाँको तो डर लगता था। जरा-सी चूक आपको हजारों फीट गहरी खाई में फेंक सकती है। एक सुन्दर जगह का रास्ता इतना भयावह, इतना दुरूह क्यों है ? सुन्दरता तक पहुँचने के सारे रास्ते अक्सर ही बहुत दुरूह होते हैं। यह सुन्दरता जगह की हो, समाज की या रचना की। एक सुन्दर समाज तक पहुँचने का रास्ता शायद सबसे अधिक कठिन है।

हालाँकि कभी-कभी ऐसा भी होता है कि रास्तों के कठिन होने के कारण जगह सुन्दर लगने लगे। सुन्दरता का रास्ता सरल नहीं और सरलता का रास्ता सबसे कठिन है।

अन्तिम रहस्य : एक

कभी-कभी ऐसा होता है कि हम किसी रचनाकार से व्यक्तिगत रूप से भी परिचित होते हैं। हम उसकी कई कमियाँ, उसके अन्तर्विरोध, उसके व्यक्तित्व के कई खोट जान जाते हैं। उसी रचनाकार को हम उसकी रचना में देखते हैं, तो पाते हैं कि वह अपनी रचना में कुछ और है। यह बात उसकी रचना के प्रति हमारे भाव को बदल देती है।

हम इस कठिन पहेली का कुछ जल्दी में, कुछ हड़बड़ी में उत्तर पाना चाहते हैं। एक मत यह है कि रचना और रचनाकार के व्यक्तित्व में कोई सम्बन्ध नहीं। दूसरा मत रचनाकार के व्यक्तित्व और रचना के बीच सम्बन्ध को देखने पर बल देता है। मुझे लगता है दोनों ही कुछ जल्दी में हैं। दोनों को निर्णय पर पहुँचने की हड़बड़ी है। रचनाकार के व्यक्तित्व के जिन पहलुओं से आप परिचित हैं, जितना आप परिचित हैं, क्या वही उसका पूरा व्यक्तित्व है ? क्या आपने उसके अन्दर बाहर सब कुछ को जान लिया है ?

क्या एक अच्छा रचनाकार बहुत चेतस रूप से, हर बार रचना में बेईमान हो सकता है ? बेईमान अगर उसे न कहें, लेकिन क्या वह हमेशा चेतस रहकर, जीवन में जो वह है, उससे एकदम अलग हो सकता है ? अगर वह ऐसा हो सकता है, तो क्या वह रचनाकार रह सकता है ?

कहीं ऐसा तो नहीं कि रचनाकार अपने व्यक्तित्व की कमियों की क्षतिपूर्ति, अपनी रचना में करता है ?

ऐसा सब कुछ, एक हद तक हो सकता है ! शायद !

मुझे लगता है, रचना में रचनाकार का जो व्यक्तित्व है, वह अपने ही व्यक्तित्व से अर्जित व्यक्तित्व है। कवि-समय की ही तरह, कवि-व्यक्तित्व। यह उसके अपने व्यक्तित्व से निरपेक्ष या पूरी तरह स्वतन्त्र नहीं। वह स्वायत्त है। यह बहुत जटिल संरचना है। नेरूदा की एक पंक्ति है 'कविता में अवतरित मनुष्य बोलता है कि मैं अब भी एक बचा हुआ अन्तिम रहस्य हूँ।' इस अन्तिम रहस्य को जानने और समझने में थोड़े सब्र की जरूरत है।

अन्तिम रहस्य : दो

काफ्का ने पिता के नाम पत्र लिखा है कि कोई निरंकुश तानाशाह 'जो कि अपने देश की सीमाओं से बाहर हो, उसके लिए अत्याचारी होना बेमानी हो जाता है और हँसी-खुशी निचले दर्जे के लोगों में भी घुल-मिल जाता है।'

क्या यह सिर्फ उसकी अवशता है ? या व्यक्तित्व का यह दूसरा हिस्सा, जो एक सीमा के बाहर आने पर प्रकट हो सकता है, वह हिस्सा कहीं उसके व्यक्तित्व में मौजूद था ? व्यक्तित्व के कई पक्षों को प्रकट होने के लिए शायद कई तरह के वातावरण चाहिए ! सामान्य स्थिति में आप शायद साहसी हों लेकिन कठिन स्थितियों के आते ही आप बहुत दब्बू सिद्ध हों। आपातकाल में जैसा अनेक लोगों के साथ हुआ...। इससे भी किसी निर्णय पर पहुँचना गलत है। बाहरी दुर्बलता, हो सकता है आन्तरिक रूप से बहुत बड़ी ताकत हो। हो सकता है कि व्यक्ति के रूप में बहुत कमजोर दिखते, किसी रचनाकार के सर्जक-व्यक्तित्व में बहुत साहस हो।

ज्योतिष और कविता

ज्योतिष में मेरा भरोसा नहीं। लेकिन रोग-शोक, अनिश्चितता, आशंका और भय में वह हमें खींचता है। हालाँकि हम उसे भूल भी उतनी ही तेजी से जाते हैं। औरों की तो मैं नहीं कह सकता, पर मेरे साथ ऐसा ही होता है। घर में कई ज्योतिषी हैं। एक परम्परा-सी है घर में। इसलिए हो सकता है कि यह एक संस्कार हो, जो जब-तब गद्दी गाँठ लेता है। पर उसे विज्ञान या अर्ध-विज्ञान मानने के सारे तर्क और करतबों में मुझे कोई रुचि नहीं।

मुझे ज्योतिष एक फेटेंसी की तरह रोचक लगता है। वो एक ब्रह्माण्डीय फंतासी है। जो मनुष्य को पूरे ब्रह्माण्ड के बीच रखकर विचार करती है। उसमें सूरज, चाँद है, सारे ग्रह हैं जो मनुष्य पर प्रभाव डालते हैं। कौन-सा ग्रह कब क्या गुल खिलाएगा इसका अनुमान है। मनुष्य है तो इसी सृष्टि, इसी प्रकृति का अंश, इसी का उत्पाद। यह एक विराट फंतासी है। एक विराट बिम्ब।

कविता को ऐसी विराट फंतासी रचना चाहिए। मनुष्य के सुख-दुख को, उसके जीवन को एक विराट ब्रह्माण्डीय ताने-बाने के साथ गूँथ-बुनकर देखना चाहिए।

हस्तरेखा विज्ञान तो और भी दिलचस्प है। एक हथेली में पूरा ब्रह्माण्ड भी है और मनुष्य का पूरा अभ्यन्तर भी। उसका दिमाग, उसका हृदय अैर उसकी आयु। उसके रोग-शोक, प्रेम और उसकी यात्राएँ। अमूर्त-सी कटी-पिटी रेखाओं में पता नहीं क्या-क्या लिखे होने की अद्‌भुत कल्पनाएँ हैं। इस हथेली में सूर्य है, बुध है, मंगल, शुक्र, शनि, और गुरु है। वहाँ हमारी कीर्तियों और हमारे पतन की कल्पनाएँ की गई हैं। इन अमूर्त्त रेखाओं और पर्वतों से हजारों-लाखों इंटरप्रिटेशंस और अनुमान लगाए गए हैं। इस अमूर्त्तता में कल्पना के घोड़े दौड़ाने के लिए सारे क्षितिज खुले पड़े हैं। मनुष्य लेकिन किसी भी चीज को अमूर्त्त नहीं रहने देता। उसमें जानने की अद्‌भुत भूख है। नहीं जाने जा सकनेवाले भविष्य को, वह जान लिया गया बनाना चाहता है। वह अपने अनुमान को एक शस्त्र बना देता है। अमूर्त्त को मूर्त्त और मूर्त्त को अमूर्त्त बनाने की यह प्रक्रिया दिलचस्प है।

कविता को कुछ-कुछ ऐसा होना चाहिए। उसे एक ब्रह्माण्डीय यथार्थ को रचने में समर्थ होना चाहिए। उसमें सुदूर की यात्राएँ लिखी जानी चाहिए। उसे बहुत कुछ जो

गोपन है, उसकी जासूसी करनी चाहिए। जो है, जो होगा, जो हो सकता हो, उसका अनुमान करना चाहिए।

जैसे ज्योतिष, जो घट चुका और घटेगा, दोनों को समेटता है, उसी तरह कविता को भी अपने दोनों डैने फैलाकर रखना चाहिए।

कवि का निर्वासन

कवि एक दुनिया रचता है और उस सृष्टि के अस्तित्व में आते ही वह सबसे पहले उससे बाहर कर दिया जाता है। या बाहर हो जाता है। कवि अपनी सृष्टि का नागरिक नहीं हो सकता। उसका वासी नहीं हो सकता। वो तो उस कारीगर या ईंट ढोनेवाले मजदूर की तरह है जो मकान के बनते ही उस मकान से बाहर हो जाता है। दूसरा मकान बनाने। एक-एक कर अनेक रचनाएँ वह करता है और हर जगह से वह बाहर चला जाता है। लेकिन एक दिन उसकी इन सारी रचनाओं से बनी एक बड़ी दुनिया में हम बार-बार उस कवि को ढूँढ़ते हैं और कितना दिलचस्प है कि इसी में हम उसे पा भी लेते हैं...एक हद तक।

सृजन और जन्म

कला और साहित्य में सृजन के लिए कभी-कभी उन शब्दों और पदों का उपयोग किया जाता है, जो वस्तुतः जीवन के सृजन या पुनर्सृजन से जुड़े हैं। प्रसव से। किसी रचना की रचना प्रक्रिया के लिए ऐसे कथन हमेशा ही अतिकथन लगते हैं। ये भ्रामक हैं और प्रसव की प्रक्रिया और पीड़ा का अवमूल्यन करते हैं। जीवन के पुनर्सृजन की यह प्रकिया अद्वितीय है। उसके लिए बने पद किसी भी अन्य सृजन-प्रक्रिया के लिए हो ही नहीं सकते। कला या साहित्य में सृजन अक्सर ऐकान्तिक होता है। उसमें कोई हिस्सेदार नहीं। कम-से-कम प्रत्यक्ष रूप से तो नहीं। जबकि जीवन के पुनर्सृजन की प्रक्रिया में स्त्री और पुरुष का साझा है। जन्म लेनेवाले बच्चे के रूप-रंग का निर्धारण सर्जक के हाथ में नहीं है। जबकि रचना में सर्जक जैसा चाहे वैसा उसे रूप दे सकता है। दोनों स्थितियों में सर्जक की स्थिति अलग-अलग है। कला के सृजन की अपनी खुशी और अपनी पीड़ा होगी, पर वह क्या प्रसव की खुशी और पीड़ा के बराबर हो सकती है ? यह तो सम्भव नहीं। ऐसे पद सिर्फ दर्प की तरह लगते हैं। दर्पोक्तियाँ।

कई बार ऐसा होता है कि किसी लेखक या कलाकार की पत्नी झगड़ालू होती है। वह सर्जक के सृजन कर्म में बाधा पहुँचाती हैं। लड़ती है और सृजन की प्रक्रिया के बीच कभी-कभी असह्य हो जाती है। इस द्वन्द्व का क्या कारण है ? कहा जाता है कि सृजन क्योंकि स्त्री का प्राकृतिक गुण है, इसलिए उसमें ईर्ष्या या द्वन्द्व पैदा होता है। हो सकता है ऐसा कुछ हद तक हो। लेकिन यह द्वन्द्व तो गैर कलाकार पुरुषों और स्त्रियों में भी हो सकता है। होता भी है। वहाँ यह तर्क काम नहीं आएगा।

अनेक स्त्रियाँ स्वयं भी रचनाकार है। कलाकार हैं। वहाँ क्या होगा ? क्या ऐसे में उनमें अपने अन्दर ही कोई द्वन्द्व पैदा होगा ? एक अन्तर्द्वन्द्व ? अपने प्राकृतिक सृजनात्मक गुण और सृजनधर्मी कलाकार के बीच ?

जीवन के पुनर्सृजन और कला के सृजन के बीच किसी तरह की तुलनात्मक शब्दावली हो ही नहीं सकती। कई बार ऐसे पदों का उपयोग जब स्वयं सृजनधर्मी स्त्री कलाकार या रचनाकार करती है तो ताज्जुब होता है !

सनकीपन और रचना

गोर्की ने एक संस्मरण में लिखा है...कहीं !

लन्दन के एक संगीत भवन में गोर्की लेनिन के साथ गए हुए थे। वहाँ एक कार्यक्रम चल रहा था। इस कार्यक्रम में लेनिन मसखरों को देखकर बहुत खुश हुए। इस कार्यक्रम के बारे में लेनिन ने कहा कि सिनीसिज्म प्रचलित रीतियों की तार्किक असंगति को रेखांकित करके एक व्यंग्य के मकसद की पूर्ति करता है।

इसको पढ़ते हुए मुझे सबसे पहले ज्ञानरंजन की कहानी 'घण्टा' और रघुवीर सहाय की 'आत्महत्या के विरुद्ध' की कविताएँ याद आयीं।

सिनीसिज्म को हमने अक्सर एक निगेटिव चीज माना है। कला में उससे बचने की सलाहें दी जाती हैं। सिनीसिज्म का उपयोग एक सार्थक रचना में एक डिवाइस की तरह भी हो सकता है। शायद रघुवीर सहाय और ज्ञानरंजन के यहाँ यह एक डिवाइस या एक टूल की तरह इस्तेमाल होता है। लेकिन अकविता में या श्रीकान्त वर्मा के यहाँ कई बार लगता है जैसे रचनाकार खुद ही सिनीसिज्म का विक्टिम हो गया है।

प्रचलित रीतियों की तार्किक असंगतियों को रेखांकित करने की समझ और मंशा अगर सही नहीं है, तो सिनीसिज्म निषेध की ओर ले जाएगा।

वाग्मिता को देश-निकाला

मुझे लगता है कि कविता में हमने वाचिक की अधिकांश भंगिमाओं को खो दिया है। जान-बूझकर या अनजाने। पर हम उनसे दूर होते गए। होने की कोशिश करते रहे हैं। कभी-कभी एक विरोधाभास भी लगता है। कविता की भाषा जब बोलचाल की भाषा के सबसे करीब है, कविता में बोलने-चालने की भंगिमाएँ कम हो रही हैं या खत्म हो रही हैं। उत्तर-आधुनिकता में एक ओर विमर्श पर बहुत बल है, पर उसके विमर्श की पूरी भाषा बेहद जड़ और किताबी है—किताबी से भी ज्यादा शब्दकोशीय। एक ऐसे समाज में जहाँ साक्षरता का प्रतिशत बहुत कम हो, जहाँ ज्ञान और संवेदना को सघन करनेवाले शब्द को प्राप्त करने के तरीके, लम्बे समय से वाचिक रहे हों, वहाँ कविता की भाषा में दिनों-दिन, लिखी जाने की भाषा की शुष्कता और अतिरिक्त बौद्धिक प्राणायाम का बढ़ना कभी-कभी असहज-सा लगता है।

वाग्मिता को तो जैसे हमने देश-निकाला ही दे दिया है। अपनी दृष्टि में आधुनिक होने की बजाय, हम अपनी भंगिमा में आधुनिक दिखने की कोशिश कर रहे हैं। बहुत सारी कविता जो ऊपरी तौर पर बहुत आधुनिक-सी जान पड़ती है, दिखती है, अपने अन्तःकरण के स्तर पर बहुत पिछड़ी हुई और कई बार गैर आधुनिक है। यह रैडिकल होने की बजाय मात्र नास्टेलजिक है या एक भावुक से 'नोट' पर खत्म हो जाती है।

दो तरह की कविता

हमें एक तो वह कविता आकर्षित करती है जो बहुत सहज है, कुछ-कुछ अनगढ़-सी। जैसे उसे अकुशल हाथों ने गढ़ा है। जिसमें बिना काट-छाँट के, बिना तराशा-सा जीवनानुभव, बिना किसी तैयारी के, बिना कोई चुस्ती-फुर्ती दिखाए चला आया है। दूसरी ओर वह कविता भी हमें आकर्षित करती है जो बहुत गहरे बौद्धिक सवालों को उठाती है। जिसके पीछे बहुत कौशल, बहुत तैयारी होती है। एक विराट होता है जो हमारे समय को उसकी पूरी व्यापकता में समेटता है। पहली कविता के पास हम इसलिए जाते हैं कि वह हमारी स्वाभाविकता है। और दूसरी के पास इसलिए कि वह हमारी इच्छा है। हम बार-बार अपनी नैसर्गिक सरलता में, सहजता में लौटना चाहते हैं, लौटने की कोशिश करते हैं और लौटते हैं।

अनगढ़ता...मुझे लगता है जैसे वह हमारे भूगोल का संस्कार है।

बौद्धिकता की तरफ हम कभी-कभी इसलिए भी जाते हैं कि वह हमारे अहंकार को तुष्ट करती है। एक दर्परहित बौद्धिकता होनी चाहिए...पर कहाँ है वह !

रचना प्रक्रिया

हाथों से बुने गए किसी ख़ूबसूरत स्वेटर को देखकर एक पुरुष ज्यादा-से-ज्यादा उसकी तारीफ करेगा या उसे पाना चाहेगा। लेकिन एक स्त्री की प्रतिक्रिया इससे भिन्न होगी। वह उसे उलट-पलटककर यह जानने की कोशिश करेगी कि वह कैसे बनाया गया है। कितने फन्दे उल्टे, कितने सीधे हैं। कितने फन्दे घटाए गए हैं और कितने जोड़े गए हैं। उस स्वेटर को बनानेवाला व्यक्ति अगर आसपास हो और सुविधा हो तो स्त्री तत्काल उससे इस डिज़ाइन को डालने के पूरे रहस्य पूछ लेगी। रचना प्रक्रिया के बारे में जानने की यह जो जिज्ञासा है, क्या स्त्री-जिज्ञासा है ? क्या रचना प्रक्रिया को जानने की ललक एक स्त्री गुण है ? जब एक पुरुष रचनाकार रचना प्रक्रिया को जानने की कोशिश करता है तो क्या यह उसके अन्दर का स्त्री तत्त्व है, जो ऐसा करने को बार-बार उसे उकसाता है, बाध्य करता है ?

जन्म देने की पूरी रचना प्रक्रिया क्योंकि स्त्री के अन्दर घटित होती है, क्या इसलिए एक स्त्री अन्य सभी चीजों की रचना प्रक्रिया को जानने को इतनी उत्सुक होती है ? कहीं ऐसा तो नहीं कि बच्चे को जन्म देने की पूरी रचना प्रक्रिया जो स्त्री के अन्दर घटित होती है, उसे वह महसूस तो हर पल करती है, लेकिन उसे पूरा-पूरा वह जानती नहीं। वह पूरी तरह उसके नियन्त्रण में नहीं। इसलिए जो अबूझा रह गया है उसी ने उसमें दूसरी तमाम चीजों की रचना प्रक्रिया को जानने की जिज्ञासा को ज्यादा प्रबल बनाया है ? कोई पोशाक हो, कोई खाने की चीज हो, पीने की चीज हो, हर चीज की रचना प्रक्रिया को जानने की जैसी उत्सुकता एक स्त्री में होती हे, वैसी पुरुष में नहीं होती।

स्त्री जानना चाहती है और पुरुष बिना जाने ज्यादा-से-ज्यादा उसके जादू में रहना चाहता है।

समग्रता के विरोध में

कई पदों को हम कई बार बिना किसी आलोचनात्मक पड़ताल के स्वीकार कर लेते हैं और करते ही चलते जाते हैं। इसके चलते कई बार ऐसा होता है कि उस गुण या प्रवृत्ति की विपरीत प्रवृत्ति की सम्भावनाओं को हम अलक्ष्य कर जाते हैं। किसी एक गुण को हम इतना सम्पूर्ण और इतना अद्वितीय मान लेते हैं कि जब इसका विलोम हमारे सामने आता है तो उसके बारे में बोलना, हमारे अपने ही पूर्व कथन का विरोधाभास लगने लगता है। कविता में जीवन को समग्रता में देखने को हमने एक अल्टीमेट मान लिया है। हमने इस खूबी को उलट-पलटकर नहीं देखा। समग्रता के इस आग्रह के चलते कवि कई बार, बल्कि अक्सर अपने आसपास के बहुत छोटे-छोटे विवरणों, छोटे-छोटे प्रसंगों, छोटी-छोटी सच्चाइयों को अनदेखा कर जाता है। उसकी निगाह समग्रता पर होती है, जीवन की साधारणताएँ वह अलक्ष्य कर जाता है। कवि मुख्य अन्तर्विरोधों, विडम्बनाओं, समय और जीवन के बड़े प्रश्नों का एक रूपक बनाता है, यह वृहत रूपक ही हमें जीवन की समग्रता का एहसास कराता है। कवि या तो छोटे ब्यौरों की अवहेलना कर देता है या उन्हें जीवन के एक वृहत रूपक का अनुषंग बना देता है। लेकिन ऐसा करते हुए जो छूट जाता है, वह जीवन का बहुत बड़ा हिस्सा है। उसमें इतनी विविधता है कि उसे बिना सामान्यीकरण के किसी एक बड़े तम्बू के नीचे नहीं लाया जा सकता। इस तरह जीवन के बहुत सारे दृश्य हमारी रचना से अक्सर बाहर छूट जाते हैं। जीवन के बहुत सारे ब्यौरे हमारे साहित्य में दर्ज ही नहीं होते।

इधर कविता में जीवन के छोटे-छोटे ब्यौरों की उपस्थिति बढ़ी है। यह एक तरह से समग्रता की वर्चस्वता की तरफ पीठ मोड़कर दूसरे रास्तों की तलाश करने जैसा है। समग्रता के इस विखण्डन ने जीवन के छोटे-छोटे प्रसंगों, छोटे-छोटे ब्यौरों में कवि की दिलचस्पी को बढ़ा दिया है। शायद इस तरह हम अपने आसपास के जीवन को उसकी वस्तुओं, उसके रीतिरिवाजों और उसकी तमाम चकल्लसों के साथ दर्ज कर सकेंगे।

एक दिक्कत लेकिन इस नई प्रवृत्ति से भी बढ़ी है। इन ब्यौरों को जुटाने की कुछ ऐसी हड़बड़ी और होड़-सी कविता में बढ़ रही है कि शब्दों के इस झुरमुट में कविता की चिड़िया के लिए गाने की जगह निरन्तर कम होती जा रही है। साँस लेने की जगह कम हो रही है।

बहुलता विकल्पों को पैदा नहीं करती, विकल्पों का विभ्रम पैदा करती है। इस तरह

वह जनतान्त्रिक प्रक्रिया में व्यवधान बनती है। उत्तर-आधुनिकता के अन्धानुकरण ने, कई बार लगता है जैसे हमारा सन्तुलन बिगाड़ दिया है। इसलिए समग्रता के बरअक्स कविता में जीवन के छोटे-छोटे ब्यौरों के बढ़ते चले जाने की प्रवृत्ति के प्रति भी एक आलोचनात्मक जाँच-परख की जरूरत है। कभी-कभी अधिक ब्यौरे आड़ बन जाते हैं। बहरहाल इसके निषेध या स्वीकार से ज्यादा इसकी सम्भावनाओं पर विचार करने की जरूरत है, इस समय !

फैंटेसी और प्रतिरोध

अगर रचनाकार का मानस अपने समय, समाज और व्यवस्था के प्रति गहरी आलोचकीय दृष्टि से लैस नहीं है तो वह फैंटेसी की तरफ नहीं जाएगा। फैंटेसी एक आलोचकीय अन्तःकरण की अभिव्यक्ति का शिल्प है। तीव्र आलोचकीय बाध्यता ही एक खास समय में फैंटेसी की ओर जाने का रास्ता प्रशस्त करती है। ऐसा लगता है कि जब आलोचनात्मक कार्रवाई के लिए समाज में और रचना में स्पेस कम होने लगता है या असम्भव हो जाता है तो रचना अपने लिए फैंटेसी का रास्ता तलाश करती है। जरूरी नहीं कि ऐसा सिर्फ तानाशाही के दौरान ही हो, कभी-कभी सत्ता ऐसा प्रभामण्डल तैयार कर लेती है कि समाज में व्यापक रूप से उसके प्रति एक मुग्धता का भाव बन जाता है, जैसा स्वाधीनता के बाद हुआ। यह स्थिति भी आलोचना के विवेक को कुन्द कर देती है या उसे अविश्वसनीय बना देती है...शायद यही कारण है कि आजादी के बाद के एक-डेढ़ दशक में फैंटेसी का प्रयोग ज्यादा दिखाई देता है।

मुझे लगता है फैंटेसी एक ऐसा सब्जेक्टिव फॉर्म है जो खास समय में ऑब्जेक्टिव रियलिटी को, वस्तुनिष्ठ यथार्थ को, व्यक्त करने में सबसे ज्यादा समर्थ होता है।

'असाध्य वीणा' वात्स्यायन जी के कविता संसार में लगभग अपवाद की तरह है। वह एक दार्शनिक निष्कर्ष को पाने के लिए रची गई एक रूपक कथा ही ज्यादा लगती है। वात्स्यायन जी का मानस, एक आलोचक-मानस नहीं है। हमारे जीवन की विडम्बना और विरोधाभासों, व्यवस्था के अँधेरे कोने-कुचालों को देखने-दिखाने की उत्कट इच्छा उनकी कविता में कम ही है, कम-से-कम मुक्तिबोध की तरह तो बिल्कुल ही नहीं है। इसलिए फैंटेसी मुक्तिबोध के लिए बाध्यता है और वात्स्यायन जी के लिए मात्र एक प्रयोग।

अल्पसंख्यक का भय और फैंटेसी

हमारे समाज में कई माइनरटीज़ हैं। मुसलमान लेकिन सबसे बड़ा अल्पसंख्यक समुदाय है। बहुसंख्यक समुदाय का उसके साथ सबसे ज्यादा टकराव होता है। इसलिए असुरक्षा का भाव भी इसमें सबसे गहरा है। विभाजन के बाद बहुसंख्यक समुदाय को यह सुविधा मिल गई कि वह इस अल्पसंख्यक समुदाय के किसी भी व्यक्ति को सन्देह के घेरे में मान ले। एक ऐसा कामनसेंस बहुसंख्यक समुदाय पैदा करता रहा है जो इस पूरे अल्पसंख्यक समुदाय को सन्देहास्पद करार देता है। इसके सामाजिक, राजनीतिक और आर्थिक कारणों की कई व्याख्याएँ हुई हैं। लेकिन असुरक्षा की इस स्थिति ने इस अल्पसंख्यक समुदाय के लेखक के लिए कई किस्म की पेचीदगियाँ पैदा की हैं। वह खुलकर व्यवस्था की आलोचना करने या प्रतिरोध करने में हिचकिचाता है। उसके लिए देश और व्यवस्था दोनों का अर्थ एक कर दिया गया है। उसके व्यवस्था विरोध को कभी भी देशद्रोह की संज्ञा दी जा सकती है। इसलिए वह राजनीतिक आलोचना से कतराता है कि कहीं उसे गलत न मान लिया जाए। वह कई बार (हमेशा नहीं) भय के कारण अपनी अल्पसंख्यक कम्यूनल शक्तियों का समर्थन करता है लेकिन अपने नागरिक विवेक के साथ वह अक्सर ही सैक्यूलर शक्तियों का समर्थक होता है। क्योंकि एक सैक्यूलर स्थिति उसकी सुरक्षा के लिए सबसे उपयोगी होती है।

सबसे बड़ी समस्या उस लेखक की है जो अल्पसंख्यक समुदाय से आया है और अपनी सोच-समझ के साथ व्यवस्था विरोधी भी है। वह रचना में इस विरोध से या तो कतराने की कोशिश करता है या व्यवस्था की मनुष्य विरोधी नीतियों की आलोचना के लिए कई किस्म के आवरणों और डिवाइसेस का उपयोग करने को बाध्य होता है। बहुसंख्यक समुदाय और उसकी शक्तियों के पाखण्ड की आलोचना वह इसलिए नहीं कर पाता कि उसे गलत समझ लिया जाएगा और अल्पसंख्यक समुदाय की आलोचना वह इसलिए नहीं कर पाता कि वह समुदाय अपनी सुरक्षा के चलते इसकी इजाजत अपने लेखक को नहीं देता। कई बार इस स्थिति से एक अलग किस्म का पाखण्ड भी पैदा होता है जिसमें बहुसंख्यक समुदाय का लेखक अपने समुदाय को बुरा कहता है और अल्पसंख्यक समुदाय को पूरा अच्छा मानकर चलता है। यह प्रवृत्ति दोनों समुदायों में मिलती है। इन स्थितियों में एक अल्पसंख्यक समुदाय का लेखक अक्सर फैंटेसी की तरफ जाता है। क्या फैंटेसी की तरफ जाने का कारण 'सेंस ऑफ इंसीक्योरिटी' से पैदा

हुआ भय है ? मुझे लगता है भय और फैंटेसी में भी एक अजीब रिश्ता है। मुक्तिबोध के शीजोफ्रेनिक होने और उनके फैंटेसी की तरफ जाने में क्या कोई सम्बन्ध नहीं है ? मुझे लगता है बहुसंख्यक समुदाय अपनी आक्रामकता से अल्पसंख्यक समुदाय में एक किस्म का कम्यूनिटी-शीजोफ्रेनिया पैदा कर देता है। भय और व्यवस्था की मनुष्य विरोधी गतिविधियों की आलोचना और अपनी राजनीतिक दृष्टि से पैदा हुए विवेक और सृजनात्मक बाध्यता, अल्पसंख्यक समुदाय के लेखक को बहुत बार फैंटेसी की तरफ ले जाता है। इसलिए व्यवस्था विरोध के उनके औजार अक्सर अप्रत्यक्ष और एक हद तक अमूर्त्त होते हैं।

कट्टरवाद चाहे सम्प्रदाय विशेष का हो या व्यवस्था का, उसके विरोध में खड़ा रचनाकार एक स्तर पर अल्पसंख्यक ही होता है। इसलिए ऐसी स्थिति में जब अभिव्यक्ति की स्वतन्त्रता बाधित होने लगती है और सत्ता के हाथ में अपरिमित शक्ति केन्द्रित हो जाती है तो फैंटेसी और फैंटेसी के विविध कौशलों का उपयोग बढ़ जाता है।

फैंटेसी वस्तुतः मनुष्य का प्रतिरोध है।

जादुई भाषा

हर कवि एक मौलिक और जादुई भाषा अपनी रचना के लिए पाना चाहता है। जीवन प्रकृति और भाषा की पूर्व परम्परा से...या जहाँ से मिले उस स्रोत से, वह उसके लिए ईंट-गारा चुनता है। लेकिन कभी-कभी सन्तुलन गड़बड़ा जाता है और उसके अतिरंजित प्रयास भाषा को एक करतब में बदल डालते हैं। ये प्रयोग एक आतिशबाजी की तरह होते हैं। वे चुँधियाते हैं, चौंकाते हैं लेकिन जल्दी ही बुझ जाते हैं। हल्का-सा धुआँ और तेज रोशनी के अचानक बुझ जाने से बना धुँधलका बाकी बचता है, कुछ देर तक। इस तरह की भंगिमाएँ भी लेकिन निरर्थक नहीं होतीं। वे भाषा में कुछ जोड़ती हैं। भाषा में की गई तोड़-फोड़, अराजकता, एक नई भाषा को जन्म देती है। ऐसी घटना बहुत हद तक उस लिजलिजेपन से छुटकारा भी देती है जिससे हम मोहवश या एक लिहाज के कारण अर्से तक चिपके रहते हैं। अकविता और अकहानी के दौर ने यह काम कई स्तर पर किया। भाषा और शिल्प के अलावा उसने तो मूल्य के स्तर पर भी बहुत बड़ी तोड़-फोड़ की। उसकी सार्थकता बहुत सारे पुराने पड़ गए मोह और मूल्यों से छुटकारे में देखी जानी चाहिए।

भाषा को नया करने की कोशिश, उसे ऑक्सीजन देने की कोशिश में अनेक रचनाकार अपना काम करते हैं, लेकिन हमारी भाषा में ऐसे अल्पज्ञात रचनाकारों की स्मृति को सहेजने की कोई कोशिश नहीं। हम कृतज्ञता को व्यक्त करने में कृपण हैं। भाषा में किए गए अतिवादी प्रयोग या उत्पात एक समय के बाद चाहे नकार दिए जाते हों, पर धीरे-धीरे वे आगे चलकर भाषा में अपना विलयन करते जाते हैं और तब वे अलग से दिखाई नहीं पड़ते, वे भाषा का हिस्सा बन जाते हैं। इस तरह एक भाषा नई होती चलती है।

हम करतब को करतब की तरह नहीं, एक योग की तरह देखकर ही उसे स्वीकार कर पाते हैं। यह हमारी कमी है, रचनाकार या प्रयोगकर्ता की नहीं।

लेखक की यात्राएँ

लेखक मुख्य रूप से दो तरह की यात्राएँ करता है। बाहर की यात्राएँ और भीतर की यात्राएँ। जो लेखक यायावर होते हैं, घुमक्कड़ किस्म के होते हैं, उनकी रचना में अक्सर दृश्य अधिक होता है। जीवन के राग-रंग और चरित्र अधिक होते हैं। उनकी कविता में एक ऐसा सार्वजनिक स्पेस होता है जहाँ बिना रोक-टोक के लोग आते-जाते रहते हैं। उनकी भाषा में भाषा की भंगिमाएँ अधिक होती हैं। ध्वनियाँ अधिक होती हैं। इसके बरअक्स जो रचनाकार घुमक्कड़ किस्म के नहीं होते, जिनमें बाहरी भटकन कम होती है, उनमें विचार का प्रतिशत अधिक होता है, वहाँ भाषा और शिल्प का निजी मुहावरा ज्यादा सघन और ज्यादा निजी होता है। उस मुहावरे से वे अक्सर बाहर नहीं आते। आते भी हैं तो उससे बहुत दूर न जाकर उसी के आसपास बने रहते हैं। इस मुहावरे पर उनका जोर अधिक होता है। ऐसे रचनाकार अपने निजी मुहावरे के कारण ही जाने जाते हैं। ऐसे रचनाकार अपने मुहावरे को बार-बार दोहराते हैं। उनमें मैनेरिज़्म के खतरे अधिक होते हैं।

घुमक्कड़ रचनाकारों के विचार जीवनोन्मुख अधिक होते हैं जबकि जो घुमक्कड़ नहीं हैं उनके विचार दर्शनोन्मुख ज्यादा होते हैं। घुमक्कड़ रचनाकार थोड़ा लापरवाह होता है जबकि जो घुमक्कड़ नहीं वह अधिक सतर्क होता है। किसी खास मानसिक स्थिति में वह निरपेक्ष हो सकता है, निःसंग भी हो सकता है लेकिन घुमक्कड़ रचनाकार के लिए निरपेक्ष या निःसंग होना सम्भव नहीं। रचनाकार की घुमक्कड़ी सधुक्कड़ी यात्रा नहीं है।

घुमक्कड़ी व्यवस्थित रूप से, तमाम सहूलियतों के साथ की गई यात्रा नहीं है। यह टूरिस्ट होना नहीं है। इस तरह की यात्राओं से बननेवाली कविताओं की भी एक बड़ी तादाद है। हिन्दी में ही नहीं बाहरी भाषाओं के लेखकों ने भी ऐसी ढेर कविताएँ लिखी हैं। कोई विदेशी कवि जब हमारे देश में बिताए दिनों के बारे में कविताएँ लिखता है तो हम उसके प्रति अजीब-सी कृतज्ञता से भर उठते हैं। ऐसी कविताएँ दूसरे देशों की यात्राएँ करनेवाले हिन्दी के भी अनेक कवियों ने लिखी हैं। ये कविताएँ एक हल्की-सी जानकारी-भर उन जगहों के बारे में देती हैं, जहाँ रचनाकार गया है। लेकिन उस जगह से रचनाकार का कोई सघन रिश्ता इन कविताओं में नहीं बनता। बल्कि एक रिश्ता जो रचनाकार बताने की कोशिश करता-सा लगता है, वह भी एक भावनात्मक-सा या

गढ़ा हुआ रिश्ता भर ही है। प्रायोजित यात्रा का प्रायोजित रिश्ता।

घुमक्कड़ी के लिए एक अलग किस्म की मानसिक बनावट चाहिए। जरूरी नहीं कि घुमक्कड़ व्यक्ति हमेशा दूर-दूर की यात्राएँ ही करे। अपने ही शहर में भटकता रहनेवाला भी घुमक्कड़ हो सकता है। कई बार यह जरूर लगता है कि घुमक्कड़ रचनाकार में कलात्मकता के प्रति वैसी सजगता और धैर्य नहीं होता जैसा उस रचनाकार में होता है जो घुमक्कड़ नहीं है। शायद दोनों की सौन्दर्य दृष्टि और सौन्दर्य के उपकरण भिन्न होते हैं। घुमक्कड़ व्यक्ति अपनी बेचैनी के चलते विचार की आन्तरिक तहों में धँसने से भी कई बार बचता हुआ-सा लगता है।

कई बार जब पाँव थकने लगते हैं अन्दर की यात्राएँ बड़ी होने लगती हैं।

अड्डेबाजी का अन्त : एक

लेखकों के बीच अड्डेबाजी का विदा गीत लगभग गाया जा चुका है। शहरों के कॉफी हाउस या किसी खास चाय-घर में अब लेखक नहीं बैठते। कुछ अपवाद हो सकते हैं, जहाँ टूटी-बिखरी-सी मुलाकातें बची हों। मुझे लगता है यह एक बड़ा कारण है जिसके चलते लेखकों के बीच सम्बन्ध दिनोंदिन छीज रहे हैं। उनमें ताप नहीं है, मात्र औपचारिकताएँ हैं। पहले कॉफी हाउस या चाय-घर ऐसे अड्डे थे जहाँ काटीकूटी के बावजूद एक गर्माहट थी। 'हमाम कदीमी गरम हो रहा है' जैसा बोर्ड कॉफी हाउसों के बाहर भी लगाया जा सकता था। इन अड्डों और अड्डेबाजी के चलते एक स्तर पर विरेचन लगातार होता रहता था।

दिल्ली में कनॉट प्लेस के कॉफी हाउस के तोड़े जाने के पीछे छिपी मंशाओं का गम्भीर विश्लेषण किया जाना चाहिए। ये सिर्फ साहित्य या संस्कृति की अन्दरूनी पोलेमिक्स के अड्डे भर नहीं थे। अगर दिल्ली का कॉफी हाउस मात्र उस जगह पर एक भूमिगत बाजार बनाने के लिए ध्वस्त किया गया, तो भी एक अड्डेबाजी की, विमर्श की, बहस-मुबाहिसों की जगह को तोड़कर उसको एक बाजार बना दिया जाना भी हमारे समय का एक बहुअर्थी बिम्ब है। इस तरह हमने बौद्धिक विमर्श की जगह पर एक बाजार को रख दिया है।

यह मात्र एक कॉफी हाउस के टूटने की घटना नहीं है। जहाँ कॉफी हाउस नहीं टूटे वहाँ भी वे सूने हो चुके हैं। पहले की तरह लेखकों की अड्डेबाजी वहाँ नहीं होती। कभी-कभार ही लेखक अब ऐसी जगहों पर मिलते हैं। अब अधिकांशतः मिलना-जुलना सेमीनारों और गोष्ठियों में होता है। बल्कि यह भी कहा जा सकता है कि अधिकांश गोष्ठियाँ या सेमीनार लेखकों के आपस में मिलने का बहाना बनकर रह गए हैं। बहुत बार यह जुमला किसी भी कार्यक्रम में आपके कान में पड़ सकता है...मैं तो इसलिए चला आया कि एक साथ बहुत सारे लोगों से मिलना-जुलना हो जाएगा। शायद इसीलिए गोष्ठियों में होनेवाली बहसों को लेखक बहुत चलताऊ अन्दाज में...केजुअली लेते हैं। कई महत्त्वपूर्ण लेखक भी ऐसी गोष्ठियों में बिना किसी तैयारी के लगभग मिलने-जुलने के अन्दाज में आते हैं। गोष्ठियों में बोलने के नाम पर मात्र औपचारिकता निभा दी जाती है। अन्दर बहस चल रही होती है और लेखक बाहर गप्पें लगा रहे होते हैं। अगर ये जगहें भी खत्म हो गईं तो लेखकों के बीच बचे-खुचे सम्बन्ध भी शायद खत्म होते

जाएँगे। लेखकों की दुनिया के गासिप्स फिर कहाँ बनेंगे और कहाँ सुनाए जाएँगे ? कौन कहेगा और कौन सुनेगा ? विरेचन की इस प्रक्रिया का अन्त लेखकों में कुण्ठाओं और गलाकाट कैरियरिज़्म और जोड़-तोड़ को विकसित नहीं करेगा तो और क्या करेगा ? ह्यूमर के लिए स्पेस का लगातार कम होते जाना धीरे-धीरे हमारी लड़ने की ताकत को भी चुरा लेगा। अड्डेबाजी का अन्त रचना और भाषा दोनों में ही एक किस्म की मनहूसियत को बढ़ा रहा है। मजा खत्म हो रहा है।

अड्डेबाजी का अन्त : दो

आलोचना के क्षेत्र में यह सन्नाटा क्यों है ? किसी नए आलोचक के आने की आहट नहीं। आलोचना का इकलौता पुरस्कार देने के लिए कोई कृति नहीं। विचारों में एक अजीब ठहराव-सा है। नए आइडियाज़ नहीं, नए विचार नहीं। वैचारिक गतिविधियाँ जैसे स्थगित-सी हो गई हैं। प्रायोजित बहसें खड़ी की जाती हैं और वे भी चार कदम चलकर दम तोड़ देती हैं। विचारों का कोई टकराव नहीं। विचारधारात्मक द्वन्द्व एकाएक खत्म हो गए-से क्यों लग रहे हैं ? हर बहस को हम टरका देने की कोशिश करते क्यों दिख रहे हैं ? क्या हम एकाएक बहसों से घबराने लगे हैं या सारी बहसों को हमने निरर्थक मान लिया है ? खुली बहसें जब खत्म होने लगती हैं तो कुटिल कानाफूसी उसकी जगह ले लेती है।

अड्डेबाजी के अन्त का शायद सबसे बुरा प्रभाव हमारी आलोचना पर हुआ है। इलियट ने आलोचना के लिए अध्ययन गोष्ठियों और ब्राउनिंग स्टडी सर्किल्स के महत्त्व को स्वीकार किया है। हमारे यहाँ भी यह माना जाता रहा है कि भामह और दण्डी के ग्रन्थों के पीछे विदग्ध गोष्ठियों की बहुत बड़ी भूमिका थी। अड्डेबाजी में होनेवाली बहसें, गप्पें और चुहल भी कई बार नए विचारों को पैदा करती हैं। विचारों की दुनिया अगर बहुत किताबी हो रही है या पश्चिम की अवधारणाओं और शब्दावली पर इतनी ज्यादा आश्रित दिख रही है तो इसका कहीं-न-कहीं एक कारण बहसों की जगहों का खत्म हो जाना भी है।

अड्डेबाजी के अन्त ने लेखक को सूमड़, कान का कच्चा और अपनी आलोचना और मजाक के प्रति बहुत अनुदार बनाया है।

तकनीक और कला

विटगैंसटाइन ने कहीं लिखा है कि 'यह अजीब लक्षण है कि जब संगीत के उपकरणों की तकनीकें बहुत बेहतर हुई हैं तब अच्छा संगीत बजानेवाले निरन्तर कम हुए हैं।' क्या तकनीक के विकास के साथ कला का, कल्पना का ह्रास होता जाता है ? कम साधनों के बीच आप ज्यादा काम कल्पना से लेते हैं। कौशल का ज्यादा इस्तेमाल करते हैं। कथ्य पर तब ज्यादा ध्यान जाता है। उसकी कथा पर, उसके माधुर्य पर, उसकी लय पर, उसके शब्दों आदि पर। लेकिन ज्यों-ज्यों तकनीकी विकास होता जाता है, तो प्रयोगधर्मिता फॉर्म में बढ़ती है। हम तकनीक से चौंकाना चाहते हैं, बाँधना चाहते हैं। एक तरह का प्रदर्शन बढ़ता जाता है। विनम्रता कम होने लगती है। हम जोर से बोलने लगते हैं, अधिक विश्वास और अधिक दर्प के साथ। तकनीक से साहस ज्यादा आ जाता है। वह अण्डरटोन नहीं बचती, जो कम तकनीक के समय थी। पुरानी फिल्मों और नई फिल्मों को देखें, तो यह फर्क दिखेगा। कम तकनीक से चार्ली चैप्लिन पैदा होते हैं। मतलब यह नहीं कि उन्नत तकनीकें बड़े कलाकार पैदा नहीं करतीं। लेकिन सहजता और कच्चेपन का ह्रास तो होता ही है। उन्नत तकनीकें फार्मिलिस्ट रुझानों की ओर आकर्षित करती हैं...बाकी भूमिका तो इंडिविज्युअल की...व्यक्ति की होती है, उसकी सोच और समझ की।

नदी और जल

एक ने कहा कि यह नदी एक प्राचीन नदी है। इसका महात्म्य बहुत ऊँचा है। पुराणों में इसका उल्लेख है। वह इसीलिए हर बार यहाँ आता है।

दूसरे ने कहा नदी प्राचीन होगी। पर इसका जल तो ताजा है और लगातार बहता हुआ है। पहले ने कहा कि लेकिन महात्म्य तो नदी की प्राचीनता का है।

दूसरे ने पूछा अगर इसमें यह ताजा और निरन्तर बहता हुआ पानी नहीं होता, तब भी क्या तुम इसकी प्राचीनता और इसके पौराणिक महात्म्य के पास आते ?

पहला थोड़ा उलझन में पड़ा, फिर उसने कहा शायद नहीं आता। मैं कोई पुरातत्ववेत्ता नहीं हूँ जो ऐसी किसी खोज के लालच में यहाँ आता।

पर मैं सोच रहा था कि अगर सिर्फ ताजा और बहता पानी होता, तब भी क्या लोग उसी तरह आते ? मुझे लगता है लोग जल के पास, वो कहीं हो हमेशा आते ही हैं। तब भी वे आते, पर शायद किसी खास भावना के साथ नहीं। मात्र जरूरत के तहत आते। जैसे वे कई जलकुण्डों और जलाशयों के पास आते हैं। हालाँकि इसी तरह किसी जलाशय के पास निरन्तर जाते हुए, एक दिन वे उसका गुणगान करना शुरू कर देते हैं। उसे मिथक में बदल देते हैं। शायद इस तरह वह जल का कर्ज चुकाते हों।

प्राचीनता की प्रासंगिकता के लिए उसमें जीवन की हलचल और निरन्तरता की जरूरत है। अगर ऐसा नहीं होगा तो उसके पास शोधार्थी भले जाए, साधारण जन नहीं जाएगा। उसके लिए परम्परा और तात्कालिकता और निरन्तरता तीनों जरूरी हैं।

नदियों से मनुष्य का रिश्ता सबसे पुराना है। उसने नदियों का दोहन ही नहीं किया, उसके किनारे सभ्यता ही नहीं बसी, उसने नदियों को नाम दिए, उनके महात्म्य गाए। उन्हें हमारी स्मृति का हिस्सा बनाया। जो नदियाँ सूख गईं, जिनके अवशेष अब तक नहीं मिलते, उनके भी नाम, उसने अपनी भाषा में बचाए रखे।

रंगों के बारे में

कला में अमूर्तन कई बार रंगों के उत्सव की तरह लगता है। आवेग और गति की तीव्रता में आकृतियों और आकारों का विलोपन होता जाता है। रंग प्रदत्त आकृतियों का अतिक्रमण करने लगते हैं जैसे वे अपने को आरोपित आकृति से मुक्त करना चाहते हैं। रंग जैसे आकृति का उपनिवेश बनने को तैयार नहीं। जैसे कथानक या भाव का आन्तरिक आग्रह और आवेग कई बार विधा की निर्धारित संरचनाओं को बदल देता है, तोड़ देता है। कला में लेकिन रंग अपने को एक निर्धारित स्पेस में ही मुक्त कर सकते हैं। उन्हें एक व्याकरण से मुक्त होकर अपनी दूसरी व्याकरण बनानी होती है। शिल्प चित्र की तरह आकृति से मुक्त नहीं हो सकता। उसकी अमूर्तता की एक सीमा है। शब्द से बनी रचना अर्थ और आकृतियों से अपने को रंग की बनिस्बत कम स्वतन्त्र कर पाती है। रंग की भाषा इस अर्थ में असीमित है।

सृष्टि में दो ही रंग हैं, हरा और भूरा जो सबसे अधिक दिखाई देते हैं और ये दोनों मूल रंग नहीं हैं। ये तो मिलकर बने रंग हैं। बाकी रंग इन दो रंगों के बीच ही अपनी जगह बनाते हैं। सृष्टि में रंग एक आकृति के भीतर रहता है लेकिन कलाकार अपनी सृष्टि में उसे आकृति से मुक्त कर देता है। रंगों का इस्तेमाल करने में एक बच्चा और एक बहुत समर्थ कलाकार एक जैसे होते हैं। बच्चा शायद रंगों की एक स्वतःस्फूर्त-सी समझ से काम लेता है। या यह भी हो सकता है कि वह एकदम अनजाने ही रंगों को एक-दूसरे के निकट लगा देता है। एक बहुत समर्थ कलाकार बहुत बार रंगों की व्याकरण को बहुत ज्यादा जानने के कारण या उसे तोड़ सकने के साहस के कारण भी रंगों के कई अद्भुत संयोजन कर देता है।

कभी-कभी लगता है कि एक स्तर पर बहुत ज्यादा जानना और एकदम नहीं जानना किसी एक बिन्दु पर लगभग एक ही जैसे होते हैं। एक व्यक्ति बहुत कुछ जानकर जिस जगह पहुँचता है, एक दूसरा व्यक्ति वहाँ कुछ भी नहीं जानकर पहुँच जाता है। इस पहेली को ज्ञान के विरोध में रखने से या किसी खास तर्क से हल करना सम्भव नहीं।

केन्द्र और परिधि

हम अक्सर सोचते या बोलते हुए केन्द्र और परिधि का इस्तेमाल अपनी सुविधा से करते हैं। हम अक्सर मानते हैं कि समाज का जो सबसे गरीब व्यक्ति है वह परिधि पर रह रहा व्यक्ति है, ऐसा कहते हुए हम यह मान लेते हैं कि हम या ताकत के तन्त्र में बैठा व्यक्ति वस्तुतः हमारे समाज के केन्द्र में है। सोचने का ढंग ताकत की तरफ से सोचने का ढंग है। वास्तविक ताकत और नकली ताकत के बीच यही फर्क है। वास्तविक ताकत कभी नहीं जानती या जान पाती कि वह ताकत है। उसे उसकी ताकत का अहसास दिलाना बहुत कठिन काम है। नकली ताकत वास्तविक ताकत की इस कमजोरी को जानती है इसलिए वह आसानी से वास्तविक ताकत की जगह ले लेती है। वास्तविक ताकत के एवज ताकत हासिल कर लेनेवाली यह शक्ति अपने चरित्र में हमेशा ही वास्तविक ताकत की विरोधी होती है। वह वास्तविक ताकत के विरुद्ध काम करते हुए बार-बार और बहुत ऊँची आवाज में यह अहसास कराती रहती है कि वह वास्तविक ताकत के हित में ही काम कर रही है।

गांधी जी का एक महत्त्वपूर्ण कथन है कि **हिन्दुस्तानी महासागर के किनारे पर ही मैल जमा है बाकी करोड़ों तो सही रास्ते पर ही हैं, उन्हें न अंग्रेज गुलाम बना सके, न आप गुलाम बना सकेंगे** यह ढंग पहलेवाले ढंग से एकदम विपरीत है। यह इस समाज के सबसे गरीब व्यक्ति को ही केन्द्र में मानता है। वह उसके स्वतन्त्र रहने की क्षमता को जानता है। स्वतन्त्र रहने की यह आन्तरिक क्षमता सम्भवतः उसकी श्रम चेतना का हिस्सा है। उसे शारीरिक रूप से गुलाम बनाया जा सकता है लेकिन मानसिक रूप से और आत्मिक रूप से वह स्वतन्त्र है। उसकी अपनी आवश्यकताएँ इतनी कम हैं कि वह दूसरे के वैभव से आक्रान्त नहीं होता। उसमें ताकत प्राप्त करने की चाह नहीं है बल्कि एक हद तक वह ताकत प्राप्त करने से बचने की कोशिश करता है। ताकत के प्रति इस अनिच्छा में ही उसकी वास्तविक ताकत और स्वतन्त्रता का निवास है, मध्यवर्ग और उच्च वर्ग के लालच बड़े हैं इसलिए वह जल्दी पराधीन हो जाता है। वह शारीरिक रूप से गुलाम बनाए जाने के विरुद्ध होता है लेकिन मानसिक और आत्मिक गुलामी से अपने को मुक्त करने की क्षमता उसमें नहीं होती या वह उसका इस्तेमाल नहीं करना चाहता। उसकी ताकत हासिल करने की तीव्र लालसा

उसे ताकत के अधीन करती जाती है।

वास्तविक ताकत या बाकी करोड़ों को अपनी स्वतन्त्रता को अर्जित नहीं करना होता है वह स्वाभाविक रूप से स्वतन्त्र होते हैं। वे ताकत की लालसा से स्वतन्त्र होते हैं इसलिए ताकत की धौंस-धपट से भी स्वतन्त्र होते हैं।

हाशिया याने

हाशिया क्या एक अतिविशिष्ट जगह नहीं है ? वह उस पृष्ठ की तरह नहीं जहाँ हजारों शब्द और वाक्य उपस्थित हैं। वह एक खाली जगह है। कई बार लाल रेखा द्वारा बाकी पृष्ठ से अलगाई हुई। उसमें केवल अतिविशिष्ट टीपें ही अक्सर लिखी जाती हैं। कभी-कभी वाक्य के बीच छूट गया कोई क्रिया पद या सहायक क्रिया या कोई शब्द छूटी हुई जगह पर इंगित करके हाशिए पर लिख दिया जाता है।

हाशिया ही वह जगह है जहाँ से पाठक पृष्ठ को पकड़ता है। पाठक की उँगलियों के लगातार स्पर्श में रहनेवाला हिस्सा आखिरकार हाशिया ही तो है। प्रूफ पढ़ते हुए इस हाशिए पर ही तो पृष्ठ पर लिखी इबारतों में हुई सारी गलतियों को ठीक करने के निर्देश दिए जाते हैं। वह निर्देश देने की जगह है।

हाशिया वह जगह है जो कोरी होती है। पृष्ठ की लिखावट से थकी आँख जहाँ एक अवकाश, एक राहत प्राप्त करती है। वह खाली जगह है इसलिए उसमें अपरिमित सम्भावनाएँ हैं। उसे एक उपेक्षित जगह की तरह देखने को मेरा मन नहीं करता। लिखना सीखने की शुरुआत का पहला निर्देश यही होता है कि हाशिया छोड़कर लिखो।

वह एक ऐसी जगह है जिसमें तुम हर कुछ नहीं लिख सकते। हमारी भाषा में वह बाएँ हाथ की तरफ छोड़ी गई ऐसी जगह है जो दाहिने हाथ के सारे किए-धरे पर आँख रखे रहती है।

चुटकुले में प्रतिरोध

चुटकुले प्रतिरोध का एक अद्‌भुद अस्त्र हैं। उनकी अपनी संचार व्यवस्था है। वे पकड़ में न आनेवाले, न जाने किन रास्तों से यात्राएँ करते हैं और सबसे तीव्र गति से एक जगह से दूसरी जगह पहुँच जाते हैं। कई बार तो एक देश से दूसरे देश तक। अभिव्यक्ति के साधनों पर जब सत्ता का अंकुश बहुत सख्त हो जाता है और लोहे के पर्दों को भेदकर किसी भी बात का बाहर जाना लगभग असम्भव नहीं तो कम-से-कम बहुत कठिन हो जाता है तब भी उस सत्ता का मखौल उड़ाते और जन भावनाओं को व्यक्त करते चुटकुले हर बाधा को भेदते हुए एक से दूसरे व्यक्ति तक और एक से दूसरी जगह तक फैल जाते हैं।

हँसी आदमी की एक बहुत बड़ी ताकत है। चुटकुले की भी यही ताकत है। उसमें हँसने और हँसा सकने का स्वाभाविक गुण होता है। आपातकाल में जब प्रतिरोध के सारे रास्ते बन्द हो गए। जब बोलने और लिखने के भी तमाम साधनों पर पाबन्दी लग गई। तब सत्ता के बारे में बनाए जा रहे चुटकुले पान-बीड़ी की दुकानों और चायघरों में सुनाई पड़ने लगे। इनमें जनता के गुस्से और घुटन को बहुत साफ तरह से सुना जा सकता था। उन चुटकुलों ने जनता के मन को उस दौर में जो तसल्ली दी होगी उसका अनुमान चाहे न लगाया जा सके लेकिन जनता के मानस को बनाने में जो उनकी भूमिका रही होगी उसे बाद के चुनाव परिणामों से समझा जा सकता है। चुटकुले ऐसे बन्द समाज में एक बड़ी भूमिका अदा करते हैं। कभी-कभी मुझे लगता है कि अगर चुटकुले ऐसे समय न हों तो आबादी का एक बड़ा हिस्सा पागल हो सकता है या दिमाग की नसें फटने से मर भी सकता है। सत्ता के विरुद्ध पनपनेवाले चुटकुलों से यह जाना जा सकता है कि वह समाज कितना बन्द है। जब दबाव अधिक होंगे तो चुटकुले भी अधिक होंगे। तानाशाही के दौर में सबसे अधिक चुटकुले बनते हैं।

मनुष्य की यह बहुत बड़ी ताकत है कि वह हर अन्याय, अत्याचार और आतंक को एक स्तर पर ले जाकर चुटकुले में बदल देता है। वह सत्ता के द्वारा खड़ी की गई पाबन्दियों का जब सीधा प्रतिरोध नहीं कर पाता तो, उसे हास्यास्पद बना देता है। चुटकुले ऐसी स्थितियों को हास्यास्पद बना डालने का काम करते हैं। बहुत बड़े आतंक और अमानवीय कृत्य बहुत दिनों तक चुटकुलों और प्रहसनों में रूपान्तरित किए जाते रहते हैं। चार्ली चैपलिन की ग्रेट डिक्टेटर से लेकर शुद्ध बम्बइया फिल्म शोले तक न

जाने कितनी बार हिटलर को हास्यास्पद बनाने का काम फिल्मों ने किया है। यह प्रतिरोध भी है और प्रतिशोध भी।

चुटकुलों की बहुत बड़ी शक्ति का दुरुपयोग भी बहुत बड़े पैमाने पर होता है। वे एक गलत किस्म का कॉमनसेंस बनाने के काम भी आते हैं। प्रतिरोध के चुटकुलों जैसी शक्ति इन चुटकुलों में नहीं होती लेकिन साम्प्रदायिक विचारों, स्त्री विरोधी विचारों और जाति विशेष के मजाक उड़ानेवाले चुटकुले भी बहुत बड़ी मात्रा में समाज में रोचक रूप से फैलाने का काम पत्र-पत्रिकाएँ करती हैं। लगभग सभी पत्रिकाएँ चुटकुले के कॉलम छापती हैं। पार्टी जोक्स जैसी ढेर सारी रंगीन किताबें हर बुक स्टॉल पर मिल जाती हैं, लेकिन किसी भी पत्रिका में उन चुटकुलों को छापने का साहस नहीं मिलेगा जो सीधे-सीधे सत्ता के चरित्र पर चोट करते हैं। उस तरह हालाँकि यह बात भी चुटकुलों में छिपी प्रतिरोध की शक्ति को ही प्रमाणित करती है।

कुछ टिप्पणियाँ

अपने समय का रूपक खोजती कविता

आज की कविता संक्रमण के समय का रूपक है कहने की बजाय यह कहना ज्यादा सही होगा कि अपने समय के मेटाफर को तलाशती यह एक संक्रमण की कविता है। अपनी मनोगत क्रान्तिधर्मी चेतना के चलते जो अन्तिम रूपक नक्सल कविता ने अर्जित किया था उसे नक्सल विद्रोह के बिखराव और सत्तर के दशक में होनेवाले राजनीतिक और सांस्कृतिक घटनाक्रम में हमारी कविता बहुत पहले ही खो चुकी है। इस कविता में हमारे समय के बहुत स्केटर्ड, छितरे और बिखरे हुए बिम्ब हैं। आज की कविता के लिए अपने मेटाफर को खोजना उतना आसान काम नहीं है जितना पहले के किसी भी दौर की कविता के लिए रहा है। बहुत बड़ी और ऐतिहासिक घटनाओं के बावजूद यह एक अ-ऐतिहासिक समय है, शायद इसलिए कि इसमें प्रतिरोध की शक्तियाँ अशक्त, असहाय और बिखरी हुई हैं। छायावाद की तरह प्रकृति के या द्विवेदी युग के पौराणिक आख्यानों से लिए गए मेटाफर से इसका काम नहीं चल सकता। नारीवादी या दलित विमर्श से उपजा रूपक भी एक पूरे समय का रूपक नहीं हो सकता। हमारे समय के अनेक विशृंखलित रूपक आपस में संवादी नहीं हैं। समाज के साथ संवाद करने का जो आन्तरिक भरोसा सत्तर के दशक की कविता के पास था, सोवियत संघ में समाजवाद के पराभव ने उसे बहुत गहरे जाकर आहत किया है। समाज से एक हद तक मनोगत संवाद के विलोपन ने कवियों और कविताओं के बीच आपसी संवाद को भी आहत किया है।

शीत युद्ध में सोवियत संघ की पराजय और बाद में उसका विखण्डन, नई टेक्नोलॉजी, बाजारवाद के प्रपंच और सूचना तन्त्र की लीलाओं ने मूल अन्तर्विरोध के प्रश्न को जितना उलझा हुआ और जटिल बना दिया है, समय के केन्द्रीय मेटाफर को अर्जित करने का प्रश्न भी उतना ही जटिल और उलझा हुआ है। हालाँकि इस भूमण्डलीय पूँजीवाद के सामने हमारी राजनीति जितनी निहत्थी और निरुपाय है, कविता उतनी असहाय नहीं है। वह अपने मेटाफर की तलाश में अँधेरे में रास्ता टोहने की कोशिश करते व्यक्ति की तरह नहीं है। वह उस पानी खोजी की तरह है जो 'व्हाय' आकार की एक डाली की दोनों भुजाओं को अपनी हथेलियों में थामे, धरती के भीतर चलती जल नाड़ियों को अपने तलवों में महसूस कर रही है। सबसे तीव्र प्रवाहवाली जल नाड़ियों को चाहे उसने अभी न पाया हो लेकिन उनकी खोज में उसने बहुत कुछ ऐसा

खोजा और रचा है जो न केवल बहुत मूल्यवान है बल्कि कुछ ऐसा भी है जो इससे पहले की कविता से छूटा हुआ था। ओट में था।

आठवें दशक की कविता से पहले हिन्दी कविता में अपनी जगहों की स्मृतियाँ इतने सघन रूप में कभी नहीं थीं। कभी-कभी कुछ दृश्य या जगहों के कुछ नाम गाहे-ब-गाहे जरूर दिखाई दे जाते थे लेकिन जगहों की ऐसी स्मृति पहले कभी सम्भव नहीं हुई। पहले की कविता के लिए देश एक अमूर्त और भावोच्छ्वासी अवधारणा था, जिसका वह गुन गाती थी या जिसे खोकर कविता को पाना एक बहुत बड़ा कौशल मानती थी। हमारी कविता में जीवन के कार्यकलाप एक निश्चित लैण्डस्केप में घटित होते हैं। इस कविता में जीवन के रागरंग जगह की विशिष्टताओं के साथ गुँथे-बुने हैं। उन जगहों को छुआ और पहचाना जा सकता है। इस कविता का नरा उस जगह गड़ा है जहाँ के जीवन का वह बयान करती है। इस कविता में आया जीवन चाहे बहुत छोटा और सीमित दिखे पर वह अधिक विश्वसनीय है। उसके पाँव के नीचे एक ऐसी जमीन है जिसे कविता जानती है, वहाँ की सिर्फ सड़कों को ही नहीं, मकानों के पीछे छिपी गलियों के रास्ते भी उसे पता हैं। इसमें किसी बड़े दार्शनिक प्रश्न के लिए जीवन के बहुत साधारण और छोटे-छोटे प्रसंगों को अनदेखा, अनसुना नहीं किया है। हमारे लगाव का तापक्रम क्या है यह बात व्यक्तियों, वस्तुओं और जगहों को उनके नाम से पुकारे जाने से ही नहीं, उनकी अपनी भाषा-भंगिमाओं के साथ पुकारे जाने में व्यक्त होता है। यह कविता अपने शब्दों को वापस उन जगहों और वहाँ बीते जीवन की स्मृतियों में ले जाकर नया करती है और उन स्थानीय भंगिमाओं में रचा-पकाकर एक विश्वसनीय आवाज में रूपान्तरित कर देती है। भाषा के इस पुनर्नवा संस्कार ने कविता की भाषा को जीवन की भाषा का तकरीबन बगलगीर बना दिया है। यह कोई नई या विलक्षण किस्म की चकित कर देनेवाली भाषा नहीं है। मंगलेश के शब्दों को उधार लेकर कहूँ तो यह बहुत 'सामान्य, उपलब्ध, प्रचलित, घिसे-पिटे, बहुत इस्तेमाल में आनेवाले शब्दों से' बनी भाषा है, बेहद सादी और जीवन के अन्य कार्यकलापों में भी काम आनेवाली भाषा।

यह कविता अपनी सहायक क्रियाओं के प्रति प्रतिश्रुत कविता है, अपने वाक्य-विन्यास में भी और अपने वैचारिक विन्यास में भी। और सम्भवतः अपने इस व्यवहार के चलते ही अपने विशिष्ट होने के दर्प से मुक्त हुई है। यह सामान्य के विशिष्टीकरण और विशिष्ट के सामान्यीकरण की बजाय साधारण की साधारणता का स्वीकार्य है। जीवन अपनी साधारण में ही सबसे अधिक स्वाभाविक और अर्थवान होता है, विविध और विस्तृत। रघुवीर सहाय की कविता 'चिड़ियों का चिल्लाना' की एक पंक्ति है, 'ये मेरे घर को साधारण-सा करती हैं।' यह साधारण-सा होने या किए जाने का दुख नहीं, खुशी है। बल्कि दुख और खुशी से परे जीवन को देखने का एक अलग ढंग है, यह एक ऐसा ढंग है जिसमें किसी तरह का कोई स्वाँग नहीं है।

वीरेन डंगवाल की कविता 'इलाहाबाद 1970' का एक अंश है :

छूटते हुए छोकड़ेपन का गम, कड़की, एक नियामत है दोसा
कॉफी हाउस में थे कुछ लघु मानव, कुछ महामानव दो चे ग्वारा
मनुष्य था मेरे साथ रमेन्द्र
उसके पास थे साढ़े चार रुपए।

यह कविता रमेन्द्र को उसके नाम से जानती है और उसकी जेब की हालत भी उसे पता है।

आज की कविता अपने रचाव-बनाव में एक लोकतान्त्रिक कविता है। इसमें नायक नहीं हैं चरित है। आसपास के जीवन के साधारण लोगबाग। यह हमारे समय की विडम्बना है कि कविता जब अपनी संरचना और स्वभाव दोनों में सबसे अधिक लोकतान्त्रिक हुई है, राजनीति में लोकतान्त्रिक मूल्यों का सबसे ज्यादा क्षरण हुआ है। मुझे लगता है कि कविता का लोकतान्त्रिक होना अपने निहितार्थ में हमारी इच्छाओं और सपनों का आख्यान है और अपनी राजनीतिक वास्तविकताओं का एक प्रति-आख्यान भी। इसी में इसका प्रतिरोध भी अन्तर्निहित है। सोवियत संघ के पराभव लेकिन वयस्क होती लोकतान्त्रिक समझ ने लगभग रूढ़ि बन चुके उस पुराने द्वैत का अन्त कर दिया है जो राजनीतिक-सामाजिक और निजी होने को अलग-अलग खाँचों में बाँटता था। इस विभाजन के अन्त से जीवन के बहुत सारे छूटे और दबे-ढके दृश्य एकाएक कविता के सामने प्रकट हो गए हैं। कविता में जीवन का विस्तार हुआ है। जीवन के छोटे-छोटे प्रसंग और अक्सर अनदेखे कर दिए जानेवाले ब्यौरे कविता में दिखाई दे रहे हैं। कविता आख्यानात्मक हुई है और कविता के आख्यान के चरित्र में बदलाव भी आया है।

अस्सी से पहले की कविता के सभी चरित्र और सभी सच्चाइयाँ एक बड़े स्वप्न और संघर्ष के हिस्से बन जाते थे। शोषित जनता एक यूनिट थी। उसके संस्तरों और उन संस्तरों की सच्चाइयों पर कविता की निगाह थी तो सही पर इसे निःसंकोच स्वीकार करना चाहता हूँ कि उनके सामान्यीकरण करने में एक तरह का सरलीकरण था। पिछले दो दशक में कविता की समझ और व्यवहार में बदलाव आए हैं। सबाल्टर्न यूनिट्स की निजी सच्चाइयों को देखने और व्यापक राजनीतिक संघर्ष में उनकी भूमिका को समझने की ज्यादा सार्थक कोशिशें हुई हैं। वर्गीय समाज में समाज के विभिन्न संस्तरों की सच्चाइयों के साथ गहन सम्बन्ध ही फासिज्म को रोक सकता है या कम-से-कम उसके खुले आखेट के लिए व्यवधान बन सकता है। दमित सच्चाइयों के साथ इस कविता के नए रिश्तों को इस सन्दर्भ में देखने की आवश्यकता है।

इस कविता में मुक्तिबोध, नागार्जुन, रघुवीर सहाय और धूमिल की कविता जैसी अतिनाटकीयता नहीं है। एक किस्म का अण्डर-प्ले है। मुझे लगता है कि जब वर्चस्व की शक्तियाँ स्वयं अतिनाटकीय हों तो उनके विद्रूप को उजागर करने के लिए आत्यन्तिक रूप से दूसरे छोर पर चले आना जरूरी होता है। हमारी आज की कविता

का अण्डर-प्ले सत्ता विमर्श के अति और अक्सर आक्रामक रूप से नाटकीय होने के विपरीत है। हमारे समय का संकट चीजों के ढँके-छिपे होने से नहीं, उनके अतिप्रकटीकरण से पैदा हुआ है। इसमें कविता के आख्यान में फैंटेसी और वाग्मिता दोनों को ही अगर असम्भव-सा नहीं कर दिया है, तो उनके चरित्र को बदल जरूर दिया है। एक ओर चीजों और स्थितियों का अतिप्रकटीकरण और दूसरी ओर कविता में चीजों और ब्यौरों का बढ़ना कई बार विरोधाभासी लग सकता है, लेकिन अतिप्रकटीकरण चीजों की पहचान को समाप्त कर देता है इसलिए दुबारा उन्हें जतलाने की जरूरत होती है। कविता में आए इस बदलाव ने यह काम कुछ हद तक किया भी है लेकिन यह एक चालू फैशन भी बन रहा है। और कई बार वह कविता की अपनी कमियों को छिपाने के लिए आड़ का काम भी कर रहा है।

सूचनाओं या जानकारियों का असीमित फैलाव भी कविता में ब्यौरों के बढ़ने का एक कारण हो सकता है। जानकारियों का यह विस्तार ज्ञान और संवेदना का स्थानापन्न बनता जा रहा है। विजय कुमार ने **शब्द की तलाश में कविता** में इस खतरे की ओर इंगित किया है कि 'हमारे समय में टेक्नोलॉजी और उससे जन्मी उपभोगमूलक संस्कृति व्यक्ति चेतना को स्वायत्त और स्मृतिहीन बनाकर, उसके अन्तर्जगत में प्रवेश कर रही है। उन्हें लगता है कि हमारे अनुभव की यूनिवर्सिलिटी (सार्वभौमिकता) खत्म हो रही है। विष्णु नागर इस समस्या को थोड़े अलग ढंग से उठाते हैं कि 'अभी पूरे जीवनानुभव का दबाव काव्यानुभव पर दिखाई नहीं देता। जीवनानुभव की अनेक चीजें इसलिए काट-छाँटकर फेंक दी जाती हैं क्योंकि काव्यानुभव के रूढ़िगत साँचे में वे फिट नहीं बैठतीं।' लेकिन मुझे ऐसा नहीं लगता कि इस यूनिवर्सिलिटी को पाने या जीवनानुभव को काव्यानुभव बनाने के लिए या 'एक समग्र जातीय बोध' पाने के लिए हमारी कविता ने किसी तरह के नवरोमान का सहारा लिया है, जैसा विजय कुमार को लगता है। एक समग्र जातीय बोध या अपने समय के एक केन्द्रीय मेटाफर को पाने की छटपटाहट और बेचैनी तो इस कविता में है और एक असफलता का अहसास भी, पर इसके लिए किसी शार्टकट को इसने अपनाया हो ऐसा कम-से-कम मुझे नहीं लगता।

विजय कुमार की इस बात से मैं सहमत हूँ कि यह कविता 'एक बहुस्तरीय समाज की जटिलता का कोई केन्द्रीय भाव स्वर नहीं खोज पाई' लेकिन ऐसा मानना गलत होगा कि यह कविता 'हिन्दी भाषी समाज का एक बाहरी और औपचारिक रूप' बनकर रह गई है या इसमें मध्यवर्गीय मन की जटिल आन्तरिकताओं का भी एक खास तरह से निषेध है या इसमें दर्शक मन की पैसिविटी है। मुझे तो लगता है कि यह कविता प्रगतिवादी कविता के 'देखा है' के बरअक्स एक शामिल आदमी की कविता है और इसने देखा है कि दूरियों को बहुत चुपाचाप ढंग से कभी का लाँघ लिया है। मध्यवर्गीय बौद्धिक मन की जटिल आन्तरिकताओं और सामान्य मध्यवर्गीय मन की आन्तरिकताओं में फर्क है, नई कविता में आया मध्यवर्गीय वस्तुतः एक मध्यवर्गीय बौद्धिक ही है जबकि आज की कविता ने सामान्य मध्यवर्ग के मन और जीवन में झाँकने की कोशिश की

है। शायद इसीलिए इसमें वैसा अपराधबोध, आत्मविलाप और आत्मभर्त्सना का स्वर नहीं है, नई कविता में एक तरह का कन्फेशन का स्वर है। क्या यह क्रिश्चियनिटी से आया स्वर है जो शीतयुद्ध की राजनीति और औपनिवेशिक प्रभावों के रास्तों से आया था ? इसकी पड़ताल होनी चाहिए। आज की कविता इस औपनिवेशिक प्रभाव से मुक्त हुई है।

अन्त में इतना जरूर जोड़ना चाहता हूँ कि किसी केन्द्रीय मेटाफर के अभाव में कई छोटे-बड़े मेटाफर कविता में आए हैं। ऐसी कविता भी हमारे दृश्य पर मौजूद है जो अपनी सामाजिकता से आँख चुराने और किसी भी तरह का पक्ष लेने के जोखिम से चुपचाप खिसक जाना चाहती है। लेकिन हमारे समय के मूल अन्तर्विरोध को समझने और व्यक्त करने तथा मनुष्य की मुक्ति के संघर्ष को अभिव्यक्ति देनेवाले केन्द्रीय मेटाफर को खोजने की कोशिश में कविता ने कई तरह के मेटाफर खोजे और रचे हैं। ये कुछ अलग हैं और कई बार तो ये गैर-राजनीतिक और गैर-सामाजिक भी लग सकते हैं। लेकिन इन बिखरे-छितरे रूपकों में अन्तर्व्याप्त अर्थ को गम्भीरता से पढ़े जाने की जरूरत है। कई बार नितान्त गैर-राजनीतिक लगनेवाले रूपक सबसे अधिक राजनीतिक आशयों को प्रकट करते हैं।

शायद आज किसी एक रचनाकार के रचनालोक के सहारे अपने समय के पूरे सच को समझने और जानने का दुराग्रह छोड़ दिया जाना चाहिए। हमारे समय का सच और उसका मेटाफर थोड़ा विशृंखलित और बँटा हुआ है। बहुत सारे कवियों की बहुत सारी कविताओं में बँटा हुआ। इसलिए आज के सच की शक्ल टुकड़ा-टुकड़ा जोड़कर ही तैयार हो सकती है। यह हमारी आज की कविता की सीमा भी है, गुण भी और अवगुण भी।

कामोद्दीपक (इरोटिक) कविता

कविता में कामोद्दीपक या इरोटिक बिम्ब मनुष्य की नैसर्गिक मुक्ति की इच्छा का ही रूपक है। एक देह अपने अधूरे होने से मुक्त होना चाहती है। यह मुक्ति पूरे होने के लिए दूसरी देह का संसर्ग चाहती है। और इस प्रक्रिया में दैहिक पूर्णता को पाने की इच्छा ही केन्द्रीय है। इसलिए यह मात्र संयोग नहीं है कि इरोटिक बिम्ब के साथ-साथ अक्सर मृत्युबोध भी कविता में दिखाई देता है। इरोटिक कविता में देह की अदैहिक उपस्थिति होती है। इसलिए सृजनात्मक कल्पना वहाँ अधिक-से-अधिक स्वतन्त्र और चंचल होती है। वहाँ एक नेकेड (नग्न) देह की स्मृति न्यूड (निर्वस्त्र) देह में बदल जाती है। बाजार की गति और दिशा इससे एकदम उल्टी होती है। वह एक न्यूड (निर्वस्त्र) को नेकेड (नग्न) में बदल देता है। इस तरह मांसलता आक्रामकता में बदल जाती है। इरोटिक रूपक पोर्नोग्राफिक रूपक बन जाता है। बाजार, देह को रचनेवाली भाषा में कल्पना के सारे खेल और उसके भाव पक्ष को अवमूल्यित कर देता है। इस तरह बहुत सुन्दर रूपक एक बाजारू माल में तब्दील होकर चौपट हो जाता है।

तुम मेरी पहली प्रेमिका हो
जो आइने की तरह साफ़
बदन के माध्यम से ही बात करती हो

(शमशेर)

देह की भाषा को यहाँ किसी और भाषा की दरकार नहीं है। वह अपने आप में सब कुछ को अभिव्यक्त करने के लिए समर्थ है। वह नैसर्गिक है। एक दिलचस्प पौराणिक कथा का उल्लेख हजारीप्रसाद द्विवेदी ने किया है कि कामदेव जब शिव के शाप से भस्म हो गया तो उसकी स्त्री रति ने कठिन तपस्या से शिव को सन्तुष्ट किया और यह वर प्राप्त किया कि काम अमूर्त्त भाव से ही प्राणियों में संचरित होगा और द्वापर में श्रीकृष्ण के पुत्र प्रद्युम्न के रूप में मूर्त्तरूप ग्रहण करेगा। इसके बाद से काम के मूर्त्त और अमूर्त्त दोनों रूपों का वर्णन होना शुरू हो गया।

कृष्ण काव्य अधिक कामोद्दीपक है। यह मात्र संयोग नहीं है कि कृष्ण को ही पूर्णावतार माना जाता है, राम को नहीं। मुक्ति की यह प्रक्रिया अपने साथ-साथ कविता की भाषा और शिल्प को ही नहीं, अपने रूपक को भी अधिक मुक्त और कभी-कभी

उन्मुक्त बना देती है। वह विष्णु के मर्यादा पुरुषोत्तमवाले रूपक को, एक उन्मुक्त पूर्णावतार बना देती है। सम्भवतः इसीलिए कृष्ण भक्ति काव्य जाति, वर्ण और सम्प्रदाय के कटघरों से बाहर आ जाता है। वहाँ निम्न वर्गों से आए कवि भी हैं और मुसलमान कवि भी। इस तरह दमित समाज और अन्य समाज कृष्ण काव्य में अपने को मुक्त करते हैं। इस तरह एक नैसर्गिक मुक्ति का रूपक थोड़ा व्यापक होकर सामाजिक मुक्ति के राग से जुड़ जाता है।

दो

अधिक बन्द समाजों से आए रचनाकार कई बार अपनी अन्तर्बाधाओं से मुक्ति के लिए भी इरोटिक बिम्बों या स्थितियों की ओर जाते हैं। यह आन्तरिक बाध्यता अक्सर बहुत स्वाभाविक होकर प्रकट होती है। सहज गुण की तरह। अल्पसंख्यक समुदाय के रचनाकार या विस्थापन में अपना बहुत कुछ खो चुके रचनाकार में इरोटिक के प्रति प्रायः कम अन्तर्बाधा होती है। लोक में कई ऐसे पद और उनकी परम्पराएँ मिल जाती हैं जो कई बार आक्रामक रूप से भी इरोटिक होते हैं। होरी, फागों और जोशियाड़ों में इसे देखा जा सकता है। शादी-ब्याह में बारात चले जाने के बाद लड़केवालों के घर में बची स्त्रियों के गाने और नाट्य में भी इसी तरह के कामोद्दीपक प्रसंगों की भरमार देखी जा सकती है। विक्षोभ और एक किस्म का विद्रोह भी इसमें है। वर्चस्वशाली वर्ग और पुरुषसत्तात्मक समाज इस स्पेस को सामान्य जन और स्त्रियों के लिए बनाए रखता है जिससे उनके विक्षोभ और विद्रोह को रिचुअल्स में बदला जा सके। यह स्पेस उनमें मुक्ति की चेतना को बनाने या बचाए रखने की नीयत से नहीं बनाया गया है। वह इसलिए बनाया और बचाया जाता रहा है कि उनके विक्षोभ का मुक्ति की चेतना में रूपान्तरण होने से पहले ही क्षरण हो जाए। बद्रीनारायण का भी मत है कि इस इरोटिक नाट्य व्यवहार के इस स्पेस को इसीलिए बनाए रखा गया है कि इस सीमित स्पेस से बाहर आकर वे वर्चस्वशाली जेंडर्स या वर्गों के अधीन आकर बिना किसी हुज्जत के वापस अपने दैनन्दिन जीवन में लौट आएँ।

इरोटिसिज़्म की भी एक राजनीति होती है और उसके कई प्रकट-अप्रकट स्तर हो सकते हैं, जीवन की विषमताएँ उसे प्रभावित भी करती हैं और उससे प्रभावित भी होती हैं।

तीन

कविता में या साहित्य में कामोद्दीपकता या इरोटिसिज़्म एक संक्रमण के समय का, अनिश्चितताओं से भरे समय का विमर्श है। भर्तृहरि के शतकों की रचना के काल को डी.डी. कोसाम्बी ने संक्रमण का काल माना है। सत्ता और वैराग्य के बीच जो दोलन

की स्थिति भर्तृहरि की है वह उनकी मानसिकता के संक्रमण को भी इंगित करती है। रीतिकाल की स्थिति भी संक्रमण की ही स्थिति है। द्विवेदी जी ने लिखा है कि सन् ईस्वी की सत्रवीं शताब्दी तक आते-आते वर्णव्यवस्था खत्म हो गई और जातियों का विकास होने लगा था। जातियाँ अलग-अलग रूपों में संगठित होने लगी थीं। आर्थिक दृष्टि से समाज सीधे-सीधे दो श्रेणियों में विभक्त हो गया—एक उत्पादक वर्ग जिसमें किसान, कारीगर आदि और दूसरा भोक्ता वर्ग जिसमें राजा, रईस, नवाब आदि थे।

मुगलकाल के अन्तिम दौर में जब व्यवस्था निष्प्राण होने लगी, इसको बचाने और बनाए रखने के लिए एक ढाँचा बनाया गया—रीतिकाल इस बाहरी ढाँचे का प्रकाश है।

एक हद तक यह सही है कि रीतिकाल का कवि "सरस राग रति रंग" रचते हुए, अलंकृत काव्य और नाटकों के लिए कामशास्त्र, नायिका भेद और अलंकार शास्त्रों का सहारा ले रहा था और भोक्ता वर्ग के मनोरंजन के लिए ही कविता रच रहा था लेकिन क्या उसमें उसकी अपनी मुक्ति की आकांक्षा भी अन्तर्निहित नहीं थी ? घनानन्द ही नहीं कई बार अन्य रीतिकाल के कवि भी क्या रीति की सीमाओं का अतिक्रमण नहीं कर जाते हैं ? सम्भवतः केशव ने ही कहा है कि "कहत सबे रति में मुकुति"।

मुक्ति का यह रूपक ऐसे संक्रमण के समयों में रचना में केन्द्रीयता और एक हद तक अनिवार्यता प्राप्त कर लेता है जब समाज में मुक्ति का विचार और उसके व्यापक राजनीतिक-सामाजिक आन्दोलन शक्तिशाली नहीं होते हैं, प्रतिरोध की शक्तियाँ जब बिखरी होती हैं या उनका क्षरण हो जाता है। इसे रीतिकाल के सन्दर्भ में भी समझा जा सकता है और अकविता आन्दोलन के सन्दर्भ में भी।

समाजवादी समाजों में जहाँ मुक्ति के ज्यादा वैज्ञानिक आधार बनाने की कोशिश की गई जहाँ राजनीतिक क्रान्तियाँ हुईं, वहाँ भी जब कुछ रचनाकारों ने घुटन महसूस की और वे उस व्यवस्था से विद्रोह करके बाहर आए तो रचना में मुक्ति के लिए उन्होंने सबसे पहले इस नैसर्गिक मुक्ति के रूपक को ही चुना। कभी-कभी इस रूपक के बरअक्स राजनीतिक मुक्ति का विद्रूप भी ऐसी रचनाओं में देखा जा सकता है। इस तरह नैसर्गिक मुक्ति का रूपक कई बार एक राजनीतिक रूपक भी होता है। बल्कि बहुत हद तक वह एक खास राजनीति का उत्पाद भी होता है।

बाजार कामोद्दीपक रूपक से उसकी नैसर्गिकता और मुक्ति को छीनकर उसे आक्रामक और ग्लैमरस बनाकर बिकाऊ माल बना देता है।

प्रेम कविता

मेरी दिनांकिता (डायरी) में किसी सूफी कवि की एक कविता लिखी है। पता नहीं कब इसे, किस किताब या पत्रिका से उतारा था। कविता के नीचे कवि का नाम भी नहीं है।

प्रेमी होना अगर कवि होना है
तो मैं एक कवि हूँ
कवि होना अगर जादूगर होना है
तो मैं एक जादूगर हूँ
जादूगर होना अगर माना जाता हो खराब
तो खराब माना जा सकता है मुझे
लोगों को अगर नापसन्द हो खराब माना जाना
तो अभिशप्त हूँ मैं इसके लिए
ज्यादातर लोगों द्वारा नापसन्द किया जाना ही
है सच्चा प्रेमी होना

मैं साफ-साफ कहता हूँ मैं प्रेमी हूँ !

प्रेमी, कवि और जादूगर के बीच एक अद्‌भुत सम्बन्ध है। एक के होने में दूसरे का होना छिपा हुआ है। जैसे यह रूसी गुड़िया मात्रोश्काएँ जैसी कोई संरचना है। एक के अन्दर दूसरा और दूसरे में तीसरा छिपा है। लेकिन इसमें सबसे पहले प्रेमी होना अनिवार्य है। प्रेमी होने का मतलब है समाज में नापसन्द किया जाना। व्यावहारिक दुनिया में जादूगर होना भी खराब माना जाता है और कवि होना भी। तीनों ही क्योंकि बदलना चाहते हैं। जो कुछ, जैसा है, उसे स्वीकार नहीं करते। वे बन्धनों को नहीं मानते। इसलिए वर्गीय समाज में प्रेम गाथाएँ या तो एक त्रासदी में परिणत होती हैं या एक विद्रोह में। लैला-मजनूँ और शीरी-फरहाद की गाथाएँ हों, मेघदूत हो या मीरा की कविताएँ। उर्दू कविता में भी प्रेम एक आग का दरिया ही है। वर्ग सत्ता अपने वर्चस्व को बनाए रखने के लिए ऐसी स्थितियों को रचती है जो हमेशा ही मनुष्य के मूल रागों का दमन करती है। शायद इसीलिए इन सामाजिक सरचनाओं में प्रेम कविता या गाथा अक्सर प्रतिरोध या विद्रोह की कविता के रूप में ही प्रकट होती है।

दमन और प्रतिरोध के बीच एक निरन्तर टकराव के ही कारण शायद प्रेम कविता का स्वभाव अक्सर लिरिकल रहा है। लिरिक में जादू के लिए अधिक अवकाश है, प्रबन्ध में उड़ने की जगह कम है। प्रेम कविता कवि को जादूगर होने को बाध्य करती है। प्रेम कविता हर हाल में अन्तर्बाधाओं का अतिक्रमण करती है। वह कामोद्दीपक (इरोटिक) बिम्बों में जाए या ब्रह्माण्ड में छलाँग लगाती काल्पनिक उड़ानों में, उसे एक नैसर्गिक मुक्ति चाहिए।

मार्क्स ने नाइटों के प्रेम गीतों की चर्चा करते हुए लिखा है कि 'प्रेम के इस रूप का उद्देश्य था विवाह सम्बन्ध को तोड़ डालना। इसलिए ऐसे प्रेम के और उस प्रेम के बीच बहुत चौड़ी खाई थी जो विवाह सम्बन्ध की नींव बनानेवाला था। प्रोवेंस के लोगों में जहाँ नाइटों का प्रेम अपने क्लासकीय रूप में विद्यमान था, उसने खुल्लमखुल्ला विवाहेतर प्रेम का रूप धारण किया। उनके कविगण इसके गीत गाते थे। जर्मन में उषा के गीत प्रोवेंसीय प्रेमकाल के उत्कृष्ट रूप हैं।'

मध्यकाल की प्रेम कविता में हमारे यहाँ परकीया नायिका भी है और स्वकीया भी। चण्डीदास की राधा परकीया है और सूर की स्वकीया। लोककाव्यों में परकीया नायिकाओं का वर्णन ज्यादा उन्मुक्त है और वहाँ अन्तर्बाधा कम दीख पड़ती है।

दो

प्रेम कविता मनुष्य के मूल रागों का दमन करनेवाली स्थितियों का विरोध करती है। साथ ही उन व्यवस्थाओं के चरित्र के आन्तरिक खोट को भी उजागर करती है जो नैसर्गिक प्रेम और सृजन की विरोधी हैं। लोक-लाज तजकर नाच उठनेवाली मीरा हो या मेघदूत का यक्ष हो। प्रेम प्रकृति और प्रतिरोध से जुड़कर व्यापक और उदात्त हो जाता है। रीतिकाल में लेकिन कामचेतना कामुकता में अपने को घटा लेती है। इसलिए उसे अतिरिक्त ऐश्वर्य और अलंकरण की जरूरत होती है। 'रीतिकाल का कवि सौन्दर्य को तब तक बहुत कीमती वस्तु नहीं समझता जब तक वह मादक बनकर न प्रकट हो, सहज वस्तु को मादक बनाकर उपभोग्य समझना रीतिकालीन मनोवृत्ति की सबसे बड़ी विशेषता है।' (हजारी प्रसाद द्विवेदी) और यही उसकी सीमा भी है। इस सामान्य वृत्ति के अलावा वहाँ एक स्वच्छन्द प्रेमधारा भी विद्यमान है। रीतिकाल में ही पहली बार कविता ऐहिक होती है। रजवाड़ों का संरक्षण जैसे-जैसे जर्जर होने लगता है प्रेम कविता, प्रेम के लिए मिथकों का सहारा लेने की प्रवृत्ति का अतिक्रमण करने लगती है। संक्रमण की इस स्थिति में ही कवि व्यक्ति चेतना को अर्जित करता है।

सूफी कविता का जैसा प्रभाव उर्दू की प्रेम कविता पर दिखता है वैसा प्रभाव रीतिकाल की कविता में ढूँढ़ना मुझे कठिन लगता है।

लगभग रीतिकाल तक भी हिन्दी की प्रेम कविता अक्सर ही मिथकों या लोक आख्यानों का आलम्बन लेती रही। कवि को अपनी प्रेमाभिव्यक्ति के लिए हर वक्त किसी-न-किसी लोक प्रचलित पात्र की आवश्यकता होती रही। कई बार तो लगता है कि प्रेम कविता की इस परम्परा में कवि, कवि से ज्यादा नाटककार है। यह मात्र संयोग नहीं है कि रीतिकाल तक प्रेम कविता, नाट्य शास्त्र की कैशकी वृत्ति, नायिका भेद के ग्रन्थों और कामशास्त्र से अनुप्राणित होती रही है।

मन में कई बार यह सवाल उठता है कि प्रेम कविता का जो स्वरूप बहुत पहले उर्दू कविता में दीख पड़ता है वह हिन्दी में भारतेन्दु काल तक भी क्यों सम्भव नहीं होता ? व्यक्ति चेतना उर्दू की बनिस्बत हिन्दी में देर से प्रकट हुई, इसका कारण क्या है ?

तीन

मुक्तिबोध ने लिखा है :

'हमने नारी को देवी बनाया, अप्सरा बनाया, उसके सौन्दर्य का, कोमलता का आदर्शीकरण किया किन्तु सामन्ती सामाजिक बेड़ियों से उसकी मुक्ति का कोई समाजव्यापी विशाल निर्णयकारी आन्दोलन हमारे यहाँ खड़ा न हो सका। नारी को हमने श्रद्धा बनाया, नारी की दुख भरी कष्टग्रस्त स्थिति तो हमने देखी (नारी : सियारामशरण गुप्त। त्यागपत्र, कल्याणी : जैनेन्द्रकुमार। यशोधरा : मैथिलीशरण गुप्त।) किन्तु उसके उदार-निर्णय के बीच सामन्ती प्रभावग्रस्त हमारी सारी उच्च मध्यवर्गीय भारतीय संस्कृति आड़े आ गई।'

प्रेम कविता में सामाजिक बेड़ियों ने कितनी दूर तक प्रभाव डाला है, यह इस उद्धरण से काफी कुछ स्पष्ट हो जाता है। लेकिन उर्दू और हिन्दी के फर्क को इन आधारों पर समझना मुश्किल है।

चार

सामाजिकता के अतिरिक्त आग्रह ने वैयक्तिक सम्बन्धों से जुड़े प्रसंगों और निजता के क्षेत्रों का एक हद तक निषेध किया। यह आग्रह प्रगतिशील आलोचना की देन नहीं है। रामचन्द्र शुक्ल ने लिखा कि 'एकान्त प्रभाव उस अन्तर्मुख प्रेम में देखा जाता है जो प्रेमी को लोक के कर्म क्षेत्र से खींचकर केवल दो प्राणियों के एक छोटे-से संसार में बन्द कर देता है।' इस तरह का प्रेम शुक्ल जी की नजर में 'सामाजिक और पारिवारिक जीवन से विच्छिन्न होता है।' तो प्रेम का आदर्श स्वरूप क्या है ? शुक्ल जी ने लिखा है कि 'प्रेम का दूसरा स्वरूप वह है जो अपना मधुर और अनुरंजनकारी प्रकाश जीवन यात्रा के नाना पथों पर फेंकता है।' 'वह प्रिय को अपने समग्र जीवन का सौन्दर्य, जगत

के बीच दिखाना चाहता है।' यह आग्रह प्रगतिशील कविता का आदर्श बना रहा। इसके चलते कई अत्यन्त महत्त्वपूर्ण और सुन्दर प्रेम कविताएँ सम्भव हुईं। लेकिन यह आग्रह ही एक हद तक प्रेम कविता लिखने में बाधक भी बना। इस तरह के आग्रहों ने प्रेम कविता लिखने में एक किस्म के संकोच को जन्म दिया। कई बहुत सुन्दर प्रेम कविताएँ नागार्जुन, त्रिलोचन, केदारनाथ अग्रवाल ने लिखीं लेकिन उनकी मात्रा बहुत कम है। नक्सलबाड़ी विद्रोह के साथ आए कवियों और उसके बाद के कवियों में भी प्रेम कविताओं की संख्या लगभग उँगलियों पर गिनी जा सकनेवाली ही है।

गद्य कविता

कुछ असम्बद्ध-सी टिप्पणियाँ

गद्य कविता कहते ही मन में एक शंका भी सिर उठाती है। कविता में कहने की भंगिमा के एक अलग अन्दाज़ के लिए कहीं हम फिर एक अलग कैटिगिरी बनाने की कोशिश तो नहीं कर रहे हैं, जैसी नवगीत या गीत के लिए की गई। जिसने गीत को हमेशा के लिए कविता से बिरादरी-बाहर कर दिया। छायावाद और प्रगतिवाद के बाद गीत और कविता की दो अलग-अलग श्रेणियाँ बन गईं। कविता की आलोचना में गीत के लिए कोई कोना नहीं बचा। इस दुर्घटना ने छन्द को पुनर्नवा करने की सम्भावनाओं को अगर ख़त्म नहीं किया तो दुष्कर जरूर बना दिया।

गद्य कविता के बारे में, एक-दूसरे को काटतीं, एक-दूसरे से मुँह फेरकर बैठी हुईं, कई बातें मन में उठती हैं।

दो

क्या हमारा समय एकाएक कुछ अधिक गद्यमय हो गया है ? हमारे आसपास जीवन में क्या ऐसा कुछ घटित हुआ है जिसने गद्य कविता को या उस पर सोचने को जरूरी बनाया है ? हालाँकि गद्य कविता, कविता की कोई नई भंगिमा नहीं है। अलबत्ता यह एक ऐसा समय जरूर है जब बाजार और इलैक्ट्रानिक माध्यमों ने इतनी अधिक रंगीन छवियों, बिम्बों और प्रतीकों का घेरा हमारे चारों ओर डाल दिया है कि कविता को अपनी ही घर-गिरस्ती छोड़ने के बारे में सोचना पड़ रहा है। कुछ ऐसी नई हिकमतें ढूँढ़ना जरूरी हो गया है जो मीडिया का व्यूह भेद सकती हों। उसका प्रत्युत्तर हों, उसका विलोम हों। कुछ ऐसी हिकमतें जो विज्ञापन की अति लुभावनी, आक्रामक लेकिन छद्म लय का इंकार हो, कविता के लिए जरूरी हो गई है। बाजार और मीडिया ने बहुत खतरनाक ढंग से कविता के घर में सेंध लगाई है और उसके पारम्परिक और नितान्त निजी उपकरणों को हथिया लिया है। कविता के लिए उनका उपयोग चाहे एकदम असम्भव न हो गया हो लेकिन उन्हें वरतने में एक किस्म की हिचक तो मीडिया ने

पैदा कर ही दी है। विकल्पों की तलाश में, एक दरवाजा शायद गद्य कविता की गली में भी खुलता है।

गद्य कविता को लेकर एक हिचक रवीन्द्रनाथ के भी मन में थी। हमारे समय तक आते-आते यह हिचक थोड़ी कम हो गई हो, पर खत्म नहीं हुई है। गाहे-बगाहे ही कवियों ने गद्य कविताएँ लिखी हैं। पिछले दस-बारह बरस में प्रकाशित कविता संग्रहों को पलटें तो मुश्किल से दो-चार संग्रहों में ही गद्य कविताएँ दिखाई देंगी और वे भी संख्या में बहुत कम। मतलब यह है कि भरोसे की चीज यह अभी भी नहीं है।

पिछले कुछ बरसों में आए कविता संग्रहों में जो थोड़ी-सी गद्य कविताएँ दिखाई देती हैं उन्हें देखकर यह प्रश्न भी मन में उठता है कि क्या ये गद्य कविताएँ अन्य कविताओं से कुछ अलग हैं ? अलावा इसके कि इनमें वाक्यों को गद्य की तरह एक निरन्तरता में रख दिया गया है, क्या कोई फर्क बताया जा सकता है ? क्या इतने भर से ही इन्हें गद्य कविता कहा जा सकता है ? रवीन्द्रनाथ का एक लेख है—गद्यकाव्य। 1939 का लिखा हुआ। 'लिपिका' और 'शेषेर' कविता जैसी गद्य कविताएँ वे पहले ही लिख चुके थे। तब उन्हें उम्मीद थी कि इस नए की उपेक्षा करते-करते एक दिन "नए के स्वागत का पथ प्रशस्त" होगा। हालाँकि यह प्रश्न भी बना हुआ था कि "गद्य का रूप लेकर काव्य आत्मरक्षा कर सकता है कि नहीं ? "उन्हें लगता था कि 'इतने दिनों तक काव्य को जिस रूप में देखा गया है और उसे देखने के साथ आनन्द का जो सम्बन्ध है, गद्यकाव्य में उसका व्यतिक्रम होता है।" गद्यकाव्य का यह गद्य दैनन्दिन व्यवहार में आनेवाले गद्य से भिन्न है। "गद्य को काव्य के प्रवर्त्तन के लिए शिल्पित किया जाता है। तब वह काव्य की गति में ऐसी कुछ अभिव्यक्ति पाता है जो गद्य के दैनन्दिन व्यवहार से परे है। गद्य है इसलिए उसके भीतर अति माधुर्य, अति लालित्य की मादकता नहीं रह सकती। कोमल और कठोर के मिलने से एक संयत ढंग का भाईचारा पैदा होता है।" अशोक वाजपेयी, मंगलेश डबराल, विजय कुमार या उदयन वाजपेयी की गद्य कविताएँ क्या किसी किस्म का व्यतिक्रम पैदा करती हैं ? क्या उनकी अन्य कविताओं से अलग इनमें कोमल और कठोर का कोई भाईचारा लक्ष्य किया जा सकता है ? कभी-कभी लगता है कि सिर्फ ऊपरी बनक भर बदली है आन्तरिक व्यवहार में कोई बदलाव नहीं आया है। त्रिलोचन के सानेट्स और रघुवीर सहाय की अनेक कविताएँ अपने व्यवहार में गद्य कविता के ज्यादा निकट हैं, रवीन्द्रनाथ ने इसी लेख में गद्य कविता की चाल को अलगाते हुए लिखा—"अनियमित उच्छृंखला गति नहीं, संयत पदक्षेप।"

तो गद्य कविता में एक संयत चाल ही सम्भव है। अनियमितता या उच्छृंखलता के लिए जगह नहीं है। आवेगों की रास खिची हुई, कोई उतार-चढ़ाव नहीं। अगर ऐसा होता है तो कविता के स्वभाव और स्वतन्त्रता कितनी सीमित होगी, यह विचारणीय है। निराला ने गद्य को कभी संग्राम की भाषा कहा था। यह कुछ अजीब लगता है कि

कविता से युग्म बनाते ही गद्य एक डिफेंस की मुद्रा अख़्तियार कर ले। वह कविता की गति को संयत पदक्षेप में बदल दे। इस रासायनिक परिवर्तन की गुत्थी को सुलझाना थोड़ा कठिन काम है।

तीन

'समास' का चौथे अंक का सम्पादकीय गद्य पर विचार करते हुए गद्य कविता पर भी एक टिप्पणी करता है। कहा गया है कि "जिसे हम गद्य कविता कहते हैं यदि आज वह लिखी जा रही है तो इसका कारण शायद यही है कि ऐसी कविता को संघटित करनेवाली लय असल में लयहीनता है। उसने इस लयहीनता को स्वीकार किया है। उसमें यह चेतना है कि उसके वाक्यों को आपस में जोड़नेवाला कोई सिद्धान्त नहीं है—कोई भी ऐसा सिद्धान्त जिसके आधार में कोई उम्मीद, कोई स्वप्न, कोई सुनिश्चित या अनुमेय भविष्य हो।" यह लयहीनता मनुष्य को बाँधनेवाली या इसका अहसास देनेवाली तमाम प्रविधियों—विचारधाराएँ, इतिहास और यूटोपिया के खत्म होने से पैदा हुई है। "एक लयपूर्ण समाज हो जाएगा कि उम्मीद की लय" समाप्त हो जाने से पैदा हुई है। 'समास' के सम्पादकीय में व्यक्त स्थितियों को कारण मानें तो गद्य कविता एक ऐसे समय और सामाजिक स्थिति का उत्पाद है जिसमें ना तो कोई भविष्य है, न उम्मीद है और न कोई स्वप्न है। संग्रामी गद्य और अनियमित उच्छृंखल काव्य गति के युग्म से तैयार हुआ यह रसायन तो बहुत ही भयावह है। लेकिन गद्य कविता एक नई घटना या काव्य कौशल तो नहीं है। ना ही ऐसा कुछ हुआ है कि गद्य कविता अचानक बड़ी तादाद में लिखी जाने लगी हो। 'समास' के सम्पादकीय की मंशा कुछ और है और निशाना कहीं और साधा गया है।

चार

हम अलग से गद्य कविता जैसा पद क्यों इस्तेमाल करना चाहते हैं ? छन्दों को उनके नाम से पुकारे जाने का चलन रहा है लेकिन उनकी अपनी निश्चित व्याकरण है। गद्य कविता का ऐसा कोई व्याकरण नहीं है, न हो सकता है। देखा जाए तो हर कविता ही गद्य में लिखी जाती है। भाषा का मूल स्वभाव ही गद्य है। हर कवि अपने तईं, अपने अनुभव और स्वभाव के अनुरूप अपनी कविता में एक बेहतर गद्य को ही तो अर्जित करने की कोशिश करता है। मुझे तो लगता है कि गद्य और कविता का सम्बन्ध एक अविभाज्य सम्बन्ध है। इसीलिए कविता का एक हाथ हमें बाँधता है और दूसरा स्वतन्त्र करता है। हर कविता ही एक गद्य कविता है। लेकिन गद्य कविता कहने से लिखी हुई इबारत का जो पैटर्न दिमाग में उभरता है, वह भी कोई नई चीज नहीं है। ब्राडस्की इसे साहित्य के समग्र अवबोध की जगह एकध्रुवीय धारणा कहकर खारिज कर देते हैं।

पाँच

मुझे कई बार लगता है कि कवि की नितान्त निजी बेचैनी या कई बार कविता की अन्तर्वस्तु ही गद्य कविता की ओर जाने को विवश कर देती है। सुकान्त की एक पंक्ति है "भूख के राज में दुनिया गद्यमय में है।" जीवन के कुछ कठोर दृश्य और सत्य या आख्यान गद्य कविता की ओर जाने को बाध्य कर सकते हैं। कविता इधर आख्यानात्मक भी हुई है और अधिक गद्यात्मक भी। कभी-कभी लगता है कि कविता में पंक्तियों को जिस तरह तोड़ा जाता है उसका कोई ठीक-ठीक तर्क किसी कवि के पास नहीं होता। कभी-कभी इससे बेचैनी होती है।

कभी-कभी लगता है कि लय एक ऐसी एकरसता को पैदा कर देती है जिससे ऊब पैदा होती है। इस लय में व्यतिक्रम जरूरी लगता है। लय की सघन निरन्तरता कई बार कविता में साँस लेने की जगह को कम करने लगती है। गाहे-बगाहे गद्य कविता की ओर जाने के ऐसे कई बहुत व्यक्तिगत से कारण हो सकते हैं।

गद्य कविता, कविता के मन्त्र हो जाने का विपरीत है। वह हमारी वाचालता, हमारी बतकही के ज्यादा करीब हो सकती है। भविष्य की कविता की कल्पना अक्सर या तो मन्त्र हो जाने में की गई है या गद्य हो जाने में।

कविता का आठवाँ दशक

कविता के इस दृश्य की नाड़ियों को टोहना थोड़ा कठिन काम है। आठवाँ दशक नई कविता या छायावाद की तरह किसी विशेष साहित्यिक प्रवृत्ति या बनक को इंगित करनेवाला पद नहीं है। वह एक समय को इंगित करता है। और यह समय आजादी के बाद का सबसे ज्यादा चुनौतियों से भरा समय है। यह विभाजित समय है। इसका एक हिस्सा, कांग्रेस के विभाजन के बाद का वह समय है जब बड़े पूँजीपति घराने पहली बार राजनीतिक निर्णय को लेकर दिग्भ्रमित नज़र आते हैं। एक नव धनाढ्य वर्ग का उदय होता है और इनके टकराव की आवाजें बहुत साफ तौर पर सुनाई पड़ती हैं। दृश्य पर सत्ता के मुँह से लुभावने वामपन्थी नारे सुनाई देते हैं। माहौल में एक नया प्रगतिशील उत्साह दिखाई पड़ता है। दूसरा समय आपातकाल का है। एकाएक सारी जनतान्त्रिक प्रक्रियाएँ रुक जाती हैं। सारा जनतान्त्रिक उत्साह स्तब्ध रह जाता है। पहली बार पर्दों के पीछे छिपे वे चोर दरवाजे प्रकट होते हैं जो किसी भी संकट के समय भारतीय बुर्जुआजी को तानाशीह की ओर जाने का रास्ता दे सकते हैं। और तीसरा समय वह है जब जनतान्त्रिक प्रक्रिया की एक बार फिर वापसी होती है। इन स्थितियों ने जनतान्त्रिक प्रक्रिया और जनतान्त्रिक सोच को पहले से ज्यादा वयस्क बनाया है। ज्यादा व्यापक। विजय कुमार ने इसी को लक्ष्य करते हुए लिखा है कि ''भारतीय समाज में जनतान्त्रिक चेतना मात्र राजनीतिक पार्टियों और चुनाव के जंगल से निकलकर समाज के मूल ढाँचे की उन भीतरी पर्तों तक जा रही है जो अब तक 'पालिटी' की पकड़ से बाहर थे।'' इसी परिदृश्य ने सम्भवतः अशोक वाजपेयी को कविता की वापसी जैसे पद गढ़ने को प्रेरित किया होगा।

जनतान्त्रिक प्रक्रिया का विकास और जनतान्त्रिक मूल्यों का ह्रास, आगे के वर्षों में इस विरोधाभास को देखा जा सकता है। महसूस किया जा सकता है। जनता के विभिन्न तबकों तक जनतान्त्रिक चेतना का फैलाव वर्गीय सत्ता के लिए कोई बहुत आकर्षक चीज नहीं है। इसलिए यह ऐसे विरोधाभास को जन्म देता है, जिससे कि किसी भी राजनीतिक या आर्थिक संकट के समय वह जनतान्त्रिक व्यवस्था को भंग कर सके और तिस पर भी बहुसंख्य जनता उसके समर्थन में बनी रहे। आठवें दशक की कविता की एक बड़ी विशेषता यह भी है कि उसने भारतीय बुर्जुआजी के इस काइयाँपन को गहराई से समझा। निरी राजनीतिक वाचालता से हटकर उसने जीवन को उसके सभी

राग-रंगों में पकड़ने की कोशिश की और "मनुष्य और मनुष्य के बीच के उन ठोस जीवन्त रिश्तों की खोज की जिसे शोषक व्यवस्था लगातार विरूपित करती जाती है" (विजय कुमार)।

आठवें दशक में एकबारगी ऐसा लगा जैसे कविता की वसुन्धरा एकाएक बहुत चौड़ी हो गई है, जिसमें कभी एक प्रवृत्ति के आगे दूसरे किसी प्रवृत्ति के लिए मंच पर जगह नहीं होती थी। जिसमें शिखर पर केवल एक ही कवि रह सकता था, उसी में एकाएक कई पीढ़ियों और कई तरह से कविता लिखनेवालों के लिए बहुत सारी जगह निकल आई। ऐसा क्यों हुआ ? इसके कारणों को जानने की जैसी व्यग्रता होनी चाहिए थी वैसी न कवियों में दिखी न आलोचना में। क्या कविता के समाज में सारे वैचारिक टकराव और तनाव खत्म हो गए हैं ? क्या किसी ऐसे जनतन्त्र का उदय कविता में हो गया है जिसमें राजनीतिक सवाल गौण हो चुके हैं ? यह एक ऐसा दृश्य है जिसमें नागार्जुन, शमशेर, केदार, त्रिलोचन, मुक्तिबोध, रघुवीर सहाय, केदारनाथ सिंह, कुँवरनारायण, सर्वेश्वर, विनोद कुमार शुक्ल, देवताले, सोमदत्त, वेणु गोपाल, आलोकधन्वा, ज्ञानेन्द्रपति, अरुण कमल, असद जैदी, विष्णु नागर, उदय प्रकाश, विजय कुमार और एकदम नए आए कवि देवीप्रसाद, एकान्त श्रीवास्तव, बद्रीनारायण याने अलग-अलग पीढ़ी और समझ के अनेक कवि एक साथ सक्रिय है।

क्या इन अलग-अलग वय के कवियों की कविता में कोई ऐसी बात है जिसे सामान्य (कॉमन) प्रवृत्ति कहा जा सकता है ?

दो

मुझे लगता है कि इस बीच ऊर्ध्वाकार अक्ष (वर्टीकल एक्सिस) का तेजी से लोप हुआ है। यह जनतान्त्रिक प्रक्रिया के विकास की एक महत्त्वपूर्ण स्थिति है। कम-से-कम कविता में इसे उपलब्धि की तरह देखा जाना चाहिए। राजनीति में इसके कुछ हद तक नकारात्मक परिणाम भी लक्ष्य किए जा सकते हैं। इस अर्थ में कविता और राजनीति एक-दूसरे की तरफ पीठ करके खड़ी हैं। मुझे लगता है कि आठवें दशक की कविता वस्तुतः हारिजेंटल एक्सिस की कविता है। उदात्तता, गहराई, ऊँचाई या जटिलता में धँसना जैसे पदों में उसे नहीं समझा जा सकता। ऊर्ध्व-अक्षीय सोच के ये सारे पद अब निरस्त हो चुके हैं। आज की कविता में गूढ़ार्थ नहीं निहितार्थ महत्त्वपूर्ण है। धूमिल के साथ-साथ कविता में नायकों की विदाई का अन्तिम गीत गाया जा चुका है। यहाँ नायकों का प्रवेश निषिद्ध है। यह चरित्रों की कविता है। यह हमारे आसपास और दूर तक फैले जीवन प्रसंगों की कविता है। वह जीवन को उसकी विशिष्टता में नहीं, उसके विस्तार और विविधता में रचना चाहती है। यह एक सहज भाव की कविता है। रामचन्द्र शुक्ल

ने कहीं कहा है कि "सच्चे काव्य में सहज भाव प्रधान होता है, आरोपित नहीं।" इसी अर्थ में वह एक सच्ची कविता भी है। इसमें सामान्य का विशिष्टीकरण या विशिष्ट के सामान्यीकरण की कोशिश नहीं है, वह सामान्य को सामान्य की ही तरह देखना और दिखाना चाहती है। वह विशिष्ट होने के दर्प से बाहर आई है। सहज होने की प्रक्रिया में उसने अपने को स्वतन्त्र किया है और स्वतन्त्र होने की प्रक्रिया में वह सहज हुई है। शायद इसीलिए इस कविता में पेड़, चिड़िया और बच्चे बड़ी संख्या में दिखते हैं। नक्सल कविता की तरह उसमें क्रान्ति एक मनोगत प्रक्रिया नहीं है। इस कविता के लिए क्रान्ति एक सामाजिक प्रक्रिया है इसलिए वह जीवन को, उसकी विडम्बनाओं और विसंगतियों को समझने की कोशिश करती है। उसमें बड़बोलापन नहीं, एक बातूनीपन है।

इसे दर्प न समझा जाए तो यह कहना चाहता हूँ कि आठवें दशक की कविता अपनी कला, भाषा और अपने पूरे व्यवहार में अपने से पहले की सम्पूर्ण कविता की बनिस्बत सबसे अधिक जनतान्त्रिक कविता है। उसमें अपनी उज्ज्वल काव्य परम्परा का निषेध नहीं है। निषेध सम्भव भी नहीं है क्योंकि यह कविता अपनी पूरी परम्परा को आत्मसात करके ही सम्भव हुई है। अपने से पूर्व कविता के उच्छेदन से नहीं। यह मात्र प्रगतिवादी कविता का विस्तार नहीं है। यह तो विभिन्न परस्पर विरोधी काव्य प्रवृत्तियों और काव्य आन्दोलन के घात-प्रतिघात से, उसकी प्रक्रिया से प्रतिफलित हुई है।

जनतान्त्रिक होने की प्रक्रिया में उसने सहजता और सादगी को ही अर्जित नहीं किया, एक ऐसा इनर-स्पेस भी बनाया है जिसमें एक आत्मिक राहत भी है और सृजनात्मक के लिए अवकाश भी। इसीलिए वह अपने पाठक या श्रोता को चमत्कृत करने या अपनी विशिष्टता से आतंकित करने का काम नहीं करती। यह कविता अपने पाठक और श्रोता के अनुभवों में साझीदार बनने की कोशिश करती है। वह स्वाँग रचनेवाली कविता नहीं है।

तीन

आठवें दशक की कविता सम्प्रेषण के तीसरे रास्ते की तलाश करती है। बतियाने की एक ऐसी भाषा उसने अपने लिए अर्जित की जो न पूरी तरह नागरीय कही जा सकती है और न बोलियों से बोझिल है। इसमें एक छद्म गूढ़ार्थ की भंगिमा या बहुलार्थकता (एम्बीग्यूटी) का स्वाँग नहीं है। नई तकनीकों के फैलाव, शिक्षा और संचार माध्यमों के आक्रामक प्रसार ने एक नए पाठक वर्ग को भी पैदा किया है। समय की गति इतनी तेज हो गई है कि उसमें भाषा के साथ उलझने के अवकाश अगर नदारद नहीं तो कम-से-कम सीमित जरूर हो गए हैं। बोधगम्यता एक आवश्यकता भी है और चुनौती भी। उपभोक्तावादी संस्कृति जिसे सम्प्रेषणीयता और बोधगम्यता कह रही है, कविता की सम्प्रेषणीयता उससे भिन्न ही नहीं, उसकी विरोधी भी है। जब एक काव्य प्रवृत्ति बदलती है और एक नई काव्य प्रवृत्ति पिछली की जगह लेती है, तो सम्प्रेषण की समस्या उठती

है। सम्प्रेषण की समस्या कविता की प्रक्रिया में ही अन्तर्निहित है। कविता किसको सम्बोधित है, इससे एक हद तक उसके सम्प्रेषण के पैटर्न भी निर्धारित होते हैं। प्रगतिवाद जनता के बड़े समूह को सम्बोधित कविता थी और नई कविता अपने आपको। अकविता पूर्ण निषेध में विश्वास करती थी। इसीलिए वह सम्प्रेषण का भी निषेध करती है। आठवें दशक की कविता सम्प्रेषण का एक तीसरा रास्ता तलाशने की कोशिश करती है। वह लोकप्रिय कविता की तरफ जाना नहीं चाहती और नई कविता की तरह सीमित सुधीजन तक ही बने रहने की आधुनिकतावादी समझ का अतिक्रमण भी करना चाहती है। वह अधिसंख्य तक पहुँचना चाहती है और कविता की शर्त पर पहुँचना चाहती है, समाज की वर्तमान जटिलताओं और अन्तर्विरोधों को उजागर करते हुए। वह वैयक्तिक आवाजों की विशिष्टताओं के साथ एक सामूहिक आवाज होने की कोशिश है।

सम्प्रेषणीयता का सवाल थोड़ा उलझा हुआ सवाल है। लेकिन यह ठीक वैसा नहीं है जैसा कुलीनतावादियों या उपभोक्तावादियों का आग्रह है। बोधगम्यता के नाम पर एक ओर अतिसरलीकरण के आग्रह हैं तो दूसरी ओर उसका विरोध करनेवाले एम्बीग्यूटी और छद्म अमूर्त्तताओं का पक्ष लेने लगते हैं। पिछले कुछ समय में आठवें दशक की कविता के कुछ हिस्से पर 'आधुनिकतावादी प्रवृत्तियों' के आरोप भी लगाए गए हैं। जबकि इस कविता ने आधुनिकतावाद की तरह आत्मिक सम्पर्क की असम्भवता पर न कभी जोर दिया न सम्प्रेषणीयता से विमुख होने को महत्त्वपूर्ण माना। बल्कि आठवें दशक की कविता इन दोनों की बातों का प्रत्याख्यान है। आठवें दशक की कविता में सम्प्रेषण की समस्या वस्तुतः आधुनिकतावादी कला आग्रहों के कारण नहीं पैदा हुई। इसका कारण कभी-कभी अनुभव की कमी हो सकता है और कभी-कभी अपने समय की सच्चाई को व्यक्त करने के औजारों की अपर्याप्तता।

चार

आठवें दशक की कविता 'देखा है' की नहीं एक शामिल आदमी की कविता है। इसलिए इसमें 'मैं' की उपस्थिति कम है। इसका 'हम' 'मैं' का पर्याप्त नहीं है। वह पूरी तरह से 'हम' ही है। इसमें नायक नहीं हैं। इसमें लोग नायकों की तरह नहीं लोगबाग की तरह प्रवेश करते हैं। प्रगतिवादी कविता आलोचनात्मक प्रतिक्रिया की कविता थी और नई कविता में आत्म-विश्लेषण पर अधिक जोर था। अक्सर अन्तहीन विलाप में खोया यह आत्म-विश्लेषण कई बार ऐसी आदत बनता लगता है जो दूसरे से अपने को एकदम अलग-थलग कर लेता है और अकेलापन महसूस करने लगता है। वह अक्सर बहुत सन्देहवादी होता है और कई बार यह आत्मविश्लेषण आत्म-भर्त्सना के रूप में प्रकट होता

है। जैसा पचास पचपन के आसपास आई कविता में हुआ।

आठवें दशक की कविता अपने पूर्व काव्य आन्दोलनों से इस अर्थ में भिन्न कविता है। वह वस्तुतः विश्लेषणात्मक विवेक और विश्लेषणात्मक प्रक्रिया की कविता है। यह आर्ग्यूमेंट की कविता है। उसमें निष्कर्ष और दार्शनिक टिप्पणियाँ नहीं हैं, लगभग नहीं। इस कविता के कलात्मक विज़न और वैचारिक विज़न को समझने और परखने के लिए आलोचना को ज्यादा जनतान्त्रिक उपकरणों की जरूरत होगी।

पाँच

आठवें दशक की कविता की समस्या यथार्थ के अत्यधिक ढके होने या अस्पष्ट होने से पैदा नहीं हुई, वह यथार्थ के अतिप्रगटीकरण, अतिउजागर होने से पैदा हुई है। हमारे समय का 'डोमाजी उस्ताद' किसी 'अँधेरे में' चल रहे जलूस का पात्र नहीं है। वह तो दिनदहाड़े अपराध करता है और खुलेआम घूमता है। इस अति और आक्रामक रूप से प्रकट यथार्थ ने फन्तासी और बिम्ब दोनों के सामने नई चुनौतियाँ खड़ी की हैं। मुकुट बिहारी सरोज का एक गीत है "एक तरफ परदे के नाटक एक तरफ हैं नंगे"। लेकिन हमारे समय के नाटक पर कोई परदा ही नहीं है। यह कुछ दिलचस्प संयोग भी है कि आज के नाटक में अक्सर न तो यवनिका गिरती है न उठती है। हमारी राजनीति परदा-विहीन है। इन्दिरा गांधी ने एक साक्षात्कार में कहा था कि नेहरू राजनीतिक चिन्तक थे और मैं मात्र राजनीतिज्ञ हूँ। यह नेहरू और इन्दिरा गांधी के बीच का या राजनीतिक चिन्तक और राजनीतिज्ञ के बीच का फर्क नहीं है। यह मूल्यपरक राजनीति ओर मूल्यहीन राजनीति की ओर बढ़ते समाज का फर्क है। पिचहत्तर से आज तक यह और अधिक बढ़ा है। अधिक नग्न और अधिक आक्रामक हुआ है।

नव धनाढ्यों की उद्दण्डता और अमानवीयता ने पहले के सभी शोषक वर्गों की उद्दण्डताओं और लालच को मात कर दिया है। नई टेक्नोलाजी सुविधा बनने से ज्यादा हमारी स्वतन्त्रता और सृजनशीलता के लिए खतरा बनती जा रही है। आज धार्मिक कट्टरतावाद सारी दुनिया का सिरदर्द बनता जा रहा है। वित्तीय पूँजी नए-नए प्रपंच रच रही है। शिक्षा गला काट प्रतिद्वन्द्विता को पैदा कर रही है, वह प्रशासक और माल बेचने वाले रिप्रज़ेंटेटिव्स पैदा कर रही है, सर्जक पैदा नहीं कर रही। सृजन की भूमि दिनोंदिन सिकुड़ रही है।

रघुवीर सहाय ने नई पत्रकारिता के सन्दर्भ में एक महत्त्वपूर्ण बात कही है कि "नई पत्रकारिता निर्भीकता को एक निरपेक्ष मूल्य मानती है। इसके यहाँ हत्यारे का दुस्साहस भी निर्भीकता है।" यह सिर्फ पत्रकारिता में नहीं है। इस तरह की निरपेक्ष निर्भीकता सारे समाज में सर्वत्र देखी जा सकती है। इस नंगई और आक्रामकता ने समाज को ही नहीं, कविता को भी भौंचक कर दिया है। इस कविता में वर्णनों और ब्यौरों का दुबारा प्रवेश हुआ है। चीजों और स्थितियों के अतिप्रगटीकरण और वर्णनों के बढ़ने

के बीच क्या सम्बन्ध हो सकता है ? क्या यह एक विरोधाभासी स्थिति है ? मुझे लगता है कि अतिप्रगटीकरण चीजों की पहचान को बनाने के बजाय नष्ट कर देता है। शायद इसीलिए कविता में उन तमाम चीजों को फिर से जतलाना जरूरी हो गया है। सम्भवतः इसीलिए इस दौर में कविता में ब्यौरे और वर्णन बढ़े हैं।

आठवें दशक की कविता ने एक बार पुनः उस कविता को सम्भव बनाया है जिसमें जीवन के सभी राग-रंग मौजूद हैं। यह कविता में जीवन के पुनर्वास की कविता है।

आकलन

किसानी को चरितार्थ करने का जोखिम...

सामाजिक परिवर्तन के उद्देश्य से प्रारम्भ की गई कोई भी कार्रवाई चाहे वह राजनैतिक हो, सामाजिक या साहित्यिक तभी कारगर हो सकती है जब उसमें देश की सामाजिक संरचना और उसके चरित्र की एक वयस्क समझ हो। इस देश का अधिकांश हिस्सा आज भी ग्रामीण है और सबसे बड़ा वर्ग किसान है। इसीलिए परिवर्तन की कोई भी शुरुआत और उसकी सफलता ग्रामीण क्षेत्र के चरित्र के बारे में हमारी समझ और जानकारी पर निर्भर करती है। ऐतिहासिक परिप्रेक्ष्य में भी देखें तो हर बड़े आन्दोलन की सफलता या विफलता के कारण इसमें खोजे जा सकते हैं। राष्ट्रीय मुक्ति आन्दोलन सबसे उग्र स्वरूप तब ही ग्रहण कर सका जब गांधी ने उसे ग्रामीण क्षेत्रों से उकसाया और उग्रवामपन्थी आन्दोलन तब विफल हुआ जब वह गाँवों से कटकर शहरों में आ बसा। इस देश के वामपन्थी आन्दोलन की विफलता का यह एक महत्त्वपूर्ण मुद्दा है कि उसने बार-बार शहरों की तरफ दौड़ लगाने की लाइन अख्तियार की है जबकि इस देश में क्रान्ति की सारी पहलें किसान आन्दोलनों और हथियारबन्द किसान क्रान्तियों से हुई।

ऐतिहासिक जानकारी और वर्तमान स्थिति दोनों से ही यह बिल्कुल स्पष्ट है कि सामाजिक परिवर्तन की किसी भी कार्रवाई में हरावल दस्ता इस देश का किसान वर्ग ही बन सकता है और परिवर्तन का उत्स ग्रामीण अंचलों से ही सम्भव है इसीलिए विद्रोह की समकालीन कविता की सही ज़मीन या शुरुआत भी वहीं से हो सकती है। कमोबेश इसीलिए धूमिल की कविता, गीत और सनातन सूर्योदयी कविता से छूटकर जब 'किसानी' को चरितार्थ करने का जोखिम, उठाने की तरफ आई तो बहुत जल्द ही वह विद्रोह की एक सही और प्रामाणिक कविता बन गई।

नामवर सिंह ने धूमिल को पहले मुक्तिबोध और बाद में राजकमल चौधरी की काव्य-परम्परा से जोड़ने में ही सारी मशक्कत कर डाली है जबकि धूमिल की कविता विद्रोह की एक सही ज़मीन की समझ उजागर करनेवाली, सही कविता की एक नई परम्परा का उत्स बिन्दु है। उसमें राजकमल चौधरी की तरह भाषाई चमत्कार, अनिश्चय और अराजकता की स्थिति नहीं है न ही वह मुक्तिबोध की तरह अपने आसपास फैंटेसी का तिलिस्म खड़ा करती है।

धूमिल की कविता वामपन्थी साहित्य में इन दिनों प्रचलित दो सूत्रों अर्थात् 'सामान्य जन के बारे में' और 'सामान्य जन के लिए' वाली कविता नहीं, ग्रामीण चरित्र से शिक्षित

हुई, ग्रामीण जन 'की' और उसको सहज और सायास दोनों ही तरह से चरितार्थ करने की कोशिश करती कविता है। उसमें आम आदमी और उसके परिवेश से शिक्षित होने की मुद्रा पहले है, शिक्षक होने की मुद्रा बाद में। यहाँ पर भी मुक्तिबोध और धूमिल की कविता में एक बुनियादी फ़र्क है। जहाँ मुक्तिबोध की कविता का केन्द्रीय चरित्र एक विराट महाज्ञानी पुरुष है जो दार्शनिक ऊँचाई से अपनी बात शुरू करके सामान्य जन की स्थिति की पड़ताल तक पहुँचता है, वहीं धूमिल की कविता का केन्द्रीय चरित्र एक निचले तबके का व्यक्ति है जो अपने आसपास से, अपने घर, अपनी औरत, अपने पेशे या अपने सामने की सड़क से बात शुरू करते हुए, स्थितियों को आसपास के बिम्बों के माध्यम से विश्लेषित करते हुए, एक वैचारिक ऊँचाई तक पहुँचता है। और इसी कारण कई सारी कमजोरियों और मुक्तिबोध की कविता की वैचारिक गम्भीरता, गहनता और तनाव न होने के बावजूद और बावजूद एक विशिष्ट और महत्त्वपूर्ण कविता की ऊँचाई प्राप्त न कर सकने के भी, सामान्य जन के लिए धूमिल की कविता अधिक निकट और आत्मीय कविता है। उसमें न केवल वह सामान्य जन जगह-जगह मौजूद है वरन् उसका बात करने का अन्दाज और उसकी भाषा भी मौजूद है।

सीधी लेखक शिविर में 'बातचीत' के दौरान धूमिल ने बड़े साफ़ शब्दों में अपनी इस मान्यता को जतलाया था कि "आम आदमी की तकलीफें, आम आदमी का दुख, आम आदमी की अपनी जिम्मेदारियाँ या अपनी 'किसानी' (हम लोगों ने यह शब्द इस्तेमाल करना ज्यादा अच्छा समझा है) अपनी किसानी को लगातार चरितार्थ करने का जो अनुभव जोखिम होता है..." (सीधी लेखक शिविर पहचान) और वास्तव में गम्भीरता से धूमिल की कविताओं की पड़ताल की जाए तो यह जाना जा सकता है कि कथ्य, शिल्प और भाषा, कविता के इन तीनों महत्त्वपूर्ण घटकों में अपनी 'किसानी' को चरितार्थ करने का जोखिम धूमिल ने उठाया है। ग्रामीण परिवेश और उसकी समस्याओं को लेकर लिखी जानेवाली कविताओं का अम्बार पहले भी हिन्दी में रहा है, लेकिन जिस काव्य संस्कार और भाषा के साथ उसे लिखा गया उसने ग्रामीण परिवेश की कविता को कमोबेश सुसज्जित ड्राइंगरूम में लगी लोकशैली की पेंटिंग से ज्यादा प्रामाणिक और सार्थक कभी नहीं होने दिया। वैसे अपवाद स्वरूप डॉ. रामविलास शर्मा या नागार्जुन जैसे कुछ कवियों के नाम लिए जा सकते हैं लेकिन उन्होंने भी 'आल्हा' रोला छन्द आदि काव्य के उन्हीं प्रचलित गेय शिल्पों को चुना था जो हमारे ग्रामीण अंचलों में आनन्द या उल्लास मनाने के लिए उपयोग में आने लगे थे अतः पारम्परिक कवित्त के इन शिल्पों की वैचारिक या संवेदनात्मक उद्वेलन पैदा करने, कोई सही समझ उजागर करने या एक सार्थक गुस्सा पैदा करने में कोई ठोस भूमिका हो सकती है, मुझे नहीं लगता। इसके विपरीत धूमिल ने किसानी को चरितार्थ करने के लिए पारम्परिक शिल्प की जमीन को तोड़कर एक नए शिल्प की संरचना की है। उसने पारम्परिक शिल्प को अपनाने का सरल और शॉर्टकट का रास्ता नहीं चुना, उसका संहार कर एक ऐसे नए शिल्प की संरचना का जोखिम उठाया, जिसमें गेयता के अनुशासन से पैदा होनेवाले अवरोध

और लचीलेपन अभिव्यक्ति को लुजलुजा न बना सकें।

पिछले दिनों काव्यभाषा को लेकर हुए प्रयोगों को धूमिल ने एक नया मोड़ दिया है। किसानी चरित्र को सही-सही पेंट करने, उसके खुरदरेपन, उसके बात कहने के गँवईपन को उजागर करने के लिए उसने एक अक्खड़ काव्यभाषा अपने लिए निर्मित की है। अनेक ऐसे शब्द जो अलग से सुनकर एक संस्कारगत काव्यप्रवृत्तिवाले को, काव्यभाषा के लिए नितान्त अजनबी, बेतुके यहाँ तक कि असम्भव लग सकते थे, धूमिल कविता में पूरे ठाठ से ले आए। उदाहरण के लिए कुछ शब्द देखे जा सकते हैं—पटरा सीवान, नोनछही, इटों, परखी, पोंक्ता, सकारना, सुखतल्ले आदि। अनेक ऐसे शब्द हैं जिनसे उसने एक नई काव्यभाषा की संरचना की है। ये भदेस शब्द कई स्थानों पर सहज ही कविता के अन्दर से उपजते हुए भी आए हैं और कई जगहों पर सायास लाए गए भी लगते हैं। इसका एक महत्त्वपूर्ण कारण है। धूमिल एक किसान परिवार में पैदा हुए थे और जनभाषा के शब्द उन्हें संस्कारगत प्राप्त हुए होंगे जबकि दूसरी ओर वे परिष्कृत अभिजात काव्य-भाषा से भी भली-भाँति परिचित थे जिसे वे सतर्कतापूर्वक तोड़ना भी चाहते थे ताकि किसानी को चरितार्थ करने की अपनी मान्यता का वे पूरी तरह से निर्वाह कर सकें, इसी कारण जहाँ एक ओर जनभाषा के शब्द उनकी कविता में सहज उपजते हैं वहीं दूसरी ओर धूमिल कई स्थानों पर भदेस शब्दों को सायास भी लाते हैं।

धूमिल का काव्यशिल्प वक्तव्य, बातचीत और सूक्तियों का सम्मिश्रण है। वे कविता में लगातार चुस्त सूक्तियाँ और मुहावरे गढ़ते हैं। सूक्तियों को लेकर उनकी कविता में आई विशिष्टताओं और कमजोरियों पर अच्छी-खासी चर्चा हुई है। यहाँ तक कि कविता में नई सूक्तियाँ गढ़ने को लेकर भी, लेकिन आखिरकार धूमिल की कविता में सूक्तियाँ और मुहावरे गढ़ने की प्रवृत्ति का आगमन कहाँ से, और क्यों है ? इस पर विचार करना आवश्यक है

सूक्तियाँ या मुहावरे गढ़ना एक ग्रामीण परम्परा है। सूक्तियाँ अधिकतर अपने निर्धारित शब्दों के भीतर ही अनेकानेक अर्थों की गूँज को अपने में समाहित किए होती हैं और सन्दर्भों के बदलते ही एक ही सूक्ति के अर्थ भी बदल जाते हैं। यह सूक्तियों का एक विशेष गुण है जिसे अधिकांश सूक्तियों में देखा जा सकता है। 'निराला' कविता में सूक्तियों और 'उपदेशों' को कवि की कमजोरी मानते थे लेकिन धूमिल की कविता निराला की मान्यता के विरुद्ध एक जीवन्त चुनौती है, वहाँ सूक्तियों, उपदेशों और वक्तव्यों से कविता का गठन सिर्फ सम्भव ही नहीं हुआ है वरन् उसने आज की कविता का एक तेज-तर्रार नया मुहावरा भी गढ़ा है और धूमिल उसमें काफी हद तक सफल भी रहे हैं। लम्बी कविताओं 'भाषा की एक रात' और 'पटकथा' में अवश्य ही इस शिल्प का निर्वाह वे अपनी ताकत से नहीं कर सके हैं लेकिन अन्य कविताओं में उनके इस शिल्प की सफलता देखी जा सकती है।

धूमिल की कविता में सूक्तियाँ बोलने की प्रवृत्ति के पीछे जहाँ उनके किसानी

संस्कार या किसानी को चरितार्थ करने की मान्यता एक कारण है वहीं दूसरा कारण भाषा का संकट भी है। लेकिन वैसा नहीं जैसा एक ग्रामीण के पास था या होता है वरन् यह एक दूसरे प्रकार का संकट था, अकवितावादियों द्वारा भाषा के साथ किए गए खिलवाड़ से पैदा हुआ संकट, जिसने अनेक शब्दों के अर्थों को विकृत कर डाला बल्कि काफी हद तक अर्थहीनता की स्थिति में फेंक दिया।

पेशेवर भाषा के तस्कर संकेतों
और बैलमुती इमारतों में
अर्थ खोजना व्यर्थ है।

और इससे भी बड़ा संकट था भाषा का जनभाषा से कटकर अनायास शहरीकरण। भाषा का यह शहरीकरण या अभिजात्यकरण जनभाषा के उत्तरोत्तर विकासक्रम से नहीं हुआ था वरन् यह हमारे आधुनिकताबोध की ही तरह पश्चिमी राष्ट्रों से आयातित काव्य भाषा का रूपान्तरण या अनुवाद से निर्मित हुआ था। इस तरह से निर्मित भाषा हमारे जनभाषा के संस्कार से एकदम अलग और अपरिचित भाषा थी और कविता के लगातार असम्प्रेषणीय होने और जनता के कटते चले जाने का यह भी एक महत्त्वपूर्ण कारण है।

धूमिल की कविता में किसानों की सहज प्रवृत्तियाँ, चीजों को देखने का एक किसानी नजरिया बार-बार उद्‌घाटित होता है। जिस पेड़ के तने से निकलती काली चींटियों को देखकर एक किसान सम्भावित मौसम की जानकारी देता है उसी प्रकार धूमिल की कविताओं में भी पशु-पक्षियों या प्राकृतिक बिम्बों के माध्यम से भविष्यबोध या आशंकाएँ व्यक्त हुई हैं। और इस प्रवृत्ति को उन्होंने सहज चित्रित भी किया हैं

पशुओं की हरकतों से
तुम्हें आने वाले खतरों की गन्ध
मिलती है

लेकिन इस किसान, किसानी भाषा, बात करने के अन्दाज, और दृष्टिकोण को चरितार्थ करने के दौरान कृषक जगत में फैली सामन्ती प्रवृत्तियाँ भी जगह-जगह धूमिल की कविता में प्रवेश कर गई हैं। विशेष रूप से 'औरत' के प्रति जो धारणा बार-बार उनकी कविताओं में बजबजाती है वह उसी सामन्ती मानसिकता की देन है। लेकिन अकवितावादियों की तरह यौन सम्बन्धों का विकृतिकरण या औरत के प्रति जुगुप्सा पैदा करनेवाला भाव इन कविताओं में नहीं है। औरत को दोयम दर्जे पर देखने की प्रवृत्ति इनमें है। धूमिल की इस मानसिकता की पड़ताल के लिए इस मानसिकता को निर्मित करनेवाले सामाजिक कारणों को समझना आवश्यक है। भारत में औद्योगीकरण के उदय के उपरान्त और स्वतन्त्रता के पश्चात् भी कोई पूँजीवादी क्रान्ति नहीं हुई, उसने सामन्तवाद को समाप्त नहीं किया क्योंकि राष्ट्रीय बुर्जुआ इतना शक्तिशाली नहीं था कि

वह सामन्तवाद को आमूल नष्ट कर सके, इसलिए इस देश की सामन्ती और बुर्जुआ शक्तियों में एक समझौते की स्थिति बनी, एक सामंजस्य की स्थिति, जिसके परिणामस्वरूप देश का अधिकांश हिस्सा, उसका सामाजिक ढाँचा, प्रवृत्तियाँ, रीति-रिवाज और दृष्टिकोण सभी कुछ फ्यूडल रह गया। धूमिल की कविता में इस प्रवृत्ति का प्रवेश वास्तव में इस सारे परिवेश की ही प्रवृत्ति है। लेकिन धूमिल जैसे जागरूक कवि ने इस प्रवृत्ति को ज्यों का त्यों अपना लिया है बल्कि यह प्रवृत्ति उसका अपना दृष्टिकोण तक बनती गई है जबकि धूमिल को इस प्रवृत्ति को उद्‌घाटित करते हुए उसके खोखलेपन पर करारी चोट करनी चाहिए थी जो धूमिल ने नहीं की। लेकिन इस प्रवृत्ति को ढाँपने का छुपाने का प्रयास भी धूमिल ने नहीं किया है और उसे बेहिचक प्रकट कर दिया है। एक बड़े वर्ग में फैली प्रवृत्ति (जो गलत हो) को प्रकट करना भी अपने आप में एक विशिष्ट महत्त्व रखता है। अध्यात्मवादी होने के बावजूद 'टालस्टाय' का साहित्य जिस कारण से 'रूसी क्रान्ति का दर्पण' होता है और 'बालज़ाक' का 'कॉमेडी ह्यूमेन' जिस बात के लिए महत्त्वपूर्ण बनता है, कमोबेश धूमिल द्वारा उद्‌घाटित इस प्रवृत्ति के लिए उसकी वैचारिक प्रतिबद्धता पर चाहे उँगली उठाई जा सके लेकिन कविता में उसकी ईमानदारी पर चोट नहीं की जा सकती।

वह आदमी नया गरम कोट पहनकर चला गया

विनोदकुमार शुक्ल ने साठ के बाद आए कवियों में केवल अलग पहचान ही क़ायम नहीं की बल्कि उनकी कविता की दृष्टि भी अलग थी। इसलिए पहली बार जब उनकी कविताएँ **कृति** में प्रकाशित हुईं तो उन्हें अनदेखा तो नहीं किया जा सका, लेकिन एक अस्वीकार का भाव उनके प्रति ज़रूर था। ये प्रारम्भिक कविताएँ अपनी दृष्टि और संरचना में इतनी अलग थीं, कि उनका इतना अलग होना ही, उस दौर के कविता परिदृश्य के प्रतिपक्ष में होना था। 1971 में विनोद शुक्ल की बीस कविताओं का एक चयन **पहचान सीरीज** में प्रकाशित हुआ और 1981 में पहला कविता-संग्रह। किसी भी कवि के पहले कविता-संग्रह से यह कुछ मायनों में भिन्न है। इसमें केवल कवि के उस अर्जित मुहावरे की ही कविताएँ नहीं हैं, जिससे उसे पहचाना गया था, बल्कि उस मुहावरे की सीमाओं का अहसास भी है। उस मुहावरे की सम्भावनाओं के उत्खनन के दौरान किए गए प्रयोग भी हैं। याने उपलब्धियाँ भी और उस मुहावरे से बाहर निकलने के संकेत भी। लेकिन यह बाहर निकलना ऐसा बाहर निकलना नहीं है कि सब जगह घुसपैठिया हो जाना हो जाए। यह बाहर निकलना विनोद शुक्ल के मिज़ाज के अनुकूल है अर्थात् कुछ इस तरह कि जाते हुए अपनी पीठ को देखा भी जा सके और पहचाना भी जा सके। अपनी आत्मपरकता के इस वस्तुनिष्ठीकरण ने ही उन्हें अज्ञान से भरी सिनिसिज्म की आक्रामक मुद्रा के कवि होने से रोका है। **मुक्तिबोध** की तरह मध्यवर्ग की बेचैनी और छटपटाहट उनकी कविता में नहीं है। वह मध्यवर्ग के चरित्र का और उसकी सीमाओं का विश्लेषण एक सूझबूझ के साथ करते हैं। यह अधिक वस्तुपरक है। अपनी मध्यवर्गीयता का अहसास उन्हें है, पर वे इसे महिमामंडित नहीं करते, बल्कि वे उसकी कल्पनाजीवी मानसिकता और वास्तविकता के बीच की आइरनी को उजागर करते हैं।

विनोद शुक्ल की कविता के बारे में ये आपत्तियाँ आम हैं कि वह समझ नहीं आती। जबकि उनकी भाषा बेहद सादी (सीमित नहीं) सहज और सपाट है। वस्तुतः भाषा की सहजता और गद्यात्मक सपाटता के ही कारण अपेक्षाएँ बढ़ जाती हैं। भाषा के साथ ही यह अपेक्षा भी हम कर बैठते हैं कि कविता भी उतनी ही सपाट हो और बिना किसी श्रम के हम तत्काल उसे गुड़प कर जाएँ। यह सुविधा विनोद शुक्ल नहीं देते। उनकी कविता को बहुत आसानी से नहीं पढ़ा जा सकता है। उसे रुक-रुककर, ठहरकर पढ़ना पड़ता है। भाषा के स्तर पर मिली सुविधा शिल्प के स्तर पर छिन जाने

से कुछ झुँझलाहट-सी पैदा होती है, क्योंकि ठहरने और ठहरकर इस नाटकीय दुरूहता को जरा-सा खोलने का धैर्य हम नहीं जुटाते।

विनोद शुक्ल की कविता एकबारगी अपनी ऊपरी सतह पर कई सारी असम्बद्ध घटनाओं, ब्यौरों या बातों और चीज़ों का ढीला-पोला संगठन खड़ा करती है। उसके हिस्सों के बीच या कई बार एक पंक्ति में कही बात से दूसरी पंक्ति के बीच एक 'डिसयूनिटी' नज़र आती है। एकाएक उनमें सम्बन्ध जोड़ना असम्भव लगता है। कई बार किसी हिस्से का सन्दर्भ काफी आगे जाकर किसी हिस्से से जुड़ता है। लगता है जैसे कई टुकड़ा-टुकड़ा बातें, एक दूसरे से एकदम असम्बद्ध बातें, बिना किसी क्रम के एक जगह बेतरतीबवार इकट्ठा कर दी गई हैं एक तरह की तैयारशुदा क्रमबद्धता और एकता कविता हमें नहीं देती। इन्हें जोड़नेवाला आन्तरिक प्रवाह या आन्तरिक सूत्र स्पष्ट रूप से या कविता की ऊपरी सतह पर नज़र नहीं आता। कहना न होगा कि 'और' जैसे शब्द का इस्तेमाल उनकी कविता में बहुत कम है। वह अन्तराल जो घटना और घटना के बीच, घटना और उसके वास्तविक मूल कारण के बीच, किसी बात और सामाजिक संरचना में निहित उसके मूल स्रोत के बीच, वास्तविक संसार की सतह पर दिखाई पड़ता है, वह अन्तराल या गेप्स कविता में भी दिखाई देते हैं। लेकिन इस छद्म अन्तराल के भ्रम को नहीं समझने के कारण नहीं, बल्कि इसके विरुद्ध बहुत अच्छे से जानने के कारण ही उन्हें कविता में लाया गया है...लाया गया है कि उस अन्तराल को और उसके छद्म को उद्घाटित किया जा सके। अतः जो असंयोजन (डिसयूनिटी) कविता के ऊपरी धरातल पर दिखाई देता है वह वास्तव में कविता में होता नहीं है।

अक्सर कविता ने सामाजिक सच्चाई से अपनी वस्तु का चयन तो किया है लेकिन रूप के स्तर पर या तो उसने पारम्परिक रूपों को चुना है या साहित्यिक प्रयासों से, अपने समय के साहित्यिक परिदृश्य में उपलब्ध फॉर्म से ही अपने फॉर्म को, अपने छन्द को अर्जित किया है। यह पक्षधरता क्या एकांगी नहीं है ? रूप का भी अपनी सामाजिक सच्चाई से रिश्ता होता है और उसे भी अपने समय के सामाजिक स्वरूप में से अर्जित करना होता है, इस बाबत बहुत कम सोचा गया है। इधर ऐसा कोई कवि याद करना कठिन है जिसने विनोद शुक्ल की तरह अपनी सामाजिक संरचना के इतने जटिल रूप से न केवल वस्तु के लिए बल्कि अपने मुहावरे के लिए सीधी मुठभेड़ की हो और वास्तविकता से इतने नज़दीक का या मिलता-जुलता-सा मुहावरा अपनी कविता के लिए अर्जित किया हो। रचा हो।

विनोद शुक्ल की कविता के बीच आए इन अन्तरालों को समझना आवश्यक है। ये अन्तराल केवल कविता के हिस्सों के बीच ही नहीं होते, अनेक जगहों पर वह एक पंक्ति और दूसरी पंक्ति के बीच भी होते हैं। कई बार पंक्तियों के बीच से, वाक्य के बीच से कुछ शब्द हटा लेते हैं या कविता की शुरुआत का ही सन्दर्भ ग़ायब होता है। जहाँ से कविता शुरू होती है, उसमें पूर्व सन्दर्भ की जितनी ध्वनि अन्तर्निहित है, उसी से सन्दर्भ जुटाना होता है और अन्तराल को भरना होता है। कविता अचानक शुरू होती है—**'बिस्तर भूल**

गया था। दाढ़ी बनाने का सामान था।' यहाँ **'मैं'** तो ग़ायब है ही, शुरू का सन्दर्भ भी ग़ायब है। यह आपको ही समझना है कि यह मैं कहीं से आया है। 'बिस्तर' और 'भूल गया' के बीच 'लाना' शब्द के जोड़ते ही वाक्य एकदम सीधा और स्पष्ट हो जाता है। यहीं नाटकीय दुरूहता समाप्त हो जाती है। लेकिन यही वह बिन्दु भी है जहाँ उनकी वाक्य रचना गद्य की बुनावट से अलग होती है। तो इन अन्तरालों की आवश्यकता क्या है ? क्या सिर्फ़ एक अटपटापन या नाटकीयता पैदा करना ? क्या केवल अपना एक अलग मुहावरा गढ़ना ? यही करना अगर कविता का मक़सद होता तो शायद इससे भी अधिक कारगर और सरल उपाय दूसरे हो सकते थे। विनोद शुक्ल की कविता के ब्यौरे (डिटेल्स) अप्रत्याशित या चौंकाऊ नहीं हैं, वे सारे ब्यौरे और चीज़ें और वातावरण हमारे बेहद परिचित संसार की चीज़ें हैं। दैनन्दिन की घटनाएँ हैं। उनकी कविता का रूप भी सामाजिक संरचना के स्तर पर देखें तो बेहद परिचित फॉर्म है। लेकिन जब यह फॉर्म कविता में रूपान्तरित होता है तो कविता के स्तर पर वह हमें चौंकाता है। वस्तुतः कविता पढ़ते हुए हम केवल उसके फॉर्म से नहीं चौंकते हैं या आकर्षित होते हैं बल्कि वह वस्तु और रूप का सम्मिलन ही है जो एक अजीब तरह की बेचैनी पैदा करता है, क्योंकि कविता पढ़ने का हमारा संस्कार उसकी वस्तु को तो कविता के स्तर पर स्वीकार करता है पर उस फॉर्म से, कविता के स्तर पर अपना तालमेल नहीं बिठा पाता।

कविता के बीच आया अन्तराल ठीक इसी जगह एक झटका देता है और कविता से अभिभूत होने, वस्तु और रूप के इस नए तालमेल से पैदा द्वन्द्व में उलझने से और कविता का मज़ा लेने से हमें रोक देता है। चेतस करता है और कविता के प्रति वस्तुनिष्ठ बनाता है। ताकि पाठक कविता की असली मंशा तक पहुँच सके और कवि जो कहना चाहता है उसे पूरे विवेक से, तर्क करते हुए ग्रहण करे। अभिभूत होकर नहीं। इसके अतिरिक्त ये अन्तराल सामाजिक प्रक्रिया के बीच सतह पर घटित घटनाओं और सामाजिक संरचना में अन्तर्निहित उसके मूल कारणों के बीच जिस अन्तराल का अहसास होता है, उसका आभास तो कराते ही हैं, साथ ही उसके भ्रम को या कहें कि छद्म को उजागर भी करते हैं। इसी कारण कविता में नाटकीयता पैदा होती है और इस नाटकीयता को कई जगह अतिनाटकीय पंक्तियों द्वारा या अपने ख़ास आशय के आसपास कुछ अतिरिक्त शब्द इकट्ठा करके विनोद थोड़ा और फैला देते हैं। यह नाटकीयता दूसरे स्तर पर दो एकदम विपरीत स्थितियों या मनःस्थितियों को एक साथ रख देने से भी कई बार पैदा होती है। एक तरह से आयरनी (विडम्बना) जो विनोद शुक्ल की कविता का मूल चरित्र है, इस तरह प्रकट होती है। इस प्रकार सामाजिक-आर्थिक और राजनीतिक व्यवस्था के विरोधाभास और मध्यवर्ग के मूल चरित्र की विडम्बना तो उजागर होती है, साथ ही अतिनाटकीय स्थितियों का एक मक़सद और है कि जब कवि कविता में हस्तक्षेप करके अपनी बात कहता है, मूल कारणों की ओर संकेत करता है, या कोई उद्बोधन करता है तो वे पंक्तियाँ अपनी अतिमुखरता के बावजूद अलग से बजती हुई नहीं सुनाई पड़तीं। वक्तव्य की तरह नज़र नहीं आतीं।

कविता के मिज़ाज में ख़लल पैदा नहीं करतीं। नाटकीय पंक्तियों की अतिनाटकीयता—आशयों की प्रबलता को एक तरह से अन्तर्लीन भी करती हैं और उजागर भी करती हैं यही उसका द्वैत है। और यही विनोद धूमिल से भिन्न कवि हैं।

इस संग्रह की कविताओं, विशेष रूप से लम्बी कविताओं में विवरण बढ़े हैं। व्यंग्य अधिक पैना हुआ है। एक स्पष्ट विकास देखा जा सकता है। जहाँ पहले कविताएँ अधिक सांकेतिक थीं वहाँ इधर की कविताओं में यथार्थ के अधिक सघन और सूक्ष्म ब्यौरे हैं। और इन तफ़सीलों के कारण यह कविता अधिक स्थानीय है। उसमें वह भूगोल उपस्थित है जहाँ से वह पैदा हुई है। अपने शिल्प और भाषा के स्तर पर वह अपनी पूरी परम्परा से चाहे च्युत लगे, पर सामाजिक संरचना से उसका एक ऐसा गहरा संरचनात्मक रिश्ता है कि वह समाज के इतिहास से च्युत कविता नहीं है। कुहरे का दृश्य थोड़ा साफ़ हुआ है लगभग जयहिन्द में सिर्फ़ वर्गों की पहचान थी पर इन कविताओं में उसके संघर्ष और उनके बीच सम्बन्धों की द्वन्द्वात्मकता भी उभरकर आई है। मध्यवर्ग उनकी कविता का केन्द्रीय चरित्र है। लेकिन उनकी कविता का चरित्र मध्यवर्गीय नहीं है। वे इस मध्यवर्ग के मूल चरित्र को जानते हैं। उसकी स्वप्नजीवी मानसिकता और असली हालात के बीच के विरोधाभास को उजागर करते हुए, उस चरित्र की वर्गीय विडम्बना को तो उजागर करते हैं, लेकिन ऐसा करते हुए वे उसे न तो दयनीय बनाते हैं, न उससे घृणा करते हैं, जैसा कि अपनी अराजक-आक्रामक मुद्रा के चलते कई कवियों ने किया था !

> *मैदान सपाट समतल सीढ़ी था / जिस पर मैं चढ़ता या उतरता था / या चलता था।* (1966)

> *बरसात बस इतनी हुई कि / कि रंगीन इन्द्रधनुष के टुकड़ों की पट्टियों से / सिले झोले के अन्दर / केवल तीन किलो चावल गुरमुटिया / बासमती, बादशाह भोग, चिन्नोर / किसके बोरे में चला गया ?* (1975)

> *ख़ुशबू का पारदर्शक कोट पहनकर / ज़िन्दगी का अजीब जोकर लगता हूँ / अन्दर वही पुरानी कमीज़ / उसमें बाप को लिखा पोस्टकार्ड / कि यहाँ सब ठीक।* (1976)

यही है वह मध्यवर्ग—जो एक अस्थिर वर्ग है, मूल वर्ग नहीं। मैदान की सपाट समतलता, जो वास्तव में वर्ग विभाजित है, सीढ़ीदार है—के बीच यह वर्ग चढ़ता-उतरता या चलता है। वह एक ओर ऐसी यथास्थिति की मानसिकता लिए है कि पिता को लिखता है यहाँ सब ठीक है और लाल डिब्बे में चिट्ठी छोड़ते ही ज़िन्दगी से मेरे ठीक होने की ख़बर जैसे ही उससे अलग होती है वह जानता है कि वह उससे जुड़ी नहीं थी।

मतलब यह कि वह चीज़ों को समझता तो है, इस पूरे सामाजिक-राजनीतिक दृश्य के बीच उसकी समझ तो विकसित हुई है लेकिन व्यवहार नहीं बदला है। दूसरी ओर उसकी स्वप्नजीवी मानसिकता है। इन्द्रधनुष की पट्टियों से सिला झोला है, ख़ुशबू का पारदर्शी कोट है। और सचाई यह कि उस झोले में तीन किलो चावल तो ज़रूर हैं पर है गुरमुटिया और कोट के नीचे वही पुरानी कमीज़ है। यह अहसास उसे है कि ख़ुशबू का पारदर्शी कोट पहनकर ज़िन्दगी का अजीब जोकर लगता हूँ। क्योंकि इस पारदर्शी कोट के नीचे अपनी पुरानी कमीज़ का तीखा अहसास उसे हैं उसके इस यथार्थबोध ने ही उसमें इस सवाल को करने की क्षमता भी पैदा की है, या कहें कि इस सवाल को उसमें पैदा किया है कि बासमती, बादशाह भोग, चिन्नोर, किसके बोरे में चला गया ?

समीक्षा क्षेत्र के उन महानुभावों को जिन्हें हर कहीं रूपवाद और नव्यरूपवाद का आरोप चस्पाँ करने का शौक इन दिनों चर्राया हुआ है, उन्हें देखना चाहिए कि कविता कैसे परत-दर-परत अपनी सामाजिक सच्चाई को उघाड़ती है और कवि की पक्षधरता चीज़ों के देखने के दौरान कैसे कविता के भीतर से, बिना शोर मचाए उद्घाटित होती है।

यह सही है कि अपनी सामाजिक विसंगतियों को उजागर करने का अपना अलग ढंग विनोद शुक्ल का है। एक संयत और समझदार तरीका है। कविता के अन्दर वह इतना गुँथा-बुना है कि कुछ उद्धरणों के जरिए उसे नहीं दिखाया जा सकता। उसे पंक्ति-पंक्ति में देखना होता है।

कुछ सवारियाँ, रिक्शे में पाँच आदमी/कहीं आबादी के ऊपर एक सवार।

या

वहाँ लालबाग है—राजा का महल/जिसे सारडा सेठ ने खरीदा है।

या

लेकिन रास्ता कहाँ बदला/बहुत कम बदला/कमज़ोर के ऊपर ताकतवर सवार हुआ।

यह विरोधाभास ही नहीं। बदलाव के स्वीकार के साथ उसकी धीमी गति का अहसास विनोद शुक्ल को है। सामन्ती व्यवस्था को उखाड़कर पूँजीवाद का विकास यहाँ नहीं हुआ। बल्कि एक तरह का आन्तरिक समझौता हुआ। लेन-देन का रिश्ता क़ायम हुआ। यही कारण है कि जो बदला भी वह बहुत कम बदला। सारा विकास एक तरह के बेमेलपन से भर गया। एक तरफ़ औद्योगिक नगर खड़े हुए और करोड़ों गाँवों का विकास रुका रहा। पूँजी केवल कुछ हाथों में केन्द्रित हो गई और ग़रीब और ग़रीब होते गए।

तकनीकी तौर पर भी मुश्किल / यह सब नक्शे में / जब गाँव बहुत से और छोटे-छोटे हों / गरीब करोड़ों और रईस थोड़े हों / जब तक न वहाँ बड़े कल-कारखाने / या बाँध ऊँचे हों।

इस बेमेल विकास की ओर ही वे इंगित नहीं करते, बल्कि इसके कारण जो वर्ग संघर्ष है, जो टकराव है उसको भी विनोद शुक्ल कहीं अतिरंजित किए बगैर देखते हैं। सैंकड़ों जोड़ी जूते वाला दो पैर का जानवर / नंगे पैर का आदमी जिसकी फिराक़ में। यहाँ फिराक़ शब्द से उग्र मिज़ाज के लेखकों को एतराज़ हो सकता है। ख़ास मौक़ों, या ख़ास खत्तों में व्याप्त टकराव से सारे दृश्य को नहीं आँका जा सकता। लेकिन राजनैतिक चेतना से सम्पन्न आन्दोलन की जो वास्तविक स्थिति है, वह इस फिराक़ शब्द से अधिक स्पष्ट होती है। यह हमारे वर्तमान का अधिक विश्वसनीय बखान है। इससे आगे जाकर एक जबरदस्त बदलाव की इच्छा उनकी कविता में प्रकट होती है। और यही कारण है कि कविता में कई बार उद्‌बोधन भी साफ़ सुनाई पड़ता है। इस वर्ग-टकराव को ही बदलाव की प्रक्रिया का संवाहक बनाने के लिए डंक मारनेवाले विचारों को फैलाना / ज़रूरी काम है। सिर्फ़ इतना ही नहीं मेहनत को मुस्कुराहट में / सोने को बनते हुए ताप बिजलीघर में बदलना है। और इस पूरे घटनाक्रम को समझने के लिए जिसमें दोस्त सन्देह में पिट रहा है, उस दुकान को भी जानना है जिसकी दीवाल में / तिजोरी जेब है ! ये सारी बातें विनोद शुक्ल की सूझ को प्रकट करती हैं और सैंकड़ों जोड़ी जूते वाला दो पैर का जानवर कहना, न केवल उनकी घृणा को प्रकट करता है वरन यह घृणा उनकी पक्षधरता को भी बहुत साफ़, बहुत स्पष्ट रूप से उजागर कर देती है।

विनोद शुक्ल एक गहन इन्द्रियबोध के कवि हैं। प्रकृति उनके यहाँ प्रकृति की तरह—एक बेहद लुभावने चित्र-सी भी आई है। सामाजिक-राजनैतिक समीकरणों को उजागर करने के लिए भी उसका इस्तेमाल हुआ है। और इधर की लम्बी कविताओं में कास्मिक इमेजरी के साथ मिलकर उसने एक फंतासी भी रची है।

क्यों जमींदोज़ इमारत के गमले की जड़ से / आसमान तक पेड़ होगा ?
पेड़ की फुनगी का यही लक्ष्य होगा / कि सूर्य और चन्द्रमा का घोंसला
उसी में हो मंगल बुध का भी / सौर मण्डल उसी में बसेरा ले।

मुक्तिबोध की तरह उनकी फंतासी आतंक से भरी फंतासी नहीं है। वह अधिक नाटकीय फंतासी है। व्यंग्य का चुटीलापन और ब्रह्माण्ड और प्रकृति के काफ़ी उजले, धूप या चाँदनी से भरे बिम्बोंवाली। बेचैनी और तनाव से उतनी भरी हुई नहीं, बल्कि परत-दर-परत हमारे समय और समाज के विरोधाभासों को उजागर करती, हमारे स्वप्न और आकांक्षाओं को प्रकट करती फंतासी। विनोद शुक्ल की कविता जिस तरह अचानक शुरू होती है, उसका अन्त भी ऐसा ही एबरप्ट-सा, अटपटा-सा लगता है। लेकिन वह अचानक होता नहीं है। जहाँ कविता 'कनक्लूड' होती है, वहाँ उसकी आन्तरिक प्रक्रिया, कविता में आए विचार की प्रक्रिया समाप्त नहीं होती। यही कारण है कि कविता जहाँ समाप्त होती है, हम उससे आगे भी कुछ अपेक्षाएँ करते-से रह जाते हैं। जैसे अभी कुछ और कहा जाना है। सचमुच ही अभी बहुत कुछ कहा जाना है, विनोद शुक्ल कहेंगे उसे, यह भरोसा संग्रह देता है।

फिर भी है अन्दरूनी कुछ...

'आग हर चीज में बताई गई थी' तक आते-आते चन्द्रकान्त देवताले 'अकविता' से लगातार बाहर आते दिखते हैं। इस बाहर आने की प्रक्रिया में उन्होंने अकविता की भाषा और कला के संस्कारों से ही छुटकारा पाने की कोशिश नहीं की है बल्कि उसके मूल्यों को भी छोड़ा है। उनमें यह बदलाव वस्तुतः बदलते काव्य परिदृश्य के साथ-साथ बदलते चले जाने की प्रक्रिया की तरह घटित हुआ है। आठवें दशक की जनवादी कविता के काव्य परिदृश्य में हस्तक्षेप ने एक ऐसा वातावरण बनाया जिससे कई कवि स्वनिर्मित कटघरों से बाहर आ सके। देवताले की कविता में आए बदलाव के पीछे कोई गहरा आत्मसंघर्ष प्रकट नहीं होता और न ही, अब तक किसी और स्पष्ट विचार को ग्रहण करने का आग्रह ही दीखता है।

कोई युद्ध नहीं जाहिर तौर पर
फिर भी है अन्दरूनी कुछ

यह 'अन्दरूनी कुछ' और सड़सठ के बाद तेजी से बदलता काव्य परिदृश्य ही उन्हें बाहर लाता है। यह 'अन्दरूनी कुछ' एक सीमा तक उन्हें हमारे समाज के अँधेरे कोनों-कुचालों का आलोचक तो बनाता है, लेकिन यही उसकी सीमा भी बन जाती है।

अकविता का केन्द्रीय बिन्दु यौन बिम्बों की आक्रामकता, या स्त्री और राजनीति को लेकर की गई वाचाल निषेधात्मक टिप्पणियाँ नहीं, 'असंगति' या असम्बद्धता है। यही वह मूल संस्कार है जो न केवल देवताले का, बल्कि अकविता से बाहर आने के लिए गहन आत्मसंघर्ष से गुजरे कुमार विकल और इब्बार रब्बी-जैसे कवियों का भी आज तक पीछा करता है। अकविता के विरुद्ध नक्सलबाड़ी के प्रभाव से आई कविता तक में इस 'गुण' या 'दुर्गुण' के प्रभाव कुछ हद तक देखे जा सकते हैं। प्रसंगवश इसे लक्ष्य किया जाना चाहिए कि सोमदत्त और भगवत रावत ने भी अपनी कविता की शुरुआत अकविता के ही दौर में की थी लेकिन उन्होंने उस दौर में भी अकविता के सबसे शोर-मचाऊ मूल्यों को स्वीकार नहीं किया। उसका कोई मुखर या स्पष्ट वैचारिकता के साथ विरोध भी नहीं किया। शायद इसीलिए अकविता के मूल्यों के प्रति तटस्थ रहकर भी वे उसकी भाषा और कला के संस्कार से अछूते नहीं रह पाए।

बिम्बों के बीच और वक्तव्यों के बीच एक किस्म की असम्बद्धता मात्र उसका

कला कौतुक भर नहीं है, इसमें उसकी सोच का बुनियादी खोट भी मौजूद है। यह असम्बद्धता कविता में एक छद्‌म जटिलता और अमूर्त्तता का स्वाँग रचती है। यह किसी जटिल सामाजिक या मनोवैज्ञानिक गुत्थी से उलझने के कारण पैदा हुई जटिलता नहीं है। भाषा और शिल्प के स्तर पर इस तरह के प्रयोगों ने कविता को एक समय लगभग करतबबाजी बना डाला। कला चातुर्य के इस खेल ने तो उक्ति चातुर्य को भी पीछे छोड़ दिया। कला चातुर्य के सबसे विकट प्रयोग सौमित्र मोहन के यहाँ हैं और सम्भवतः देवताले में सबसे कम। लेकिन वे इससे एकदम बरी नहीं हैं। भावशून्य नाटकीयता वहाँ नहीं है। देवताले की अति आवेगात्मक लय की ध्वन्यात्मकता उनके बिम्बों की असम्बद्धता को ऊपरी तौर पर ढाँप-सा लेती है। वस्तु-संसार के दृश्य और उस पर की गई मनोगत टिप्पणियों और निष्कर्षों के बीच की खाई कई बार धुँधली हो जाती है। सौमित्र मोहन की तरह देवताले असम्बद्धता से पैदा होनेवाले अन्तरालों का इस्तेमाल नहीं करते। इसलिए उनकी कविता कहीं भी चुप्पी की राहत भी नहीं देती। इसीलिए वे अकविता में कुछ अलग भी दिखाई देते हैं।

अकविता ''बिलांगिंग' की कविता नहीं है। वह किसी भूगोल, इतिहास, परम्परा यहाँ तक कि किसी समाज या परिवार की निवासी भी अपने को नहीं मानती। देवताले की इधर की कविताओं में पश्चिमी मध्यप्रदेश और मालवा की कुछ जीवन छवियाँ तो आती हैं लेकिन मुक्तिबोध की तरह उसका भूगोल नहीं। मालवा का उल्लास, उसकी आंचलिक-सांस्कृतिक पहचान और उसकी भाषा की तप्त आत्मीयता वहाँ नहीं है। देवताले कुछ देर को अगर उसके निवासी बन भी जाएँ तो वे उसके अपने परिजन नहीं बन पाते। देवताले मानते हैं : 'संस्कृति और परम्परा के गरिमावाले / गर्भस्थ संस्कारों की झूठ से बरी है मेरी कविता।' इसके प्रतिवाद में वे एक चिरपरिचित दृश्य को रखते हैं :

भारतवर्ष की गलियों में
जिस तरह गिरते पड़ते, लड़ते झगड़ते
छिपकर बीड़ी फूँकते, गालियाँ बकते
बड़े होते हैं बच्चे, बड़ा हुआ मैं भी।

(मैं कौन खास)

यह दृश्य किसी स्थानिक विशिष्टता को रेखांकित नहीं करता, हाँ यहाँ उनके विवरणों में परिवर्तन को लक्ष्य किया जा सकता है। लेकिन क्या इस दृश्य की अपनी कोई परम्पराएँ और संस्कार नहीं हैं ? 'हड्डियों में छिपा ज्वर' या 'दीवारों पर खून से' के बनिस्बत यह दृश्य अधिक आत्मीय और विश्वसनीय है। 'दीवारों पर खून से' में देश का दृश्य भिन्न था :

पूरा देश बूचड़खाने की तरह
मैं क्यों लटकाऊँ

कविताओं के लोथड़े
मक्खियों की तरह भिनभिनाते
शहरों के बीच
डक देना बेहतर है
अधिक सही है पोटेसियम साइनाइड।

यह समाज की विकृतियों या विसंगतियों का दृश्य नहीं है। यह अपने भावबोध और उपमानों का ऐसा कल्पनालोक है जो हमारी वास्तविकता के प्रति अगर अन्धा नहीं तो रतौंधी का शिकार तो है ही। जुगुप्सा पैदा करनेवाले ये सारे दृश्य और आत्मघाती प्रवृत्तियाँ अस्तित्ववाद की देन नहीं, उसकी दोयम दर्जे की नकल से पैदा हुई थीं हिन्दी में। यह अराजकता पतनशील बूर्ज्वा की सृजनशीलता का अनिवार्य परिणाम है। देवताले ने आधुनिकतावादी दौर के साहित्य के सन्दर्भ में एक लेख में लिखा, "उस वक्त हमारी साहित्यिक चिन्ताओं के केन्द्र में पश्चिम के जो लेखक थे, उसकी स्थिति और हमारी स्थिति में अन्तर किए बगैर हमने उनके आदर्शों का एक तरह से अन्धानुकरण किया।...क्योंकि पराए अनुभवों से उपजे साहित्यिक रूपाकारों को हमने अपना समझ लिया।" (आवेग 49-50) पराए अनुभवों को ही अपना नहीं समझा गया बल्कि अपनी रचना-परम्परा का निषेध भी किया गया। क्या अकविता को देखकर कोई सोच सकता है कि मुक्तिबोध ठीक इसी समय में अपनी सबसे महत्त्वपूर्ण कविताएँ लिख रहे थे और लिख चुके थे। सुखद यह है कि देवताले इसे महसूस करते हैं और उनकी दृष्टि में आज पहले-जैसी पूर्ण निषेधात्मकता नहीं है। भर्त्सना का स्वर तो मुखर है पर साथ ही समाज के उस तबके के दुख-दैन्य भी कविता में आ रहे हैं, जो इस वर्ग समाज में सबसे अधिक सह रहा है।

चन्द्रकान्त देवताले की कविता में दो बिम्बों के बीच की जो अजनबीयत है वह कई बार एक सार्थक कौतुक पैदा करती है और इसी के सहारे देवताले उन्हें आपस में गूँथने की कोशिश करते हैं। इससे कई बार एक ऐसी नाटकीयता पैदा होती है जो अपने अटपटेपन के बावजूद चीजों को जोड़ते हुए एक फन्तासी का आभास देती है। 'हड्डियों का मुकुट' कविता को देखा जा सकता है। लेकिन चन्द्रकान्त देवताले जब-जब असम्बद्ध बिम्बों और कौतुक से बाहर आते हैं (और 'आग हर चीज में बताई गई थी' की छोटी कविताओं में यह अधिक सम्भव हुआ है) तब वे एक बहुत आत्मीय संसार रचते हैं। वहाँ अमूर्त्तता या अटपटेपन की कोई गुंजाइश नहीं होती। कई बहुत ही चिरपरिचित लेकिन इसीलिए कविता से अक्सर बाहर रह गई अनुभूतियों और अनुभवों को वे कविता में सम्भव बनाते हैं। पारिवारिक दृश्योंवाली कविताओं में ऐसा अधिकांशतः होता है। पर वे पारिवारिक कविताएँ भर नहीं हैं। 'लकड़बग्घा हँस रहा है' में दो लड़कियों का पिता होने से या 'माँ जब खाना परोसती थी' जैसी कुछ आत्मीयता और जीवन के दुखते-कसकते अनुभवों की कविताएँ यहाँ भी हैं। चाहे उनके यहाँ ऐसी कविताओं की तादाद कम हो लेकिन इन्हीं कविताओं में उनका मन सबसे निर्मल ढंग

से अपने पूर्व के काव्य संस्कार से पूरी तरह बाहर आता है। 'प्रेम पिता का दिखाई नहीं देता' एक अद्भुत कविता है :

मुझे माफ करना मैं अपनी मूर्खता और प्रेम में समझा था
मेरी छाया के तले ही सुरक्षित रंग-बिरंगी दुनिया होगी तुम्हारी
अब जब तुम सचमुच की दुनिया में निकल गई हो
मैं खुश हूँ सोचकर
कि मेरी भाषा के अहाते से परे है तुम्हारी परछाईं।

लड़कियों को लेकर हमारे सोचने के ढंग को ही देवताले उजागर नहीं करते बल्कि उससे मुक्त होने का संकेत भी करते हैं। उनकी ऐसी कविताएँ वाचाल भी कम हैं। और उन पर बिम्बों का लदान भी कम है।

अधिक वाचाल किस्म की राजनीतिक-सामाजिक कविताओं में वे 'रेहटारिक' का काफी इस्तेमाल करते हैं। 'रेहटारिक' के दो हिस्सों के बीच वे अनेक असम्बद्ध बिम्बों का एक 'कोलाज' सा बनाते हैं। कई बार इनसे पैदा हुई ध्वन्यात्मकता अर्थ को बल प्रदान करती है लेकिन कई बार बिम्बों का वह ढेर मात्र सजावटी बनकर रह जाता है। कई बार तो बिम्बों की अपव्ययता की हद तक जाकर वे बिम्बों का इस्तेमाल करते हैं। इससे शोर ही अधिक पैदा होता है, अर्थ नहीं। इस प्रवृत्ति में वे कहीं मणि मधुकर के करीब लगते हैं। सौमित्र मोहन में मितव्ययिता और अपव्ययता के बीच सन्तुलन साधने का ज्यादा बेहतर कौशल है।

देवताले की कई कविताएँ अधिक पंक्तियों और अधिक पृष्ठों की लम्बाई में फैलकर भी 'लम्बी कविताएँ' वास्तविक अर्थ में लम्बी कविताएँ नहीं हैं। वे किसी बड़े 'विजन' को उद्घाटित करती या एक बड़े परिदृश्य को समेटती कविताएँ नहीं हैं। वे जीवन के बड़े दृश्य की विविधवर्णी छटा को समेटने में अक्सर लम्बी नहीं होतीं। वे अक्सर बिम्बों के अपव्यय से लम्बी हो जाती हैं।

एक दुर्घटना से बचकर आ जाता है एक आदमी
जिसके भीतर नागफनी का पूरा जंगल
अँधेरे का पुल टूटगर गिर चुका होता है
काले सूरज के छितराए हिस्सों पर
बसन्त के पहाड़ अदृश्य हो चुके होते हैं।
उसके मरने से पहले
और फिर वह लौट आता है
अपनी धड़कनों के फूलों को सिराकर जीवित आदमी की परछाईं की तरह
और फिर कहता है—याद रखने से बेहतर है
धुएँ के गुम्बद में तब्दील होकर
फिर अदृश्य हो जाएँ

स्त्री-पुरुष के बीच की तमाम
अपारदर्शी रातें।

(जीवन के स्वाद की स्मृतियों के साथ)

जिस स्थिति और अनुभूति को देवताले इन पन्द्रह पंक्तियों में व्यक्त करना चाहते हैं उनमें नागफनी का पूरा जंगल, अँधेरे का पुल, काले सूरज, बसन्त के पहाड़, धड़कनों के फूल, जीवित आदमी की परछाईं, धुएँ के गुम्बद, अपारदर्शी रातें जैसे पद क्या जोड़ते हैं ? क्या वे अनुभूति को अधिक सघन या अर्थवान बनाते हैं ? इस तरह के प्रयोगों से कभी भी, कैलाश वाजपेयी, मणि मधुकर या सौमित्र मोहन तक को एक निरर्थक अराजकता के सिवा कुछ अर्थवान हाथ लगा हो ऐसा नज़र नहीं आता। देवताले अपने समकालीनों से थोड़े भिन्न होकर भी इसमें कुछ नया नहीं कर पाते। अपने समकालीनों के बनिस्बत देवताले में अपने मनोगत विचारों या भाव की लय ज्यादा तीव्र है और यह लय असम्बद्ध बिम्बों को पूरी तरह स्वायत्त नहीं छोड़ती है।

देवताले की कविता में हमारे समाज की वास्तविकता के ज्यादा सजीव चित्र देखे जा सकते हैं। गाँवों के, आदिवासी अंचलों के, आफिसों के, शहरों के और सबसे अच्छे घरेलू दृश्य। कस्बों के निम्न मध्यवर्गीय परिवारों के दृश्य। लेकिन इन दृश्यों से उभरती वास्तविकता से कोई वस्तुनिष्ठ विश्लेषण वहाँ बहुत कम सामने आता है। उनके पास दृश्य पर तुरन्त प्रतिक्रिया करनेवाला मन तो है, और पर्याप्त भावुक भी, पर एक विश्लेषक आँख नहीं है। अपनी प्रतिक्रियाओं में वे कई बार अतार्किक हो जाते हैं। जीवन के अक्सर अलक्ष्य रह जानेवाले प्रसंगों तक को वे पकड़ लेते हैं लेकिन उन पर की जानेवाली प्रतिक्रियाएँ अक्सर मनोगत टिप्पणियाँ ही बनी रहती हैं। उनकी कविता में आए यथार्थ के दृश्यों, उससे उजागर होनेवाली वास्तविकता और उनकी मनोगत प्रतिक्रियाओं के बीच एक विरोधाभास बना रहता है। यथार्थवादी उपकरण उनके पास है, यथार्थवादी दृष्टि नहीं।

घरों की पसलियों पर
कारखानों की कुहनियों का बोझ
गलत बात है

या

देख रहा है बड़े ध्यान से कौतुक से गिरगिट को
उसे नहीं पता है यह दुनिया को देख रहा है

इसीलिए वह असमानता पैदा करनेवाली बुराई पर नहीं औद्योगिकीकरण पर कभी चोट करते हैं और कभी उन्हें पूरी दुनिया 'पुराने सन्तों' की तरह गिरगिट नजर आती है। 'हाई पावर नंगे बस्तर को कपड़े पहनाएगा', 'जनवरी में बारिश', 'यात्रा में', 'ट्रक पर बकरों का लदान', 'इन्कम टैक्स आफिस', 'शाम को लगभग पाँच बजे' आदि अनेक कविताओं में जीवन के सजीव चित्र हैं। 'शाम को लगभग पाँच बजे' का एक दृश्य है :

जुएँ बीनी जा रही हैं
बच्चों को दुत्कारा जा रहा है
पालक तोड़ती औरत की खटिया के नीचे
एक बकरी दूसरी बकरी से झगड़ रही है...
इन्हीं दृश्यों की शृंखला में आगे चलकर देवताले कहते हैं :

कंघी करती हुई औरतें
सड़क को एक साथ हरम और हमाम की
तरह वापरती औरतें

'हरम' और 'हमाम' की तरह वापरती ! कविता का पूरा दृश्य किसी झुग्गी बस्ती और लगभग सड़कों पर बसेरा करनेवाले करोड़ों भारतीयों के जीवन का दृश्य है, लेकिन 'हरम' और 'हमाम' की तरह वापरती-जैसा पद क्या उसी कवि का है ? प्रश्न उठता है, कवि का इस दृश्य से रिश्ता क्या है ? कैसा है ? ''हरम और हमाम की तरह वापरती औरतें'' किस काव्य संस्कार से आया पद है ? यथार्थ के बहुत सजीव चित्र भी जरूरी नहीं कि हमें यथार्थवादी बना सकें ! यह दृष्टि का प्रश्न है। बहुत स्पष्ट रूप से राजनीतिक दृष्टि का प्रश्न है।

उपभोक्तावादी कला की दुनिया पर देवताले की एक कविता है 'बेटहोपन का किस्सा'। यहाँ अपनी सारी खीज के साथ वे उपभोक्तावादी सरकारी कुलीन कला केन्द्रों के कला-समारोहों के पाखण्ड को बहुत खूबसूरती से उधेड़ते हैं :

भवन शानदार है
आवाज अच्छी गूँज रही है
शमशेर कविता पढ़ रहे हैं
और राजाओं के बीच खींचतान मची है
कुर्सियों को लेकर
मैं चीखकर कहता हूँ शमशेर जी से
बन्द कर दीजिए कविता पढ़ना
शमशेर जी बन्द कर दीजिए तुरन्त।

देवताले एक स्तर पर स्वप्नविहीन कवि हैं। उनके पास बूर्ज्वा जनतन्त्र के वे मूल्य तो नहीं हैं, जो उसने अपने उत्कर्ष के काल में कमाए थे और अनिवार्य अन्तर्विरोधों के परिणामस्वरूप जिन्हें उसने खो दिया है। वे एक ऐसे दौर के कवि हैं जब बूर्ज्वा जनतन्त्र पतनोन्मुख है, देवताले इसके तीखे आलोचक हैं। उनकी आलोचना आक्रोश से भरी है। उसमें विश्लेषण का विवेक नहीं है। वह एक हद तक मध्यवर्गीय आक्रोश ही है। लेकिन उनके पास किसी नए समाज का स्वप्न भी नहीं है। न 'सुदामा पाण्डे का कोई जनतन्त्र' है न किसी शोषणविहीन समाज का कोई स्वप्न। न भविष्य का कोई

सपना, न उसमें विश्वास और न अतीत के किसी मूल्य की चाह। इसलिए अक्सर उनकी सारी आलोचना भर्त्सना में बदल जाती है। अपने आक्रोश में उनके सुझाव कभी-कभी बचकाने सरलीकरण बनकर रह जाते हैं :

नागरिको ! सफेदपोश डाकुओं, बड़े चोरों
की तस्वीरों पर थूको
और बचाओ अपराधों से गरीब मजदूरों को
कायदे जुल्म सजा के यदि नहीं बदलते
सो तुम बदलो आदत अपनी
सोचो इस विषय पर सचमुच

(यह विषय कठिन नहीं है)

आक्रोश से भरी यह उत्तेजना कुल मिलाकर एक सुधारवादी बचकानेपन तक पहुँचती है। कायदों और नियमों को बदलने की कोई जरूरत नहीं है, अपनी ही आदतों को बदल डालो। क्या बढ़िया सुझाव है ? आक्रोश की कैसी परिणति है !

उनकी भर्त्सनामूलक, आक्रोश से भरी टिप्पणियाँ अक्सर कुल मिलाकर एक निराशा या हताशा में दम तोड़ देती है। उन्होंने अक्सर जनता का दैन्य ही चित्रित किया है उसका संघर्ष नहीं। बूर्ज्वा जनतन्त्र जब अपने सबसे विकट अन्तर्विरोधों में फँसता है और जनता में अपनी विश्वसनीयता खोने लगता है तो उसके विचारक ही नहीं, उसके राजनीतिज्ञ भी सार्वजनिक मंचों से उसकी आलोचना करते देखे जा सकते हैं। लेकिन ऐसा करते हुए वे केवल पतन की ओर जाते बूर्ज्वा जनतन्त्र को बचाने का ही उपक्रम कर रहे होते हैं। इसलिए वे उसकी अनिवार्य परिणति और अनिवार्य खोट का बखान नहीं करते, उसकी ऊपरी अव्यवस्था मात्र का ही बखान कर रहे होते हैं। देवताले भी केवल इस पतन की भर्त्सना करते हैं और यही उनकी कविता और सारे सोच की सीमा भी है। अन्त में उनके हाथ न केवल एक निराशा बचती है बल्कि अपने सृजन, अपने शब्द के प्रति भी उनकी आस्था जवाब दे जाती है। 'आग हर चीज में बताई गई थी' इस संग्रह की अन्तिम कविता है और उसकी अन्तिम पंक्तियाँ हैं :

मैं कुछ भी कहूँ कोई सुननेवाला नहीं
गोली दागनेवालों ने गूँगे-बहरों की भीड़ को चुन लिया है
मैं उनसे गया गुजरा सिद्ध हुआ
मैं क्या करूँ कहाँ जाऊँ
मैं डूब रहा हूँ जैसे एक वजनी पत्थर
मुझे शब्दों के करोड़ों हाथ लुंज-पुंज लगे रहे हैं
मुझे कोई नहीं रोक सकता।

निरर्थ से अर्थ की यात्रा में शब्द

...शब्द जो, निरर्थ से
अर्थ तक की यात्रा में
दिशा का बोध देता है
दिशा को बदल सकता है

कुमार विकल की 'सहयात्री' कविता लगता है जैसे अकविता की साँझ पर लिखी गई पंक्तियाँ हैं। इसलिए वहाँ यह चुनौती भी है कि "अब तो केवल देखना है, किसका शब्द/किसकी दिशा बदलता है।" 1967 के आसपास आए राजनीतिक बदलाव ने अकविता के "प्रतिभासम्पन्न अल्पसंख्यकों को सम्बोधित" असम्प्रेषणीयता और असम्बद्धता पर जोर देनेवाली नकली आधुनिकतावादी कला के तिलिस्म को धराशायी कर डाला। नक्सलबाड़ी के सशस्त्र विद्रोह का कविता पर गहरा असर हुआ, लेकिन इसके साथ ही कविता ने अकविता की अराजकता के कपड़े उतारकर दूसरी अराजकता के कपड़े पहन लिए। राजनीतिक सार के रूप में विचार करें तो कई बार लगता है जैसे एक हद तक लोहियावादी आक्रामक निषेधात्मकता का ही यह वामपन्थी संस्करण है। परोक्ष रूप से यह भी साम्राज्यवादी कोशिशों के लिए सहायक ही सिद्ध हुआ। लक्ष्य किया जाना चाहिए कि सारी जनतान्त्रिक पद्धति और उसमें हिस्सा लेनेवाले वामपन्थी दलों को भी दोगला माननेवाली इस उग्र वामपन्थी तेवर की कविता में सशस्त्र जनवादी क्रान्ति का आह्वान था, पर न तो इस कविता में किसानी जीवन और संघर्ष के चित्र थे और न ही किसानी संवेदना। उसके सारे नायक, दृश्य और संवेदना वस्तुतः मध्यवर्गीय और शहरी हैं।

'श्रीकाकुलम' और 'नक्सलबाड़ी' जैसी कविताएँ लिखने से पूर्व तक धूमिल इस दौर में आए कवियों के लगभग आदर्श माने जाते थे। इस कविता को निषेधात्मकता की प्रवृत्ति अकविता से ही विरासत के रूप में मिली थी। लोहियावाद और अकविता की अराजकता का सम्बन्ध क्या है ? इस विद्रोही कविता और लोहियावाद के बीच सम्बन्ध क्या है ? और प्रवृत्ति के रूप में लोहियावाद और नक्सलवाद के बीच क्या सम्बन्ध है ? सशस्त्र क्रान्ति और मार्क्सवाद का विरोध करनेवाली लोहियावादी आक्रामक निषेधात्मकता और सशस्त्र जनवादी क्रान्ति में विश्वास करनेवाली नक्सली आक्रामक निषेधात्मकता के रेशे किस जगह आपस में जुड़े हैं इसे देखने की जरूरत है। यह मात्र

संयोग नहीं कि इस दौर के प्रतिनिधि और चर्चित कवि वेणु गोपाल भी लोहिया और जय प्रकाश को कम-से-कम क्रान्ति का 'प्रवासी' करनेवाला तो मान ही लेते हैं।

'वाम' का दूसरा अंक इस अर्थ में महत्त्वपूर्ण है कि इसमें इस दौर की दो सर्वाधिक चर्चित कविताएँ 'जनता का आदमी' और 'जंगल गाथा' प्रकाशित हुईं और लगभग अन्तिम पृष्ठों में आठवें दशक की पहली पदचाप करती मनमोहन की दो छोटी कविताएँ भी। आलोक धन्वा और वेणु गोपाल की इन लम्बी कविताओं के समक्ष मनमोहन की दो छोटी कविताएँ 'गाँव का स्कूल' और 'रेलगाड़ी' रखकर देखें तो कविता के बदलते तेवर को लक्ष्य किया जा सकता है। लोकतन्त्र के बारे में अकविता और सड़सठ के बाद आई कविता की समझ क्या थी इसके लिए मात्र दो उद्धरण देखना पर्याप्त होगा :

'नाटक जारी है' में लीलाधर जगूड़ी ने लिखा—

इक्कीसवीं शताब्दी को
इस बे-रौनक गोचर लोकतन्त्र में जब जीना है तो
वेश्या की सार्वजनिक योनि से सम्भव करना है

और सड़सठ के बाद की विद्रोही कविता के चर्चित कवि वेणु गोपाल ने 'जंगल गाथा' में इसका रूपक बनाया—

कि उसकी एक दाढ़ में अटके हैं ज्योति बसु। और
दूसरी दाढ़ में लटके हैं अटल बिहारी वाजपेयी। वहीं
कहीं लोहिया, कामराज, निजलिंगप्पा भी थे।

एक जगह लोकतन्त्र ''वेश्या की सार्वजनिक योनि'' है और दूसरी जगह ''जंगल'' है। जंगल में एक स्वर में ''कोयल की कूक, कांग्रेस जिन्दाबाद, जनसंघी की जय, लांगलिव कम्युनिज़्म'' जैसी ''सभी आवाजें हैं, और सारी आवाजें चेहराहीन आवाजें हैं''। इस अराजक समझ सोच के बीच कुमार विकल बहुत संयत लगते हैं। ज्यादा खुली आँखों से वे घटनाक्रम को देखते-परखते हैं। उनकी कविता में अकविता की आधुनिकतावादी प्रवृत्तियों से सीधे संघर्ष का साफ स्वर सुनाई देता है। यह मात्र अकविता तक ही नहीं है, यह संघर्ष वस्तुतः पूरी जनविरोधी धारा के विरुद्ध संघर्ष तक विस्तार पाता है।

कुमार विकल भी सातवें दशक के उत्तरार्ध में आई कविता में शामिल होते हैं, लेकिन उनमें आस्था और संशय दोनों बराबर बने रहते हैं। वाम आन्दोलन के मतभेदों पर भी कई भावुक प्रतिक्रियाएँ उनकी कविता में हैं। 'एक गाँव का नाम' में नक्सलबाड़ी पूरे देश का नाम बन जाता है। निजी और आत्मीय दृश्यों में उनकी भावुकता ज्यादा संयत होती है लेकिन राजनीतिक दृश्य के सन्दर्भ में उसमें कई बार अतिरंजना होती है। इसीलिए वे जब कविता में बहस करते नज़र आते हैं तब भी तार्किक के बजाय उनकी टिप्पणियाँ भावुक अधिक होती हैं।

छह अक्षरों वाला
छोटा-सा शब्द
सिर्फ एक गाँव का नाम नहीं
पूरे देश का नाम है।

यह उत्साहजनित भावुकता ही दूसरी जगह 'मुक्ति के दस्तावेज' में हताशा में बदल जाती है।

और मुक्ति के लिए छटपटाता मेरा मन
वामपंथी राजनीति के तीन शिविरों में भटकता है
और हर शिविर से
मुक्ति का एक दस्तावेज़ लेकर लौटता है।'

इसी कविता में कुमार विकल कहते हैं—

अब तो हर आस्था गहरे संशय को जन्म देती है
और नया विश्वास अनेकों डर जगाता है।

कुमार विकल की भावुकता (और कई बार भाव विह्वलता) के बीच यह संशय उन्हें कई बार भटकाता है। व्यक्तित्व के स्तर पर भी और कृतित्व के स्तर पर भी। वह कभी उन्हें संघर्ष के संकल्प की ओर ले जाता है और कभी हताशा की ओर। इसके बावजूद उनकी आस्था कोई डगमगाती आस्था नहीं है। राजनीतिक समीकरणों के बीच फैसले लेने में वह चाहे डगमगाती हो, संशयग्रस्त होती हो लेकिन शोषक और शोषित के बीच पक्ष लेने में वह एकदम साफ और खरी है। वहाँ केई संशय नहीं।

जनता एक बहुमुखी तेज हथियार है
जो अकेली लड़ाइयों को आपस में जोड़ता है
दुश्मन के व्यूहचक्रों को तोड़ता है।

जनता के प्रति यह स्पष्ट पक्षधरता ही उन्हें आलोचना के औजार भी देती है। जिस नक्सलबाड़ी को वे एक जगह पूरा देश मान लेते हैं उसी में बढ़ती अवसरवादी लोगों की घुसपैठ और उसके फैशन में परिवर्तित होनेवाले तत्वों पर भी चोट करते हैं।

इधर कुछ दिनों से 'तरक्कीराम' नक्सलपन्थी हो गया है
और अखबारों के दफ्तरों में खो गया है
उसने एक बयान में पत्रकारों को बताया है
मैं चेयरमैन माओ का सच्चा गरीब वर्कर हूँ
मेरी जिन्दगी हथियारबन्द क्रान्ति को समर्पित है।

इस तरह की व्यंग्यात्मक कविता कुमार विकल की मूल प्रवृत्ति नहीं है। कुमार वस्तुतः वाम की एकता की तीव्र इच्छा के कवि हैं। वे अक्सर वाम आन्दोलन के मतभेदों की बौद्धिक बहसों में शामिल नहीं होते। उनका भावुक मन मूल वर्गीय राजनीति के ही करीब बना रहता है। वह रणनीतिक राजनीति और सैद्धान्तिक विवादों की तह में नहीं जाता। इसलिए 'रंग खतरे में हैं' के नास्तिक के प्रार्थना गीत में 'साम्यवादी दलों और देशों के नाम' कविता में वे कहते हैं—

अँधेरों की साजिश है यह
रोशनियाँ आपस में उलझें।
प्रभु जी ! तुम्हीं जतन करो कुछ
रोशनियों के झगड़े सुलझें।

इन पंक्तियों के पीछे जो भावना है वह महत्त्वपूर्ण है। वही उनका मूल उद्देश्य भी है। स्थिति का कोई बौद्धिक विश्लेषण न तो कुमार का मन्तव्य है और न ही वह कविता में दीख पड़ता है। रोशनियों के झगड़े को इसीलिए वे मात्र अँधेरों की साजिश मान लेते हैं। पूरे रूपक में कहीं रोशनियों के बीच के सैद्धान्तिक विवाद के लिए कोई गुंजाइश नहीं है। एक बौद्धिक विश्लेषणात्मक प्रखरता से नहीं, सहज बोध से ही कुमार चीजों और स्थितियों और अपने आसपास के राजनीतिक परिदृश्य को देखते-परखते हैं। यह सहज बोध कई जगह चीजों और स्थितियों को बहुत खूबसरती से उनके पूरे ऐतिहासिक परिप्रेक्ष्य में, बिना किसी पाण्डित्य के, अनावृत्त कर देता है।

पिता तुम्हारा शाप तो स्वीकार है
लेकिन मेरी पराजय तुम्हारी भी हार है
तुम्हारे जलस्रोत की अपनी सीमाएँ थीं
उनमें केवल एक उथली नदी की सम्भावनाएँ थीं।

'विपाशा की हार' कुमार की एक महत्त्वपूर्ण कविता है। आपातकाल के बाद कांग्रेस की पराजय पर लिखी इस कविता में बुर्जुआ जनतन्त्र के उत्कर्ष और उसकी अनिवार्य परिणति दोनों को लक्ष्य किया जा सकता है। हमारे कई कवि आज भी सोचते हैं कि व्यक्तियों के बदलाव से इस जनतन्त्र में मूलभूत परिवर्तन को सम्भव बनाया जा सकता है। वे इसकी अनिवार्य परिणति को स्वीकार नहीं करना चाहते। वे उसके अन्तर्विरोधों और सीमाओं को समझ नहीं पाते। कुमार विकल के ही समकालीन चन्द्रकान्त देवताले इसीलिए अपनी सीमाओं से बाहर नहीं आ पाते। हमारे समय के अधिकांश सोशल डेमोक्रेट कवियों की एक अजब-सी स्थिति है। एक ओर वे शोषणविहीन समाजवादी समाज के लक्ष्य से डरते हैं और दूसरी ओर बुर्जुआ जनतन्त्र के इस पतनशील दौर के वे आलोचक भी हैं। ऐसी स्थिति में वे या तो अतीत का राग अलापने लगते हैं या लगभग ऐसी निषेधात्मक वैचारिक स्थिति की ओर जाते हैं जो अन्ततोगत्वा, तानाशाही

के अलावा कहीं नहीं ले जाती। जरूरी नहीं कि तानाशाही उनका सोचा-समझा लक्ष्य हो, कई बार वह अपने कर्म के अज्ञान का प्रतिफल भी होता है।

दो

आखिर यह चम्बा की धूप है
एक पहाड़ी गाय
आराम से आएगी।
यहीं कहीं चौगान में घास चरेगी
गद्दी महिलाओं के संग सुस्ताएगी
किलकारी भरते बच्चों के संग खेलेगी
रावी के पानी में तिर जाएगी।
और खेल-कूद के बाद
यह सूरज की भूखी बिटिया
आटे के पेड़े लेने को
हर घर का चूल्हा चौखट चूमेगी।

कुमार की कविता का यह अलग रंग है। जिसमें पंजाब की गन्ध है। मांसलता है। विपाशा, जेहलम, सतलुज और रावी जैसी नदियों का संगीत है। गहरी आत्मीयता है। जीवन के भरे-पूरे चित्र हैं। और इसी के बीच गहरी करुणा भी और उल्लास भी। वह अपने वक्तव्य में नहीं, मन्तव्य में नई कविता और अकविता के अकेलेपन और सम्बन्धों की आत्मीयता को असम्भव माननेवाली कला का प्रतिपक्ष है। यह देखा जाना चाहिए कि कुमार विकल के प्रकाशित दोनों संग्रहों और असंग्रहित कविताओं में भी न केवल जीवन के अद्वितीय चित्र हैं, उसमें दर्जनों दोस्तों के नाम, उनके चेहरे, उनके साथ बीते क्षण, बातें, सड़कें और फक्कड़ता के अद्‌भुत संस्मरण हैं। माँ, पिता, बहन, भाई और दोस्त वहाँ नाम भर नहीं हैं वे अपने पूरे अस्तित्व और सम्बन्ध के साथ आते हैं। वहाँ रिश्तों का ताप और टीस भी है। आत्मीयता और निजता भी है। वहाँ स्मृति की दुनिया के अविकृत बिम्ब हैं। वहाँ प्रकृति का अद्‌भुत सौन्दर्य है और इस सबके बीच वे संकेत भी जो कवि की आन्तरिकता और इच्छा को व्यक्त करते हैं।

जब तक बहता है झरना
और मण्डराती है
मेरे जिस्म के आसपास
एक पहाड़ी कस्बे की गन्ध
मैं नहीं अकेला
मैं नहीं निस्संग।

नई कविता से लेकर सड़सठ के बाद तक की कविता में अपवादों को छोड़ दें तो अपना आस-पड़ोस, घर-परिवार, अपना गाँव, शहर और वहाँ के लोग बहुत कम ही दिखाई पड़ते हैं। वहाँ व्यक्ति अपनी सामाजिकता और सम्बन्धों के साथ कविता में नहीं आता। इस कविता में हमारे भूगोल की कोई पहचान नहीं है। प्रगतिवाद के बाद सम्भवतः आठवें दशक की कविता ने ही इस सारी स्थिति को बदला है। कुमार की कविताएँ इसलिए भी अपने समकालीनों से भिन्न हैं कि उनमें जगहें हैं, जिन्हें पहचाना जा सकता है। जाने-पहचाने लोग हैं, उनके सम्बन्ध हैं, उनके नाम हैं और उनके काम भी हैं। 'एक सामरिक चुप्पी' हो या कोई अन्य कविता उसमें पंजाब की नदियाँ हैं, लोग हैं, चीजें हैं, दोस्त हैं।

...बचपन से हमारे पड़ोस में
वीरां नाम की एक लड़की रहती थी
जो मुझे अक्सर कहती थी
कि मैं दुनिया का सबसे शरारती बच्चा हूँ
और जरूर किसी दिन
चाँद पर रहने वाली बुढ़िया का
चरखा छीनकर ले आऊँगा
और उसके काते सूत से
अपने धनुष की डोरी बनाऊँगा।

कुमार की कविता के लोगों के पास उनके सुख-दुख ही नहीं हैं, उनके सपने भी हैं। इसीलिए वह सिर्फ स्थितियों के बखान की कविता नहीं, उसे बदलने की कोशिश की कविता है।

तीन

अकविता और सातवें दशक के उत्तरार्ध की विद्रोही कविता में कविता को लेकर बहुत सारी पंक्तियाँ लिखी गई हैं। कविता पर कई प्रश्न, कई वक्तव्य दिए गए हैं। धूमिल से लेकर वेणुगोपाल और आलोकधन्वा तक सभी की कविताओं में कविता को लेकर की गई टिप्पणियों को देखा जा सकता है। कविता में कविता पर विचार करना या टिप्पणी करना एकाएक क्यों एक समय में आवश्यक हो गया, इस पर भी विचार किया जाना चाहिए। क्या इस दौर में एकाएक कविता के लिए कोई नया सृजनात्मक संकट उपस्थित हो गया था ? या अपने सृजन कर्म के प्रति कहीं संशय से पैदा हो रहा था ? कविता का अपने समाज से संवाद के क्षीण हो जाने या एक हद तक खत्म हो जाने ने भी कवियों को कहीं प्रश्नाकुल बनाया होगा। कुमार विकल की कविता में भी कविता को लेकर अनेक टिप्पणियाँ हैं। अकविता में आई अधिकांश टिप्पणियाँ निराशा और

निषेध से भरी हैं। ये टिप्पणियाँ सृजन कर्म में उनकी अनास्था को ही ज्यादा व्यक्त करती हैं। धूमिल के यहाँ दोनों किस्म की टिप्पणियाँ हैं। देवताले में आज भी शब्द को लेकर निराशा का ही स्वर प्रमुख है। कुमार की टिप्पणियाँ भी एक-सी नहीं हैं। कहीं वे कविता से बाहर कविता से बड़ा हथियार गढ़ना चाहते हैं और कहीं उससे पुल बनाना चाहते हैं। फिर भी उनकी टिप्पणियों में आधुनिकतावादी काव्य कला से संघर्ष करती टीपें ही अधिक हैं। इनमें अपने पूर्व संस्कारों से गहरे आत्मसंघर्ष का ही स्वर प्रमुख है।

कि कविता आदमी का निजी मामला नहीं
एक दूसरे तक पहुँचने के लिए एक पुल है।

या

मुझे शब्दों की हिफाजत
अपने तरीके से करनी है
और पहली लड़ाई
उस आदमी के खिलाफ लड़नी है
जो शब्दों की अर्थवत्ता को तोड़ता है
और दूसरी उसके विरुद्ध
जो शब्दों की अर्थवत्ता को छोड़ता है।

और अन्त में एक क्षेपक कथा :

कुमार विकल ने एक सीरीज में कुछ कविताएँ लिखी हैं। इनका शीर्षक है 'एक नास्तिक के प्रार्थना गीत'। इनमें से कुछ कविताएँ गाकर भी पढ़ी जा सकती हैं। इनमें कुछ का अन्दाज विद्रोही सूफियाना है। कुमार विकल के ही मुँह से काफी भारी और कई बार भर्राई आवाज में मैंने इन्हें पहली बार सुना था। यह कुमार का एक अलग रंग है और इन कविताओं का एक अलग ठाठ है। इनमें सूफियों सी विनय और ठसक, प्यार और फटकार दोनों है। लेकिन एक दूसरे पक्ष की ओर संकेत करती कुछ पंक्तियों को मैं यहाँ उद्धृत कर रहा हूँ :

लेकिन जब आदमी
कविता को शराब के अँधेरे से निकालकर
श्रम की रोशनी में लाता है
तब वह आदमी की मुक्ति के नए अर्थ पाता है।

आओ प्रभु जी !
आज रात का अन्तिम काम करें हम
एक शराबी कवि को उसके घर पहुँचाएँ

अँधेरे से उसे रोशनी तक लाएँ।

एक शराबी कविता मुझको
रात-रात भर भटकाती है
प्रभु जी ! यह तब भी होता है
जबकि मुझको ठीक पता है
यह तो वर्ग शत्रु कविता है
मुझको भटकाना ही इसका काव्य धर्म है।
मुझको आहत करना इसका वर्ग कर्म है।

व्यक्तित्व की अराजकता कहाँ ले जाती है, किस तरह वह वर्ग शत्रु है, किस तरह अपने वर्ग कर्म के ही तहत वह आहत करती और भटकाती है ? ये सारी बातें कुमार की कविता में इतनी अधिक स्पष्टता से आई हैं कि लगता है उनके अनुभव ही इसमें बोल रहे हैं। और साथ ही यह भी कि इन सारी स्थितियों से यह कवि बहुत सावधान होगा। पर दुर्भाग्य से ऐसा है नहीं। तभी तो ''सभी प्रार्थनाएँ लेकर मुझे / एक शराबी कविता दे दो'' की प्रार्थना भी आती है। अपने आन्तरिक अन्तर्विरोधों को समझना और उन्हें व्यक्त करना एक काम है। लेकिन अपने विरोधाभासों को व्यक्तित्व और कृतित्व के स्तर पर 'रिसाल्व' करने के बजाय मात्र उनका बखान ही हो तो क्या उसका कोई अर्थ होगा ? कुमार विकल को व्यक्तिगत तौर पर जाननेवाले उनके इस विरोधाभास को रिसाल्व होते देखना चाहते हैं। अन्त में ग़ालिब का एक शेर याद आ रहा है—

यह मसाइले-तसव्वुफ, यह तिरा बखान ग़ालिब
तुझे हम वली समझते, जो न वादःख्वार होता।

देखने और सुनने की क्रियाओं से बनी कविता

मैं
जो कुछ भी देख पा रहा हूँ
वह आज है
लेकिन जो सुन रहा हूँ
वह आने वाला कल है।

वेणुगोपाल की कविता की संरचना देखने और सुनने की क्रियाओं से बनी है। देखना के चलते उसमें ऑब्जर्वेशन की क्षमता और आलोचना का विवेक है। सुनने की क्षमता ने उसके कानों को कई ध्वनियों और आवाजों से भरा है। वह सिर्फ ध्वनियों को सुनने तक ही अपने को महसूस नहीं करती, वह आनेवाले समय की ध्वनिहीन पदचाप और खतरों को भी सुनने की कोशिश करती है। वह स्वस्थ शिराओं में रक्त के बहने की आवाज़ को सुनने की कोशिश करती है। अपने दूसरे संग्रह **हवाएँ चुप नहीं रहतीं** की भूमिका में वेणु गोपाल ने लिखा है कि **कविता मेरी आँख का अशरीरी विस्तार हो गई है। और अब मैं अपना साक्षी हूँ। और अपने समय का। जिसके खिलाफ मैं शुरू से ही रहा। और इसीलिए मैं अपने से बाहर देखता रहा।** यह आँख का अशरीरी विस्तार अपने को अपना साक्षी भी बनाता है और अपने समय का भी। और इस तरह दोनों साक्ष्य मिलकर कविता बनते हैं। शायद इसीलिए वेणु की कविता में 'मैं' की उपस्थिति लगातार बनी रहती है। लेकिन इस 'मैं' में बहुत सारे बदलाव आए हैं और आते रहे हैं, इसे समझने के लिए उसकी कविता के एक करीबी पाठ की जरूरत है। पहले संग्रह **वे हाथ होते हैं** की भूमिका में वेणु का कथन है कि वह जगह उसने बहुत पीछे छोड़ दी है जहाँ वह 60 या 64 में था, **उस 'मैं' को बुरी तरह से जख़्मी किया है, जो आत्मविलाप के अलावा और कुछ जानता ही नहीं था।**

1968 के बाद वेणु गोपाल के 'मैं' का जैसे कायाकल्प होता है। तेलंगाना और तेभागा के सशस्त्र विद्रोह के बाद आजाद भारत में नक्सलबाड़ी का विद्रोह ही एक सर्वाधिक महत्त्वपूर्ण जन आन्दोलन है। किसान केन्द्रित होते हुए भी उसने भारतीय समाज के सभी वर्गों पर गहरा असर डाला। एक तरफ आदिवासियों पर तो दूसरी तरफ मध्यवर्गीय नौजवानों और विद्यार्थियों पर। भूमि सुधार और कृषि पर दी जानेवाली सब्सिडियों में नक्सलबाड़ी विद्रोह के बाद क्या बदलाव आए हैं यह एक अलग शोध

का विषय है लेकिन सृजन के स्तर पर उसने सभी भारतीय भाषाओं की रचना को थोड़ा या गुणात्मक रूप से बदल दिया था। नक्सलबाड़ी विद्रोह के बाद हिन्दी में मध्यवर्गीय अराजकता और महानगरीय बोध के चलते नगरोन्मुख हुई अकविता का अध्याय ही समाप्त हो गया। नामवर जी ने एक व्याख्यान में कहा था **नक्सलबाड़ी आन्दोलन ने पुनः हमारी नगराभिमुख चेतना को गाँवों की ओर लौटाने का काम किया।** वे कवि जो पहले से लिख रहे थे, इस विद्रोह के बाद ठीक-ठीक वही नहीं रहे, जो वे पहले थे। धूमिल, कुमार, विजेन्द्र, ऋतुराज जैसे अनेक कवियों में उस फर्क को देखा-पढ़ा जा सकता है। नक्सलबाड़ी विद्रोह का बंगाल के बाद सबसे बड़ा प्रभाव क्षेत्र आन्ध्र और बिहार ही बना था और शायद यह भी एक कारण हो कि उस आन्दोलन के दो सर्वाधिक महत्त्वपूर्ण कवि आलोकधन्वा और वेणु गोपाल बिहार और आन्ध्र से आए। आलोकधन्वा की कविता इस घोषणा के बावजूद कि **यह कविता नहीं है। यह गोली दागने की समझ है जो तमाम कलम चलानेवालों को तमाम हल चलानेवालों से मिल रही है।** या वेणु गोपाल में भी **श्रीकाकुलम या गोपीवल्लभपुर में मेरी अदेह उपस्थिति का अहसास किसी को नहीं होता** कहने के बावजूद वेणुगोपाल और आलोकधन्वा की कविता वस्तुतः अर्बन पोएट्री ही है। वह धूमिल की तरह अपनी किसानी को चरितार्थ नहीं करती। गाँव में उसकी उपस्थिति बहुत हद तक एक अदेह उपस्थिति ही है लेकिन फिर भी यह महानगरीय बोध की कविता से अपने चरित्र में एकदम भिन्न कविता है।

साठ के दशक का उत्तरार्ध भारतीय समाज में भारी उथल-पुथल का समय है। बंगाल में अन्न को लेकर दंगे हो रहे थे। बिहार भयंकर सूखे की चपेट में था और सारे देश में सत्ता के विरुद्ध आन्दोलनों की बाढ़-सी आई हुई थी। औद्योगिक क्षेत्र में भी मन्दी का दौर था और बड़े पैमाने पर मजदूरों की छटनी हो रही थी, जिसके चलते मजदूर हड़तालें हो रही थीं। लोहिया के गैर कांग्रेसवाद के नारे का प्रभाव बढ़ा था और कई राज्यों में पहली बार गैर कांग्रेस सरकारें बनी थीं। यह राजनीतिक आर्थिक दृश्य और नक्सलबाड़ी विद्रोह समान्तर रूप से एक साथ मौजूद थे। शायद इसी के चलते वेणु गोपाल की कविता में जयप्रकाश या लोहिया एक प्राक्सी लगाने वाले की तरह आते हैं। वेणु उन्हें एक वास्तविक क्रान्ति के प्रॉक्सी लगानेवाले की तरह तो देखते ही हैं। हालाँकि समाजवादियों और प्रजासमाजवादियों का रुख नक्सलबाड़ी विद्रोह के प्रति क्या था, इसे मुसहरी में जयप्रकाश नारायण द्वारा किए गए कार्यों में देखा जाना चाहिए। अनुपस्थित और प्रॉक्सी लगाने का यह खेल अलग-अलग तरह से वेणु की कविता में कई स्तरों पर देखा जा सकता है।

वेणु की कविता में एक काल्पनिक अन्य है, एक अनुपस्थित अन्य। वेणु की कविता इस अनुपस्थित अन्य को बार-बार सम्बोधित करती है। हालाँकि यह अन्य कोई परा शक्ति या आध्यात्मिक अन्य नहीं है। यह अन्य कभी-कभी कवि के 'मैं' में रूपान्तरित हो जाता है। यहाँ 'मैं' दूसरा हो जाता है, एक बोहेमियन 'मैं' हो जाता है। और वह अन्य जो क्रान्तिकारी है, आन्दोलन है, जुलूस है—तेलंगाना वाला या वियतनाम

वाला, वह 'मैं' हो जाता है। परकाया—रूपान्तरण की यह प्रक्रिया एक हद तक भावनात्मक या कहें कि मनोगत ही अधिक है।

इसीलिए तो जय तेलंगाना के नारे लगाता हुआ जो जुलूस
चार मीनार से निकला था। वह जुलूस नहीं था।
मैं था। मैं। याने वेणु गोपाल।
और ओरियण्ट में बैठा सारी दुनिया को काफी के घूँट के
साथ नकारने की बेवकूफ अक्लमन्दियाँ करता हुआ मैं
मैं नहीं हूँ। जुलूस है। जुलूस।
तेलंगाना वाला न सही ! वियतनाम वाला सही।

इस अन्य पर कविता भरोसा करती है। वह अभी आया नहीं है। उस गोडो का इन्तज़ार है। इसलिए लोग उसकी प्रॉक्सी कर रहे थे। नक्सलबाड़ी विद्रोह से जुड़े राजनीतिज्ञों को क्रान्ति का जैसा भरोसा था, वैसा भरोसा कविता में व्यक्त नहीं हो रहा था। एक सन्देह बना हुआ था। यह संशय बार-बार कविता में प्रकट होता है। वह चाहे व्यक्ति हो, कविता हो या आन्दोलन उस पर पूरा भरोसा वहाँ नहीं है। इसी के चलते नक्सलबाड़ी के साथ आई कविता में एक अजीब-सी हताशा को देखा जा सकता है। वेणु की कविता भी कई बार, खैर...पर खत्म होती है या उदास दोस्तों से उन अनुपस्थित खबरों को पढ़ने का आग्रह करती है जो भविष्य के पृष्ठों पर इतिहास की कलम लिख रही है। यह द्वैत नक्सलबाड़ी के बाद आई कविता में बार-बार देखा जा सकता है कि वह एक ही चीज पर एक साथ बहुत विश्वास और अविश्वास करती चलती है। कविता को वह एक ही समय में हथियार की तरह इस्तेमाल करना चाहती है और उसी समय वह उसे लगभग निरर्थक चीज मानकर कहती है कि जिन्दगी के दरवाजे कविता से नहीं खुलते। कई बार लगता है कि यह, रघुवीर सहाय और श्रीकान्त वर्मा की पीढ़ी से व्हाया अकविता, संस्कार में मिली हताशा है जो बार-बार जहाँ भी जगह मिलती है अपना सिर उठा लेती है। लोहिया के प्रभाव और नक्सलबाड़ी विद्रोह का समय लगभग एक है, इसलिए राजनीतिक दृष्टि में बुनियादी फर्क के बावजूद, उसकी वाग्मिता और हताशा के स्वर में भी कुछ साम्य है।

हिन्दी कविता में वाग्मिता के उस पूरे दौर में वेणु गोपाल की कविता अपनी बनक के कारण कुछ अलग लगती हैं। उसमें अपने ढंग का एक हैदराबादी अन्दाज़ है। वे तेलगू में लिखी जा रही नक्सलबाड़ी कविता से भी, अपनी बनक में बहुत अलग है। वारवरा राव, जवालामुखी या अन्य कई तेलगू कवियों की उस दौर की कविता हिन्दी अनुवाद में उपलब्ध है। उससे वेणु की कविता के फर्क को देखा जा सकता है। वह कभी-कभी अपनी भाषायी और संरचनात्मक बनक में अटपटी और अनगढ़ भी लगती है। वह कविता के हमारे हिन्दी क्षेत्र के संस्कार को धता दिखाती और चिढ़ाती-सी लगती है। विट और वाग्मिता के असम्भव लगते सम्मिलन से उसमें एक नाटकीयता का जन्म

हुआ है। यह नाटकीयता नई कविता या उत्तर नई कविता की नाटकीयता से कुछ अलहदा है। वेणु अपनी कविता में लगभग बतियाते हुए, बातचीत करते हुए से कवि लगते हैं। उनकी कविता बातचीत का एक नाट्य रचती है। इसलिए उसमें संवाद से ज्यादा बतियाना है। हालाँकि बतियाना एक अनुपस्थित अन्य से हो रहा है लेकिन वह मात्र स्वगत या प्रलाप नहीं है।

मुझे लगता है कि वेणु की कविता देखने-सुनने और बतियाने से बनी कविता है। यह उसकी ताकत भी है और सीमा भी। गन्ध, स्वाद और स्पर्श की ऐन्द्रिकता वहाँ अनुपस्थित है। ऐसा लगता है कि कुलीनतावादी सौन्दर्यबोध के चंगुल में फँस जाने का भय वेणु को लगता है। वे फूलों की बात करते हुए, पानी और हवा की बात करते हुए भी उसके स्पर्श, उसकी गन्ध या उसके स्वाद की बात नहीं करते। शायद अनुपस्थित अन्य के साथ भी इन अनुपस्थित ऐन्द्रिक अनुभूतियों का कोई सम्बन्ध हो।

वेणु गोपाल की एक कविता है **वे हाथ होते हैं।** यह कविता चारू मजूमदार की गिरफ्तारी के बाद लिखी गई थी। 72 में इस गिरफ्तारी के बाद ही चारू मजुमदार की मृत्यु हो गई। इसी के साथ नक्सलबाड़ी आन्दोलन का पहला अध्याय खत्म होता है। मुझे लगता है यह वेणु गोपाल की एक प्रतिनिधि कविता है। यह वेणु की कविता की बनक को तो बतलाती ही है, साथ ही वह उस पूरे दौर के मानस को, उसकी निराशा और उम्मीद को भी व्यक्त करती है। इस कविता में वेणु के उस कथन को चरितार्थ होते हुए देखा जा सकता है कि **मैं अपना साक्षी हूँ** और अपने समय का।

पत्ती की नोक पर प्रकट होता छुपा हुआ जल

यह वो समय है जब
शेष हो चुका है पुराना
और नया आने को शेष है।

अरुण कमल की कविता, कविता में हर बार कुछ नई जगहों की तलाश करती है। नए दिक रचती है। वह निर्वासन के क्षोभ की नहीं, नए इलाके के स्वीकार की कविता है। वह एक संक्रमण काल में संक्रमित भूमि पर खड़ी है। जहाँ स्मृति का भरोसा नहीं। जहाँ पुराना शेष हो चुका है और नए को अभी आकार लेना बाकी है। इसलिए इस कविता में उदासी भी है और उम्मीद भी। वह अक्सर रास्तों को भूल जाती है और नए इलाकों को खोजती है। अरुण की कविता का आकाश थोड़ा तंग लगता है। उसमें उड़ान भरने के अवकाश कम हैं लेकिन उसकी धरती बहुत विस्तृत है, फैली हुई है। उसमें घाटियाँ हैं, पहाड़ हैं, मैदान हैं और इनमें निरन्तर कुछ-न-कुछ बदल रहा है।

अरुण कमल के पहले संग्रह 'अपनी केवल धार' की एक चर्चित कविता है यात्रा :

कौन नहीं चाहता जहाँ जिस जमीन में उगे
मिट्टी बन जाए वहीं
पर दोमट नहीं, तपता हुआ रेत ही है घर
तरबूज का
जहाँ निभे जिन्दगी वही घर, वही गाँव।

यात्रा को लेकर लिखी गई कविताओं में यह अनूठी कविता है। वह निर्वासन की बाध्यता में एक प्राकृतिक तर्क तलाश कर लेती है। एक अपरिचित जगह को भी एक आत्मीय जगह में, घर में रूपान्तरित कर देती है। अरुण की कविता में संवाद और स्वाद का बहुत दिलचस्प संयोजन है। इसलिए वह दूसरे को भी सम्बोधित करती है और अपने आपको भी। इसलिए उसमें सोचने की नहीं कहने की लय है। बात करने का अन्दाज है। वह विमर्श की कविता है। निर्वासन और नई जगहों के बारे में उसकी समझ अलग है। दृष्टि अलग है। यह नई जगह का स्वीकार है। क्योंकि हर नई जगह की अपनी खूबियाँ हैं, अपनी विशिष्टताएँ हैं। तपता हुआ रेत ही है घर तरबूज का।

नए इलाकों की इस अनथक तलाश में उनकी पहचान के चिह्न अक्सर गड़बड़ा

जाते हैं। क्योंकि हर जगह कुछ-न-कुछ बदल रहा है। ये नए इलाके मूल्य के स्तर पर भी हैं और काव्य के स्तर पर भी। अरुण कमल और मनमोहन मे लयों, छन्दों, तुकों और नाटकीयता के सर्वाधिक प्रयोग दिखाई पड़ते हैं। अरुण को 'एक हाड़ की माथा मुड़ी कविता' पसन्द नहीं है। जीवन में और कविता के भीतर, उसकी अन्तर्वस्तु में और उसके शिल्प में और उसकी कहन में अरुण कमल लगातार नई स्पेसेस को रचना में खोजना चाहते हैं। उसे मोक्ष नहीं चाहिए। उसे जीवन में भी नई जगहें, नए इलाके, यहाँ तक कि नई योनियाँ चाहिए।

मोक्ष की चाह नहीं
चौरासी लाख योनियों में भटकता फिरूँगा।

(वागर्थ 19)

अरुण कमल कविता में जीवन का ही पुनराविष्कार नहीं करते, काल का भी पुनर्सृजन करते हैं। यह समय कवि ने हस्तक्षेप करके अपने लिए अर्जित किया है। उसे रचा है। यह उसका अपना समय है। एक कवि-समय। यह बाहर प्रतिपल परिवर्तित होते समय की प्रतिलिपि नहीं। यह उसके सोचने-समझने और देखने का, देखने के ढंग का साक्ष्य है।

यह उसकी मानसिक बनावट और अन्तःकरण के आयतन को जानने का साधन है। अरुण की कविता की एक बहुत बड़ी विशेषता मुझे लगता है, यह है, कि उसमें समय की कई गतियाँ एक साथ मौजूद हैं। बहुत दिनों से एक जगह जड़ी ईंट पर आकर उसकी निगाह रुक नहीं जाती। वह इस यथास्थिति को दर्ज करती है, साथ ही उसके नीचे बिलखती चीटियों और हरी-पीली दूब को भी दर्ज करती है। सत्य का भ्रम देते सत्याभास के भीतर एक और सत्य है। गतिशील सत्य।

भारतीय समाज और अनेक एशियाई समाजों की संरचना इस अर्थ में दिलचस्प है कि उनमें अनेक समय एक साथ समान्तर रूप बने रहते हैं। एक रचना को इन समान्तर समयों में आवाजाही करनी होती है। इस अर्थ में एक भारतीय रचना किसी पश्चिमी रचना की बनिस्बत अधिक जटिल है, रचना को इस समान्तर समयों का समवर्ती होना होता है और उनका अतिक्रमण भी करना होता है। अरुण स्मृति, अनुभव और कल्पना—तीन कालों का समवर्ती होना चाहते हैं। उनके अन्तस में झाँकने के लिए इस अखण्डता को बेधना जरूरी है। अरुण एक साथ कई समयों और दिकों में ऑपरेट करने की कोशिश करते हैं, इस कोशिश में वे कहाँ, किस जगह अपना कुछ भूल जाते हैं, इसे बताना कठिन है। मुझे हर वक्त लगता है कि कोई एक ऐसी चीज है, कोई एक ऐसी बात है, जो अरुण की कविता में कहीं कम है—मिसिंग है। एक कवि मित्र का मानना है कि उनमें सेंस ऑफ मॉडर्निटी की कमी है। एक अन्य कवि मित्र का कहना है कि अरुण की कविता में फ्लाइट लेने की प्रवृत्ति नहीं है। मुझे लगता है कि भाषा को बरतने का एक 'अतिरिक्त संयम' वहाँ है और भाषा के पुरानेपन के प्रति

एक लगाव और जिद भी। (लेकिन इस पुरानेपन को नया करने के उपकरण वहाँ पर्याप्त नहीं हैं) यह संयम एक सीमा पर आकर कवि को रोकता है। वह मन को पूरी तरह मुक्त नहीं होने देता। शायद इसीलिए अरुण कभी भी और कहीं भी कविता में 'इर्रेशनल' नहीं होते। अरुण की कविता अपना आपा नहीं खोती। कभी बहकती नहीं, न क्रोध में न मस्ती में।

अरुण कमल ब्रह्माण्ड के एक भग्न आर्केस्ट्रा के सामने खड़े हैं। अपने को मुक्त कर पाने में थोड़ी हिचक और थोड़े संकोच के साथ।

2

'इसलिए मुझे वह कविता पसन्द है जिसमें तीन लरों वाली सान्द्रता हो, जिसमें अनेक भँवर हों, हजारों दलपत्र और जहाँ शब्द यवों की तरह अंकुरित होते हों, जैसे तुलसीदास-निराला में, शेक्सपीयर-गालिब में, जैसे शमशेर-पास्तरनाक में, जहाँ एक कविता बहुत दूर की दूसरी कविता की निकट सम्बन्धी हो और सब मिलकर कवि की बात को समवेत स्वर में प्रकट करते हों। सब कुछ अकेले ही बोल जानेवाली, एक हाड़ की, माथा मुड़ी हुई कविता मुझे पसन्द नहीं। मेरे लिए हर कविता एक आविष्कार है, संचार का नवीनतम साधन है जिसका उपयोग होना है अभी, कभी।'

(वक्तव्य : वागर्थ 19)

सब कुछ अकेले ही बोल जानेवाली कविता अरुण कमल को पसन्द नहीं है। नक्सलबाड़ी के आन्दोलन के बाद आई कविता से शायद आठवें दशक की कविता यहीं अलग होती है। (वेणु गोपाल की कुछ अच्छी कविताओं को अपवाद की तरह छोड़ कर।) आठवें दशक की कविता ने बोलचाल की भाषा ही नहीं, कविता में उस जनतान्त्रिक संरचना को भी सम्भव बनाने का काम किया। वह एक बातचीत करती कविता है। संवाद और स्वगत के युग्म से बनी एक संरचना। जहाँ वह स्वगत है वहाँ भी वह मात्र अपनी अकेले की बात नहीं है। यह कविता कवि की बात को समवेत स्वर में प्रकट करती है।

वह संसार के नवीनतम साधनों का उपयोग करना चाहती है। अनेक स्तरों पर अपने को प्रकट करना चाहती है। अरुण की कविता में इसीलिए अनेक प्रवृत्तियों के कुछ कठिन युग्म बनते दिखते हैं। वहाँ धैर्य भी है और बेचैनी भी। तर्क है और तीव्र आवेगात्मकता भी। उसे ठण्डी तार्किकता या अराजक आवेग पसन्द नहीं है। उसके स्वभाव में नहीं है। कभी-कभी अरुण की कविता में आवेग उच्छ्‌वास तो बन जाता है पर अराजकता की ओर नहीं जाता। उसमें सघन ऐन्द्रिकता और सादगी है। वह अपने ऐन्द्रिक अनुभवों के लिए एक शॉर्टकट लगाकर या हड़बड़ाकर तत्सम या अलंकारिक भाषा के बाड़े में नहीं घुसती। उसकी कविता उस लोक से अपने पद और शब्द पाने

की कोशिश करती है जो लोक स्वयं प्रकृति से अभिन्न है। जिसने अपने जीवन व्यवहार में ही उस प्रकृति की तमाम क्रियाओं, अन्तःक्रियाओं के लिए शब्द और पद रचे हैं। आंचलिक बोली से लिए गए पद और शब्द का बहुत सन्तुलित उपयोग उसकी कविता में है। इस तरह वह सम्प्रेषण की बाधाएँ नहीं पैदा करती। वह हमारी कविता की भाषा को थोड़ा और चौड़ा और समर्थ और सघन बनाती है।

अरुण कमल की कविता अपने सघन ऐन्द्रिक अनुभव का उपयोग मानवीय लालसाओं को पुनः परिभाषित करने के लिए करते हैं। इसलिए प्रकृति के प्रति उसकी रागात्मकता और आवेग वस्तुतः मनुष्य के प्रति, एक पीड़ित मनुष्य के लिए उसके वैचारिक और आत्मिक लगाव को भी प्रकट करते हैं। अरुण ने अपने वक्तव्य में लिखा है। जो हर तरफ से कमजोर, अकेला और असहाय है कविता उसी के पक्ष में है।

जब सारे फूल मूँदते हैं अपना शरीर
ठीक तब खुलते हैं फूल रात में
बिलों से निकलती है मर्म की मिट्टी
प्रकट होता है छुपा हुआ जल पत्ती की नोक पर
जब ठण्डे हो रहे होते हैं सारे चूल्हे
तब पूरे ताव पर होता है रात का ढाबा

(रात का ढाबा)

अरुण की आँख में देखने, प्रकट के पीछे छिपे अप्रकट को, देख लेने की अद्भुत क्षमताएँ हैं। शायद इसीलिए एक खूबी उसकी कविता में बार-बार प्रकट होती है। हर स्थिति के विलोम को देखने और दिखाने की कोशिश। कहीं अगर कुछ निगेटिव है तो उसके पॉजिटिव को भी अरुण सामने रखेंगे।

अरुण कमल की कविता के बिम्ब की सुन्दरता शायद इस बात में है कि उसमें बहुत प्रकट विवरण हैं तो बहुत बारीक अक्सर अनदेखे कर दिए जानेवाले महीन विवरण भी। वह मूर्त्त और अमूर्त्त से मिलकर बननेवाला बिम्ब है। उसमें आँख से देखा ही नहीं, कान से सुना, जीभ से चखा और नाक से सूँघा भी शामिल है। कई जगह तो त्वचा और नर्वस् पर पड़नेवाले दबावों के साथ वह एक ऐसा भरा-पूरा और सघन बिम्ब है कि कई बार वह शब्द से बाहर आकर रूपाकार लेता प्रतीत होता है। अरुण कमल चीजों को देखते ही नहीं उसे अनावृत भी करते हैं, बदल देते हैं। एक ऐसा खेल इस रचने की प्रक्रिया में पैदा होता है जिसमें कुछ भी निरपेक्ष नहीं, तटस्थ नहीं रह सकता।

जैसे
मैं बहुत सारी आवाज़ें नहीं सुन पा रहा हूँ
चीटियों के शक्कर तोड़ने की आवाज़
पंखुड़ी के एक-एक कर खुलने की आवाज़

गर्भ में जीवन बूँद गिरने की आवाज़
अपने ही शरीर में कोशिकाएँ टूटने की आवाज़
इस तेज बहुत तेज चलती पृथ्वी के अन्धड़ में
जैसे मैं बहुत सारी आवाजें नहीं सुन पा रहा हूँ
वैसे ही तो होंगे वे लोग भी
जो सुन नहीं पाते गोली चलने की आवाज ताबड़तोड़
और पूछते हैं—कहाँ है पृथ्वी पर चीख ?

सघन ऐन्द्रिकता के बावजूद अरुण कमल मात्र ऐन्द्रिक अनुभव की कविता अक्सर नहीं लिखते, वह जीवन की एक ऐसी कविता है जिसमें ऐन्द्रिकता मानवीय लालसाओं और जीवन की सारी विडम्बनाओं को प्रकट करने का माध्यम भी होती है। सबसे अधिक महीन आवाजों को नहीं सुन पाने की असमर्थता या कमजोरी या अनसुना कर जाने की प्रवृत्ति एक दिन एक सबसे विस्फोटक आवाज को भी, एक चीख को भी अनसुना कर देने की प्रवृत्ति बन जाती है। अरुण कमल के तीसरे संग्रह 'नए इलाके में' में अपराध, हिंसा और क्रूरता के प्रति दिनों-दिन अभ्यस्त होते जाने को लेकर कई कविताएँ हैं। अपनी गहन ऐन्द्रिकता के लिए अरुण कमल की कविता अपने समकालीनों में अलग से पहचानी जा सकती है। इतने सघन रूप से रस, गन्ध, स्वाद और ध्वनियों का संग्रथित बिम्ब कम ही कवियों के पास होगा जैसा अरुण के पास सहज ही दिख जाता है।

छितराती है धरती पर
राई सी पाँवों की थाप।

(अपनी केवल धार)

'तोते का जुठाया अमरूद दो मुझे
जिसके भीतर की लालिमा फूटती हो बाहर
गिलहरी के दाँतों के दागवाला जामुन दो काला
अन्धकार के रस से भरा हुआ

(सबूत)

प्रकट होता है छुपा हुआ जल पत्ती की नोक पर

(नए इलाके में)

हवा पी-जो गंगा से बुझकर आई थी

(वागर्थ 19)

शायद यह ऐन्द्रिक बोध ही है जिसके कारण अरुण की कविता अपनी किसी बहुत दूर की या किसी बहुत पास की कविता की निकट सम्बन्धी लगती है। जब वह 'अन्धकार की खुलती गिरह' को देखती है तो उसमें शमशेर की उषा का जादू याद आने

लगता है। इस तरह अरुण की कविता अपने से पहले की कविताओं और आगे की सम्भावनाओं के बीच एक पुल बनाने का काम भी करती है।

3

'आज भी सार्थवती कविता शायद वही कर सकता है जो निरन्तर जीवन के मुहाने पर खड़ा है, किसी-न-किसी रूप में असुरक्षित।'

(वक्तव्य : वागर्थ 19)

यह असुरक्षित, असहाय, अकेला और कमजोर लेकिन निरन्तर जूझता हुआ मनुष्य ही अरुण की कविता का केन्द्रीय चरित्र है। अरुण कमल की अपलक जागृत आँख इस मनुष्य को और इसके आसपास जो भी अच्छा और बुरा है, काला और सफेद है, अँधेरा और उजाला है उसे लगातार देखती है, अप्रकट को, छिपे हुए को अनावृत करती है। 'वह जो हालत है और होती जा रही है' की मात्र निशानदेही करनेवाली कविता नहीं है। अरुण का ध्यान समाज में निरन्तर हो रहे अपराधीकरण पर तो है ही लेकिन उससे भी ज्यादा बड़ी चिन्ता इस अपराधीकरण के चलते सामान्य मनुष्य के व्यवहार में आ रहे बदलाव की है। हिंसा के साथ ही व्यावहारिक हिंसा और उसके प्रति अभ्यस्त होते जा रहे मनुष्य की चिन्ता इस कविता का केन्द्रीय विषय है। अरुण की आवाज में कहीं संशय नहीं है। वह एक निश्चयात्मक आवाज है। यह इस कविता की एक सीमा भी हो सकती है। एक कमी भी। लेकिन सिर्फ संशय हमेशा कोई महत्त्वपूर्ण गुण नहीं है। यह कविता वस्तुतः जीवन में बढ़ते जा रहे सन्देहों को देखती है, जानती है।

कोई जंजीर बाँध रहा है
कोई जमा रहा है बक्स माथे के नीचे
कोई जेब टटोलता होता है निश्चिन्त
कोई पत्नी से कहता है उतार लो झुमका।

सामान्य मनुष्य के मन में बढ़ती जा रही आशंकाओं और भय का यह एक अतिपरिचित दृश्य है। अरुण इस अतिपरिचित दृश्य को अनदेखा नहीं करते। न केवल वह इसे अनदेखा नहीं करते बल्कि इसे आपको बार-बार याद दिलाना चाहते हैं, जिससे आप जो लगातार अपराधों के प्रति अभ्यस्त हो रहे हैं, इस पर पुनः सोचें। यह कविता कुरेदने का काम करती है। अरुण कमल इन संशय और भय के बीच ही हमारे अपने व्यवहार में हो रहे बदलाव को भी लगातार जाँचने का काम करते है। 'एक समय था जब सफर में सबके सामने कौर भी उठ नहीं पाता था।' लेकिन इस बीच व्यवहार में इतना बदलाव आ गया है कि बच्चों के सामने 'कुल्फी चाटता चलता हूँ बीच बाजार।'

प्रकृति और सामान्य मनुष्य के प्रति गहरे रागात्मक लगाव, जीवन की विडम्बनाओं और सामाजिक राजनीतिक विद्रूपताओं और मनुष्य विरोधी स्थितियों के प्रति जागृत

विवेक ने अरुण कमल की कविता को एक अलग किस्म के व्यंग्य का औजार दिया है। यह व्यंग्य सीधे चोट नहीं करता, यह धीरे-धीरे छिलके उतारने का काम करता है।

एक कविता है 'घोषणा'। कवि जिसे अपनी नींद राष्ट्र के सर्वोच्च पद से भी ज्यादा प्यारी है वही हमें बताता है कि 'राष्ट्र के प्रधान के जीवन में नींद नहीं' है। और इस रात में क्या-क्या हो रहा है :

मन्त्रिमण्डल की बैठक हमेशा देर रात
हर जरूरी फैसला आधी रात के बाद
फौज की तैनाती का हुक्म ढाई बजे रात
विरोधियों की नजरबन्दी का आदेश पौने तीन
चीनी पर टैक्स बढ़ाने का फैसला मध्यरात्रि के इर्द-गिर्द
विदेश यात्रा की उड़ान रात दो बजे
विदेशी मेहमान का विमानपत्तन पर स्वागत तीन बजे
हत्यारों से मन्त्रणा किसी भी क्षण
जीवन में नींद नहीं।

अरुण कमल की कविता की आँख में भी नींद नहीं है। अपलक जागती यह कविता अपने आसपास और दूर-दराज घट रहे बहुत कुछ को देखने की कोशिश करती है और और, अधिक को, सब कुछ को देखने की इच्छा रखती है।

अनुभव की आदत से मुक्त करती कविता

भाषा की जिस नाटकीयता को **विष्णु नागर** ने अपने कविता-मुहावरे के लिए चुना है, या कहें कि अन्वेषित किया है वह कोई नई चीज नहीं है, बावजूद इसके कि वह उनके यहाँ अलग ढंग का है। हिन्दी काव्य परम्परा में अनेक पुराने और नए कवियों ने इस मुद्रा का उपयोग किया है। विष्णु नागर में इसके उपयोग का ढंग, उसके पीछे की मंशा और उनका उद्देश्य ही उनको अन्य कवियों से अलग करता है। औसत किस्म की पीड़ा याने वे त्रासद स्थितियाँ, जो अपनी अतिव्यापकता और निरन्तरता के कारण औसत नजर आने लगी हैं और उन्हें रखने की सहजता, ये दो विशिष्ट गुण उनकी कविता के हैं। समाज में व्याप्त व्यावहारिक हिंसा के अनेक पहलुओं को विष्णु नागर चुनते हैं और उन्हें विशेषीकृत या अतिरंजित किए बगैर रख देते हैं। लेकिन सपाट ढंग से नहीं। एक नाटकीयता का उपयोग यहाँ होता है। पहले अपनी सहजता और औसत आदमी की पीड़ा के जरिए वे अपनी कविता में आपको शामिल करते-से लगते हैं, पर अपनी नाटकीयता के जरिए—कविता में शामिल होते पाठक को एक झटके से वे थोड़ा रोक-सा देते हैं। चीजों और स्थितियों को रखने की सहजता में मृत्युंजय उपाध्याय की कविता (छूट गई नौकरी किसी को बताया नहीं) की याद आ सकती है लेकिन ठीक इसी बिन्दु पर वे मृत्युंजय उपाध्याय से अलग भी होते हैं, उनकी नाटकीयता कविता के भीतर अपनी तकलीफ का स्खलन करके राहत महसूस करने का मौका न देकर, झटके से आपको रोकते हुए सोचने को बाध्य कर देती है। यह द्वन्द्वात्मकता उस वस्तुनिष्ठता या कवि की व्युत्प्रेक्षा के प्रति आपको वस्तुनिष्ठ रखने का ऐसा प्रयास है जिससे कि आप जब कविता से अलग हों तो वह आपके आन्तरिक संसार में रोजमर्रा की तकलीफों की हलचल को सुनने, समझने की क्षमता पुनर्जागृत कर दे या और अधिक तीव्र।

मलयज ने लिखा है 'चीजों को अनुभव की आदत से मुक्त कर वस्तुबोध की एक नई स्वच्छन्दता के पास वापस लाने की और इस तरह चीजों के साथ एक नए सम्बन्ध को प्रस्तावित करने की कोशिश विष्णु नागर में नजर आती है।' (पहचान के चार कवि—कविता से साक्षात्कार) अनुभव की आदत से मुक्त करना और नए सम्बन्ध को प्रस्तावित करना किसी नए चमत्कार को जन्म देने या कोई मौलिक प्रयोग का भ्रम पैदा करता है। चीजों के साथ एक सही सम्बन्ध को अन्वेषित करना और एक नए सम्बन्ध को प्रस्तावित करना अलग-अलग बातें हैं। मनुष्य और चीजों के बीच की द्वन्द्वात्मकता

नए और कारगर सम्बन्ध का अन्वेषण करती है। कवि किसी नए सम्बन्ध को प्रस्तावित नहीं करता, वरन् ऐतिहासिक आवश्यकता सम्बन्ध को प्रस्तावित करती है और कवि उसका प्रखर प्रवक्ता बनता है, अगर उसकी चेतना अपने समय की ध्वनियों को सुनने में सक्षम होती है। यह कहना अधिक सही होगा कि रोजमर्रा की जिन्दगी में हम जिन चीजों को अनुभव करते हुए भी अनुभव नहीं करते, जहाँ हम सोचने को टाल जाते हैं, विष्णु नागर हमें महसूस करने के लिए बाध्य करते हैं। वस्तुबोध की स्वच्छन्दता नहीं, तार्किकता के साथ चीजों से वे अपने रिश्ते को पहचानने की कोशिश करते हैं।

विष्णु नागर की भाषा सरल है। एकदम बोलचाल की भाषा, उसमें एक प्रकार का खिलन्दड़ापन है जिसके कारण कविता का ऊपरी कलेवर काफी हल्का-फुल्का नजर आता है। काफी हद तक यही कारण है कि इधर-उधर पत्रिकाओं में इक्का-दुक्का कविताएँ देखने से जो प्रतिक्रिया होती है, संग्रह में एक साथ उन्हीं कविताओं को देखने पर एकाएक विपरीत प्रतिक्रिया होती है। अनेक कविताओं के बीच जब विष्णु नागर की कविता पढ़ने को मिलती है तो लगता है जैसे वे हमारी खोई हुई सहजता और शरारतों को लौटा रही हैं। लेकिन संग्रह देखकर उसका समय प्रभाव एकाएक नहीं पड़ता। बल्कि हमारी राय एकाएक छिन्न-भिन्न होने लगती है। वे इतनी साधारण चीजों और स्थितियों के बाबत होती है कि हम उनसे दो-चार होने की बाध्यता को नहीं महसूस कर पाते। यह हमारे काव्य संस्कार का दोष है। अपने पारम्परिक काव्य संस्कार के जरिए इन कविताओं के अधिक निकट नहीं आया जा सकता। कविता को ग्रहण करने या पसन्द करने की हमारी रुचियों की सीमा और विष्णु नागर के मुहावरे का अटपटापन, जो कई स्तरों पर अमूर्त्तता की सीमा छूने लगता है—दोनों ही बातें इन कविताओं की सम्प्रेषणीयता में बाधक होती हैं।

> *देवता जिधर दौड़ रहे हैं / उधर मेरी बच्ची है / कुचल न जाए / मेरी बच्ची / वह धूल के रंग में रँगी है /*
>
> (उधर मेरी बच्ची है)

> *मेरे ईश्वर / तुम्हारा यह खेल / मुझसे खेला न जाएगा / कहीं घोड़े रखेंगे / कहीं हाथी / कहीं ऊँट / कहीं पैदल / शब्द कहीं नहीं रखेंगे।*
>
> (तुम्हारा यह खेल)

ये दो महत्त्वपूर्ण छोटी कविताएँ पूरी की पूरी मैंने यहाँ उद्धृत कर दी हैं। पूरी रचना ही अपनी बुनावट में इतनी गसी हुई है कि किसी खास पंक्ति को उसने अलग नहीं किया जा सकता। एक ऐसी सामाजिक व्यवस्था जिसमें हाथी-घोड़े आदि सभी चीजों के लिए जगह है, पर शब्द की मर्यादा नहीं है। शब्द जहाँ बहिष्कृत है या एक नीचे स्तर पर उसकी उपयोगिता को आँका जा रहा है। और यही सामाजिक व्यवस्था है जिसमें न केवल शब्द के लिए जगह नहीं है वरन् धर्म के द्वारा जहाँ विस्तार की प्रक्रिया का उसके अंकुरण काल में ही कुचल जाने का एक भयावह खतरा मौजूद है—जहाँ देवता

दौड़ रहे हैं उधर—जिधर धूल के रंग में रँगी एक छोटी बच्ची है। दोनों अलग-अलग और अपने में मुकम्मिल कविताएँ होते हुए भी—एक ही पीड़ा के आसपास भी हैं। एक पक्ष विष्णु नागर का यह है, वह जहाँ अपनी सामाजिक सच्चाई के प्रति उसकी विसंगतियों के प्रति काफी सजग नजर आते हैं। लेकिन वहीं दूसरी ओर अनेक ऐसी कविताएँ भी हैं जिनके न तो अर्थ स्पष्ट हैं न दृष्टि। तालाब में डूबी छह लड़कियाँ जो अपना बदला लेने के लिए आएँगी भी तो पुनः किसी के सपने में नंगी होकर आएँगी। जैसे यही मात्र उनकी सार्थकता है। उनके अपने लिए भी जैसे शरीर के अतिरिक्त और कुछ नहीं है। वे एक शरीर की हैसियत हैं, नागरिक की हैसियत नहीं। इसके पास लड़ने या संघर्ष करने का एकमात्र उपाय है कि 'छह लड़कियाँ / छह हजार होकर आएँगी / और तालाब में डूबते-डूबते / नाक में दम कर देंगी।' दूसरी एक और कविता है 'जवान औरत' / यह वह औरत है जो बच्चे जनने के लिए अधेड़ होना चाहती है। यहाँ 'जनने' जैसा शब्द ही एक हिकारत की तरह प्रयुक्त हुआ है। विज्ञापन के द्वारा वह जानती है कि उसका 'छोटा परिवार सुखी परिवार होगा।' और बच्चों को अफसर बनता देखने के लिए वह 'बूढ़ी होना चाहती है।' अन्त में विष्णु नागर कहते हैं 'जवान औरत का बस चले / तो वह जवानी में ही बच्चे जन दे।' यह मानसिकता किस वर्ग और कौन से काल की है ?

एक संयत या कहें कि ठण्डा मुहावरा जो विष्णु नागर की कविताओं का है, इस दौर के अनेक कवियों ने भी अपने-अपने ढंग से इस संयत मुहावरे को अपनाया, लेकिन इसकी एक सीमा है। सातवें दशक के पूर्वार्द्ध की उग्र और आक्रामक शब्दावली की यह एक विवेकसम्मत प्रतिक्रिया थी। लेकिन जिस विवेक के साथ इसे अन्वेषित किया गया था, यह विवेक इसके विकास के लिए प्रयुक्त नहीं हुआ। टकराव या संघर्ष के अनिवार्य शब्दों तक को बहिष्कृत कर दिया गया। यही कारण था कि विसंगतियों या यथास्थिति और उसके बेमेल सम्बन्धों और स्थितियों का जायजा तो कविता ने अधिक गहराई से लिया लेकिन समाज में विभिन्न वर्गों के बीच चलते संघर्ष और उनके अन्दर की गतिशीलता से कविता कन्नी काटने लगी। यह सेंसरशिप कितनी सायास और कितनी अनायास है इसके लिए अलग जाँच-परख की आवश्यकता है, लेकिन इतना सच है कि यह इस ठण्डे मुहावरे की एक बड़ी सीमा है। विष्णु नागर की 'दुश्मन' कविता देखें। यहाँ दुश्मन के सारे ब्यौरे मौजूद हैं। वह दुश्मन 'रोटी के लिए नहीं झींकता', उसे 'गुजरात, प्रधानमन्त्री, भुखमरी, मानसून, महामारी, एटमबम, तीसरी दुनिया, मार्क्स, सबकी खबर है,' 'वह साइकिल वालों से अलग है,' वह अदालत में मन्त्री और सेठ का है, मंच पर तुम्हारा है। विष्णु नागर यह भी समझते हैं कि 'वह हमें आलू के पराँठे की तरह खा रहा है—कोका कोला की तरह पी रहा है।' लेकिन कविता इस दुश्मन के खिलाफ चलते जनसंघर्ष के बारे में चुप है। क्या छोटे-बड़े संगठित और असंगठित स्तरों पर दुश्मन के विरुद्ध संघर्ष और प्रतिरोध समाज में नहीं है ? 'रिआया' एक छोटी-सी कविता है। यहाँ भी रिआया के प्रति कवि की टिप्पणी है। कि रिआया के

पास सिर्फ हर्ष व्यक्त करने और गम ओढ़ने का काम है। दीवान चाहे पटाखा चलाए या बन्दूक, रिआया सिर्फ हर्ष व्यक्त करती है—प्रतिरोध नहीं करती। शायद प्रतिरोध और टकराव को व्यक्त करने में या तो कविता का यह ठण्डा मुहावरा ध्वस्त हो जाएगा या अपने ही मुहावरे से बाहर चले जाने की नौबत आ जाएगी। कहना न होगा कि समीक्षा के स्तर पर ठण्डे मुहावरे और संयत आक्रोश की पैरवी करनेवालों ने भी इस मानसिकता को बनाया है। कविता में इन सीमाओं को तोड़ने के लिए जोखिम की आवश्यकता होती है और कम-से-कम विष्णु नागर ने इस खतरे को उठाने की कोशिश न करके अपनी कविता के भीतर से उपजते तार्किक आक्रोश की भी कतरब्योंत कर डाली है।

विष्णु नागर के एक पक्ष की ओर मैं चर्चा करना चाहूँगा। मृत्यु और एक अमूर्त्त व्यथा या उदासी का स्वर भी उनकी कई कविताओं में है। यह अजीब इत्तफाक है कि ऐसे अनेक प्रसंगों में उनकी कविता में रघुवीर सहाय की ध्वनियाँ सुनाई देने लगती हैं। यह भी इत्तफाक ही है कि 'हँसो-हँसो' के रघुवीर सहाय जिस ऊब, व्यथा या भय के द्वारा आज के मनुष्य की आन्तरिक और बाह्य स्थितियों का हवाला देने में जिस तरह असफल होते हैं विष्णु भी इन बिन्दुओं पर या तो असफल हैं या कम-से-कम रघुवीर सहाय से बहुत अलग नहीं हैं। उदाहरण के लिए :

> *मैंने दर्पण में देखी कविता / जिसमें लोग देखते थे / अपने को प्रसन्न और सुन्दर। दरअसल वह उनकी ऊब थी।*

या

> *उसके सिरहाने / माँ बैठी है / उसके सोने में व्यथा।*

एक कविता अंश और :

> *रामलाल हँसते-हँसते रुक गया / रामलाल हँसने से डरा / रामलाल हँसने से कभी नहीं डरा था।*

अपनी सारी निजी खूबियों के बावजूद जिस नाटकीयता और मजे-मजे की लयात्मकता का निर्वाह करते हुए आतंक को सघन करते जाने की प्रक्रिया यहाँ है वह 'रामदास की हत्या होगी' की याद दिलाती है।

'तालाब में डूबी छह लड़कियाँ' संग्रह विष्णु नागर द्वारा अर्जित मुहावरे की पहचान को कायम करने के लिए उतना महत्त्वपूर्ण नहीं है (क्योंकि यह पहचान मैं फिर कहता हूँ चिड़िया से कहीं आगे नहीं बढ़ती) बल्कि अपनी विविधता के लिए की जा रही कोशिश के जो संकेत इस संग्रह में हैं उसी के लिए महत्त्वपूर्ण है। 'साबुन', 'दयाराम बा', 'दूसरे हथियार चुप थे', ऐसी कविताएँ हैं जिनमें हमारे समय का आतंक एक सघन रूप में उभरकर आया है, जिसे यथास्थिति और अलगाव के कारण हम उतने तीखे और साफ रूप में अक्सर नहीं देख पाते। 'वह' एक महत्त्वपूर्ण कविता है और अन्य

कविताओं से इस रूप में अलग भी कि यहाँ साधारण मनुष्य की विराटता, निश्चित विजय और अमरता हमारे सामने आती है। वह वह आदमी है जो 'कपड़े धोने के साबुन से नहाता है।' एक दिन ऐसा आएगा जब :

> *वह कपड़े धोने का साबुन भी छोड़ देगा / वह दिवाला पिटवा देगा / एक दिन / साबुन की / तेल की / इत्र फुलेल की कम्पनियों का / मारकर देखो / उस आदमी को / किस फुर्ती से मुड़ गया / वह दूसरी गली में।*

विसंगतियों को देखने और उनकी विद्रूपताओं को नाटकीय ढंग से प्रस्तुत करने की अद्भुत क्षमता विष्णु नागर में है :

> *अब हमारा ही देश देखो / उसमें सबके लिए कपड़े नहीं / मगर सबके लिए दर्जी हैं।* (सुलेमान)

> *उनके फूल, हमारे फूलों से ज्यादा बड़े हैं, मोहक हैं।* (उनके फूल)

या

> *वह साइकल वालों से अलग है / उसकी पत्नी शाम को धोती समेटते हुए / नहीं कहती / चलो शाम हुई रोटी बनाएँ।* (दुश्मन)

कुछ बेहद छोटी कविताएँ न केवल बहुद चुस्त हैं, बल्कि उनमें आत्मीयता और अबोध उत्सुकता और उल्लास है। 'हम सब', 'माँ', 'डाली-डाली' कविताएँ देखी जा सकती हैं। विष्णु की बाद की कविताएँ, 'भाई की चिट्ठी', 'बहन', 'मोहन सोहन', 'शिव' आदि पहले की कविताओं की एब्सरडिटी से बाहर आकर अधिक सहज, सरल और आत्मीय हुई है। लेकिन अनेक छोटी कविताएँ (मैंने सोचा, हवा में, इस बरस, लड़की ने नहाया, आदि) मात्र एक शार्प-सा आइडिया भर लगती हैं, कविता होने की शर्त को वे पूरा नहीं करतीं।

'माखन' और 'चाँद पर' दो एकदम अलग किस्म की कविताएँ हैं। 'माखन' में लोकगीत की लयात्मक गति और सरलता है, और 'चाँद पर' में विष्णु नागर ने भाषा के खिलन्दड़ेपन का भरपूर इस्तेमाल किया है। बल्कि कहा जा सकता है कि पूरी कविता ही भाषा का मजा लेने के लिए है और वह भरपूर मजा देती है। बीच-बीच में ऐसी कविता कहीं आन्तरिक ऊर्जा के लिए भी आवश्यक या कारगर हो सकती है।

अरघान

मनुष्यों की तरह कविता की भी मुक्ति होती है, मनुष्यों की मुक्ति कर्मों के बन्धन से छुटकारा पाना है और कविता की मुक्ति छन्दों के शासन से अलग हो जाना।

सूर्यकान्त त्रिपाठी निराला

आएँगे वे जन भी देश के धरातल पर

निराला की कविता पर एक बेतरतीब-सी आधी-अधूरी टिप्पणी

निराला की कविता मेरे लिए गूँगे का गुड़ ही रही अभी तक।

निराला की कविता का संसार व्यापक और विस्तृत ही नहीं, बहुवचनीय और बहुविध भी है। उसका कोई एक अकेला 'की होल' नहीं है। उपयुक्त चाबी के लगते ही जो खुल जाए या कम-से-कम खुलने लगे, हमारे सामने। कोई ऐसी केन्द्रीयता, जहाँ से प्रवेश करके टोहते हुए आप उसे जानते चले जाएँ, परत दर परत, धीरे-धीरे जो खुलता जाए। प्रकट हो जाए। इतना आसान नहीं। थोड़ी टेढ़ी खीर है। इसमें विकट तिर्यकताएँ हैं और एक स्तर पर अद्‌भुत सरलता भी। एक अभेद्य निजता है और मुँहफट बहिर्मुखता भी। उसमें छायावाद के सारे गुन-अवगुन हैं और उनका अतिक्रमण करने का पराक्रम भी। मुझे इसका नज़रिया हमेशा अद्वैत नहीं लगता। द्वैत भी वहाँ है। उसमें वैयक्तिकता का स्वर बहुत ऊँचा है, सामाजिक विद्रोह के स्वर में भी इस वैयक्तिकता की प्रधानता है, इसलिए अवसाद का स्वर भी गाढ़ा है। निराला का वैशिष्ट्य इसी में है कि वे अपने ही द्वारा अर्जित किसी काव्य गुण को भी कारा नहीं बनने देते। वे हर बन्धन को एक हद के बाद तोड़ डालते हैं। इसलिए निराला वैयक्तिकता की सीमा का भी कई बार अतिक्रमण कर जाते हैं। उनकी कविता में जीवन का गहरा आत्माभिमान है। मरण भी वहाँ वरा हुआ है। उसमें दैन्य नहीं, वैसी विनम्रता भी नहीं।

निराला की कविता का एक केन्द्रीय पद जरूर है—मुक्ति। यह पद उनके पूरे रचना व्यवहार को कहीं-न-कहीं निर्धारित नहीं, तो प्रभावित तो करता ही है। यह कोई इकहरा पद नहीं है। यह वहाँ अनेकार्थी है। घोर आध्यात्मिक अर्थ और ठोस सामाजिक राजनीतिक अर्थ भी वहाँ मौजूद हैं। काव्य की मुक्ति से देह और मानवीय सम्बन्धों में मुक्ति तक के कई अर्थ संकेत वहाँ ढूँढ़े जा सकते हैं। मुझे लगता है कि यह देखना भी दिलचस्प हो सकता है कि निराला की कविता में इस अकेले पद की कितनी अर्थ छवियाँ और परतें मौजूद हैं। यह मुक्ति मात्र एक विचार की तरह ही नहीं, व्यवहार की तरह भी वहाँ लक्ष्य की जा सकती है। निराला ने लिखा था कि मनुष्य की मुक्ति की तरह ही कविता की भी मुक्ति होती है। और इस मुक्ति से साहित्य में एक प्रकार की स्वाधीन चेतना फैलती है। 'मनुष्य की मुक्ति' और 'स्वाधीन चेतना' को लक्ष्य किया

जाना चाहिए। छन्दों से मुक्ति या कविता की मुक्ति, मात्र भाव प्रसार के लिए नहीं, स्वाधीन चेतना के विस्तार के लिए जरूरी है। निराला अक्सर बहुत महत्त्वपूर्ण बातों को बिना किसी बलाघात के कह जाते हैं।

निराला के विराट और विकट अनुभव, भाषा की अनगढ़ पर्तों में धँसने, उसकी अनचीन्ही रूपरेखाओं को उजागर करने की अद्भुत बेचैनी और कविता की असीम सम्भावनाओं की पदचाप को सुनने गुनने की और उसे रचने की उत्कट विकलता और भविष्य के अनेक द्वारों को खटखटा देने की सृजनात्मक क्षमताएँ, किसी एक शैली या फॉर्म में बँधकर सम्भव नहीं थीं। नहीं रहीं। शायद यही कारण है कि निराला का काव्य संसार इतना विविधरंगी है। शायद इसीलिए निराला के बाद की पूरी हिन्दी कविता निराला द्वारा खोजी अन्वेषित की गई सम्भावनाओं को ही और अधिक सम्भव बनाने का एक उपक्रम भी है। बीज बोनेवाले किसान का काम एक हद तक निराला ने कर दिया था। विगत पचास वर्ष की हिन्दी कविता अपने अनेक अन्तर्विरोधी, आन्दोलनों और प्रवृत्तियों के बावजूद निराला से पूरी तरह मुक्त या उऋण नहीं है।

निराला और रवीन्द्रनाथ में मुझे एक बहुत बड़ा फर्क लगता है। निराला कविता के नए-नए रूपों को उद्घाटित और अन्वेषित तो करते हैं, भाषा की अनेक नई रूपरेखाएँ तलाशते हैं लेकिन अपनी सृजनात्मक क्षमताओं से उन्हें पूरा एग्ज़ास्ट नहीं करते। उनका पूरी तरह दोहन नहीं करते। वे हर सम्भावना को तलाशकर खुला छोड़ देते हैं और अगले रूपों की तलाश की तरफ चल देते हैं। रवीन्द्रनाथ अर्जित फॉर्म को पूरी तरह एग्ज़ास्ट करते हैं। इसलिए रवीन्द्रनाथ बंगला की भावी कविता के लिए अवरोधक बन जाते हैं। बाद की बंगला कविता को बार-बार रवीन्द्रनाथ से मुक्ति की या उससे अतिक्रमण की जरूरत हुई। वर्षों बाद तक भी बंगला कविता रवीन्द्रनाथ से पूरी तरह मुक्त नहीं हो पाई है। हिन्दी कविता को निराला से मुक्ति या उसका अतिक्रमण करने की जरूरत न तो पहले कभी हुई, न कभी भविष्य में होगी। निराला ने हिन्दी कविता को अपने सृजनात्मक वैभव का उपनिवेश नहीं बनाया। वे हमेशा हिन्दी कविता की अन्तर्प्रवाहित जीवन शक्ति बने। वे हिन्दी कविता के फेफड़ों की ऑक्सीजन हैं। इसलिए हिन्दी कविता का विकास बंगला कविता के विकास से बहुत भिन्न स्तर पर हुआ है।

निराला की कविता में बंगला कविता के काव्य संस्कारों की जरूरत से ज्यादा ही चर्चा हुई है। शायद पूरे छायावाद पर एक हद तक या अंशतः यह प्रभाव रहा है। निराला में भी एक हद तक है। पर सम्भवतः निराला ही हैं जिनके यहाँ दीर्घ मात्राओं और सहायक क्रियाओं का सबसे अधिक और साहसिक इस्तेमाल है, जिसे छायावादी कवि अपनी सबसे बड़ी बाधा मानते रहे। खड़ी बोली का अपना गीत और काव्य संगीत अन्वेषित करना कोई आसान काम नहीं था। उसमें कई बाधाएँ थीं। संस्कृत या बंगला के रास्ते उसके लिए बहुत दूर तक उपयोगी नहीं थे, इसे निराला जानते थे। दुर्गम रास्तों

की चुनौतियों को स्वीकार करने की जरूरत थी। निराला के लिए जितनी बड़ी चुनौती होती थी उनका सर्जक उतना ही अधिक विकट हो जाता था। निराला ने भी दीर्घ मात्राओं और सहायक क्रियाओं की बाधाओं का उल्लेख किया है लेकिन उनसे हमेशा पलायन का रास्ता उन्होंने नहीं चुना। उन्होंने भाषा की ऊबड़-खाबड़ नोकों को तराशकर बोठल और गोल करने का काम भी नहीं किया।

निराला अधजली शमा लेकर निकलना नहीं चाहते थे, हालाँकि वे जानते थे कि उसकी रोशनी भी खद्योत्सम कवियों के लिए काफी थी। उन्हें 'हजार-दो हजार बत्तियों की ताकत एक साथ चाहिए। उनकी प्यास किसी एक साधारण घट से नहीं बुझ सकती। यह घट चाहे महाकाव्यात्मकता का हो, क्लासिसिज़्म का हो, लोक का या आधुनिकता का। उनकी कला कोई 'गलार हुशकानेवाली गला गला' वाली 'कला कला' नहीं। निराला हिन्दी की परम्परा को तो देख ही रहे थे, बंगला और उर्दू कविता पर भी उनकी नज़र थी। इसलिए रीतिकाल के इरोटिज़्म कामोद्दीपकता का भी वे एक अलग ढंग से इस्तेमाल करते हैं और भक्ति के विद्रोह और सौन्दर्य का भी। ऐसी ऐन्द्रिकता उनकी कविता में है कि रस, रंग, गन्ध और स्वाद का अहसास पाठक को होने लगता है। प्रकृति उनके यहाँ विशिष्ट भी है और सामान्यीकृत भी। शायद ही कोई और कविता होगी जो गन्ध और स्वाद को इस तरह महसूस कराती हो। उनकी कला प्रकृति का नहीं, उसकी सृजन प्रक्रिया का अनुगमन करती है।

दो

'हिन्दी काव्य की मुक्ति के मुझे दो उपाय मालूम हुए, एक वर्णवृत्त में और दूसरा मात्रा-वृत्त में। जूही की कली वर्णवृत्तवाली जमीन है। इसमें अन्त्यानुप्रास नहीं। यह गाई नहीं जाती। इससे पढ़ने की कला व्यक्त होती है। परिमल के तीसरे खण्ड में इस तरह की रचनाएँ हैं। इनके छन्द को मैं मुक्त छन्द कहता हूँ। दूसरी मात्रावृत्तवाली रचनाएँ परिमल के दूसरे खण्ड में हैं। इनमें लड़ियाँ असमान हैं, पर अन्त्यानुप्रास है। आधार मात्रिक होने के कारण, ये गाई जा सकती हैं। पर संगीत अंग्रेजी ढंग का है। इस गीत को मैं मुक्त गीत कहता हूँ।'

निराला सिर्फ गेयता से कविता को मुक्त नहीं करते बल्कि स्वयं गेयता को, संगीत को भी उसकी बन्दिशों से मुक्त कर देते हैं। गीतों का नाद अपनी पूर्व सीमाओं का अतिक्रमण करके अनन्तता को प्राप्त कर लेता है। पारम्परिक छन्द भी वहाँ पारम्परिक नहीं रहता, वे उसे अपनी निजी लय से, नए सिरे से संस्कारित कर देते हैं। इस तरह एक पारम्परिक छन्द निराला के यहाँ आकर एक नया ही संस्कार ग्रहण कर लेता है।

निराला के यहाँ मुक्तता दो स्तर पर है—वर्णवृत्त के स्तर पर और मात्रावृत्त के स्तर पर। 'बन्दिशवालों के बन्द मुक्त छन्द की होड़ में नहीं टिक सकते'। निराला कविता के बारे में यह बात इसलिए तो कह ही सके कि वे कविता के भविष्य को देख

सकने की अन्तर्दृष्टि से लैस थे, लेकिन काव्य सम्बन्धी इस विचार की अन्तर्तहों में कहीं गहरे राजनीति और सांस्कृतिक दृष्टि भी मौजूद है। राजनीतिक और सांस्कृतिक स्तर पर साम्राज्यवादी दासता के प्रति एक विद्रोह का स्वर भी।

मुझे लगता है कि निराला की काव्य दृष्टि उनकी राजनीतिक-सांस्कृतिक दृष्टि का ही एक अंग है या इसका उल्टा भी शायद इतना ही सही है। याने उनकी राजनीतिक दृष्टि उनकी काव्य दृष्टि और आस्था का ही विस्तार है। भाव के स्तर पर देखें तो उनकी कविता का सर्वोत्कृष्ट एक स्तर पर आत्मकथात्मक है। राजनीतिक और सांस्कृतिक दृष्टि की जो कई पर्तें और कई बार, कुछ अन्तर्विरोधी तत्त्व जो उनके यहाँ मिलते हैं, वे उस काल के भारतीय समाज की ऊहापोह और उथल-पुथल को भी इंगित करते हैं।

इस पूरी शताब्दी के अनुभव और कौशल से हिन्दी कविता आज जहाँ पहुँची है उसे निराला आधी शताब्दी की सीमा रेखा पर खड़े, देख पाने में समर्थ थे तो शायद इसलिए कि उनकी अपलक जागृत आँख निरन्तर घटित हो रही प्रक्रिया को देख रही थी।

तीन

'महगू महगा रहा' मुझे एक महत्त्वपूर्ण कविता लगती है। हो सकता है बहुत सारे विद्वतजनों को 'नए पत्ते' की इस तरह की कविताएँ निराला के काव्य संसार में बहुत महत्त्वपूर्ण न लगती हों। निराला के सर्वात्कृष्ट काव्य का हिस्सा ये हैं या नहीं, यह अलग विवाद का विषय है। मैं फिलहाल उसमें नहीं जाऊँगा। मैं एक खास मकसद से इन कविताओं में से एक कविता 'महगू महगा रहा' चुन रहा हूँ। सत्तर के बाद की कविता, अर्थात् आठवें दशक की कविता में एक जनतान्त्रिक प्रक्रिया जिस रूप में पूर्ण होती हुई दीखती है, उस कविता का बीज रूप निराला की इस कविता में देखा जा सकता है। शायद यही कारण है कि यह मेरे लिए और अधिक महत्त्वपूर्ण हो गई है। हमारी अपनी कविता की जड़ें जाने-अनजाने भी, कहाँ-कहाँ से अपना जल और भोजन ग्रहण कर रही हैं, करती हैं, इसे जानना बहुत सुखद लगता है। इसका यह अर्थ नहीं कि निराला की पहले की कविताओं में वे तत्त्व जो महगू में दिखाई देते हैं, नदारद थे। 'भिक्षुक', 'तोड़ती पत्थर' आदि में पहले भी इन्हें देखा जा सकता है।

निराला चीजों को अक्सर एक घटना की तरह नहीं, एक प्रक्रिया की तरह देखते हैं। कल्पना भी वहाँ एक प्रक्रिया है। 'नए पत्ते' की कविताओं में ह्यूगर उनकी कल्पना शक्ति की अन्तःप्रेरक शक्ति के रूप में प्रकट होता है। इस ह्यूगर में एक खास तरह का देसीपन है। उसमें ठेठ हिन्दी का वही ठाठ कौंध मारता दिखता है जो भारतेन्दु या बालमुकुन्द गुप्त के यहाँ देखा जा सकता था।

गेयता ओर पढ़ने की कला के जस्टीफिकेशन से ही निराला सन्तुष्ट नहीं होते, वे कविता में आख्यान को, नरेटिव को उसके आन्तरिक तर्क के लिए अन्वेषित करते हैं। आख्यान तो पहले की कई कविताओं में भी मौजूद है। कई बार कथात्मक और कई

बार गैर कथात्मक। 'नए पत्ते' की कविताओं में यह लगभग गैर कथात्मक है। यहाँ आख्यान की वस्तुनिष्ठता पर जोर अधिक है। यहाँ यथार्थ का अतिक्रमण करके उसे अतियथार्थ या विराट बनाने की कोशिश नहीं है। छायावाद के कवि अक्सर किसी एक मूड में पूरी तरह या देर तक नहीं रमते, वे अक्सर उसका अतिक्रमण कर जाते हैं। यह भी कहा जा सकता है कि वे उससे बीच-बीच में आंशिक पलायन करते रहते हैं। लेकिन वहाँ ऐसा नहीं है। वास्तविकता यहाँ बाधा नहीं है। यहाँ उसका पूरा-पूरा चित्रण, उससे पूरी-पूरी मुठभेड़ उसकी कई तहों में अन्दर तक धँसने की कोशिश है। यथार्थ यहाँ सरल रेखिक नहीं, बहुस्तरीय है। यहाँ पात्र जीवन के साधारण चरित्रों की तरह आते हैं, नायकों की तरह नहीं। यह कविता क्षैतिज धरातल में अपनी बाहें फैलाती है। उसकी जटिलताओं, उसके अन्तर्विरोधों में धँसने की कोशिश करती है। यह कविता धरातल पर अपना जीवन तलाशती है। इसलिए उसमें सम भी है और असम भी। यहाँ तक आते न आते निराला के काव्य व्यवहार में बहुत बड़ा अन्तर आया है। 'भाषा अधिकांश बोलचालवाली' हो गई है। 'हास्य की प्रचुरता' बढ़ी है।

हास्य की प्रचुरता के कारण क्या छियालीस के राजनीतिक परिदृश्य में मौजूद थे या उस समझौते की विडम्बना में जिसके तहत एक साल बाद आजादी ली जानी थी। जिसका जिक्र पण्डित जी कुइरीपुर गाँव की सभा में करते हैं। यह कोरा हास्य नहीं है। इसमें व्यंग्य की कई भंगिमाएँ हैं। ताना मारने, चिकोटी काटने, चिढ़ाने, मजाक उड़ाने याने व्यंग्य की अनेक भंगिमाएँ एक साथ एक-दूसरे से उलझी हुई प्रकट होती हैं। निराला बार-बार 'अपनी भाषा की रूपरेखाएँ' दिखाने की कोशिश करते हैं। 'राम की शक्तिपूजा' की भाषा और भाषा की ये रूपरेखाएँ जो महगू, चर्खा चला, दगा की, राजे ने रखवाली की, में प्रकट हुई हैं, इनमें जो भेद है वह सिर्फ भाषा का नहीं, भाषा को लेकर दृष्टि का भी भेद है। 'महगू महगा रहा' आजादी से ठीक पहले की कविता है। सन् 1946 की, 47 और 48 में निराला की कोई कविता दिखाई नहीं पड़ती। मैं नहीं जानता कि इसका क्या कारण है ? लेकिन महगू की मानसिक स्थिति आजादी के प्रति निराला के दृष्टिकोण को जानने का जरिया हो सकता है। अगर निराला 1947 में आजादी पर कविता लिखते तो आजादी पर उनकी प्रतिक्रिया भी क्या 'यह दाग-दाग उजाला' जैसी ही होती ?

1946 की एक कविता 'महगू महगा रहा' है और दूसरी 'खून की जो होली खेली' है। दूसरी कविता 46 के विद्यार्थियों के देशप्रेम के सम्मान में है।

महगू ऊपरी तौर पर एक सरल-सी विवरणात्मक कविता है। विवरण की अपनी खूबियों से भरी। लेकिन इसके आख्यान के कई वर्तुल हैं। कई तहें हैं। यहाँ यथार्थ की ज्यादा खुरदरी जमीन है। व्यंग्य की मार में अजीब तिर्यकता है। यह छायावाद की सौन्दर्यात्मकता से बाहर खड़ी कविता है। यहाँ संकेतों से काम नहीं चलाया गया है। किसी तरह का कुहासा भी नहीं है। मूड या स्थिति से भाग जाने या उसका अतिक्रमण कर जाने की कोशिश भी नहीं है। एक किस्म का बड़ा सुथरा गद्य इस कविता में है।

यह संग्राम की भाषा हो न हो, लेकिन अपने समय की नब्ज़ को टोहता और जगह-जगह कमजोर नसों को दबाता गद्य है।

पहली ही पंक्ति है :

आजकल पण्डितजी देश में विराजते हैं

देश में हैं का सीधापन नहीं, विराजते हैं का बाँकापन यहाँ है। पण्डितजी 'जो बड़े भारी नेता हैं' कुइरीपुर गाँव में 'व्याख्यान देने को आए हैं मोटर पर'। इस कहन की बनक बहुत दिलचस्प है। इसमें वर्णन, जानकारी और व्यंग्य अलग-अलग नहीं चलते, सब एक-दूसरे से जैसे गुँथ गए हैं। वाक्य एक वर्णन से शुरू होता है और अन्त के पद पर आते-आते पूरा वाक्य स्थिति के विद्रूप को प्रकट करने लगता है। कुइरीपुर गाँव में व्याख्यान देने को आए हैं तक का जो सीधा वर्णन था 'मोटर पर' के जुड़ते ही एक विद्रूत में बदल जाता है। यह आजादी की पूर्व बेला का आख्यान है। कम-से-कम शब्द। छोटे-छोटे वाक्य। लेकिन अर्थ की कई छवियाँ। कई परतें।

यह एक छोटे-से गाँव कुइरीपुर में हो रही मीटिंग का दृश्य है। भाषा या वर्णन या किसी भी स्तर पर यथार्थ वर्णन से जरा भी आजू-बाजू सरकने की कोशिश यहाँ नहीं। लेकिन कविता पूरी होते होते, जैसे पूरा दृश्य ही एक रूपक में बदल जाता है। कुइरीपुर गाँव जैसे पूरा देश है। जैसे यह एक मीटिंग भर नहीं है, 1946 का पूरा राजनीतिक परिदृश्य है। यहाँ 1946 में स्वाधीनता संग्राम में पनप रही प्रवृत्तियों, चालों, कुचालों, बेमेल समझौतों और जनता के बीच पनप रहे मोहभंग और विद्रोह के स्वर। सब कुछ, बहुत कुछ जैसे एक साथ है। एक छोटी-सी घटना में जैसे एक विराट घटनाक्रम घटित हो रहा है। एक बहुत गुँथी हुई संरचना यह है। निराला की वैयक्तिक चेतना में सामूहिकता के जो छोटे-छोटे संकेत 'आओ आओ टाट बिछाओ' जैसी कविताओं में मौजूद थे, वे यहाँ भी हैं।

राजों के बाजू पकड़, बाप की वकालत से
कुर्सी रखनेवाले अनुल्लंध्य विद्या से
देशी जनों के बीच
लेंड़ी जमीदारों को आँखों तले रक्खे हुए
मिलों के मुनाफे खाने वालों के अभिन्न मित्र

यह आनेवाली सहर के नेताओं का वर्णन भी है और उस आजाद भारत में बननेवाली सरकार का भी। ये नेता राजों, जमीदारों मालिकों और मुनाफाखोरों के ही मित्र नहीं हैं। ये—

देश के किसानों, मजदूरों के भी अपने सगे
विलायती राष्ट्र से समझौते के लिए।

यह स्वाधीनता की नहीं, एक समझौते की संध्या है। इस समझौते के लिए बिना चैन लिए बढ़ते जाना है। जन दबाव बनाया जाना है। कुइरीपुर गाँव की इस सभा में बहुत बड़ी तादाद में मेहनतकश छोटी जातियों के लोग हैं। जो अत्याचारों से बचने के लिए मीटिंग में आए हैं। इन लोगों के आसपास जेल जा चुके जमीदार हैं, मुनाफाखोर व्यापारी हैं, 'स्वत्व बेचकर विदेशी माल बेचनेवाले, शहरों के सभासद हैं'। निराला की विश्लेषक बुद्धि का चमत्कार तो यहाँ है ही, पर विश्लेषण से उपजे विशेषण चिपकाने से निराला कतराते नहीं। 'स्वत्व बेचकर विदेशी माल बेचने वाले, शहरों के सभासद हैं' जैसा वाक्य अगर कविता से अलग कर दें तो यह एक राजनीतिक लेख का वाक्य लगेगा। कम-से-कम कविता का वाक्य तो एकदम नहीं। लेकिन 'महगू गहगा रहा' में यह वाक्य कविता की अन्तर्लय में ऐसा रचा-पगा है कि वह कहीं खटकता नहीं।

इस सारे विवरण, वर्णन में लोगों की विपत्तियों और उन पर होने वाले अत्याचारों का उल्लेख मात्र डेढ़ पंक्ति में है। लेकिन यह डेढ़ पंक्ति अंडरटोन में जैसे बहुत कुछ कहती है। निराला के पास दोनों कलाएँ हैं, बातूनीपन की भी और कम में बहुत कुछ कह जाने की भी। कुकुरमुत्ता से महगू की कला में फर्क है।

विपत्तियाँ कई हैं घूस और डण्डे की
उनसे बचने के लिए
रास्ता निकाला है सभाओं में आते हैं
गाँवों के लोग कुल।

यहाँ एक फर्क को लक्ष्य किया जाना चाहिए। जब निराला जनता की हालत का वर्णन करते हैं तो कहते हैं 'विपत्तियाँ कई हैं घूस की, डण्डे की'। लेकिन पण्डितजी जब भाषण में जनता की हालत पर बोलते हैं तो कहते हैं 'आततायियों से देश पिस-पिसकर मिट गया'। ऊपर की पंक्ति में बहुत धीमें बोला गया सच पण्डितजी के भाषण में बोले गए शब्दों के पाखण्ड और खोखलेपन को उजागर कर देता है। एक वाक्य सचमुच तकलीफ से बोला गया है जबकि दूसरा मात्र भाषण का वाक्य है। उसमें अगर सचाई है तो भी एक सच्ची तकलीफ नहीं है। रेहूटारिक में एक सच्चा क्रान्तिकारी जज़्बा नहीं है तो उससे ज्यादा खोखला कुछ नहीं है।

मीटिंग और जोशीले भाषणों से आजादी का नशा तो चढ़ता है, जो अन्य उपलब्ध नशों से बढ़कर भी है। पर धीरे-धीरे बातचीत में एक-एक कर जैसे परदे उठते जाते हैं। चीजें अनावृत्त होती जाती हैं। जीवत संवेदना और गहरी वस्तुनिष्ठता न तो किसी को बख़्शती है, न तटस्थ होने की छूट देती है। आजादी लानेवाले कांग्रेसमैन कौन हैं ?

'रामदास को कांग्रेसमैन बनानेवाला
जो मिल का मालिक है।
यहाँ भी वह जमीदार बाजू से लगा ही है।

कहते हैं, इनके रुपये से ये चलते हैं,
कभी-कभी लाखों पर हाथ साफ़ करते हैं।

यह उस कांग्रेस का चरित्र है जिसका एक बाजू मिल का मालिक है और दूसरा बाजू जमींदार। एक वर्णन से, एक बखान से शुरू हुई कविता, भाषण समाप्त होते-होते आपसी बातचीत में बदल जाती है। एकालाप और संवाद एक-दूसरे के पूरक की तरह आगे बढ़ते हैं। कविता का अन्तिम हिस्सा लकुआ और महगू के बीच बातचीत है। लकुआ जब नेताओं की हकीकत से परिचित होता है तो एकाएक घबराकर पूछता है :

'भला हम फिर कहाँ जाएँ ?'

'भला हम फिर कहाँ जाएँ ?' यह उन अपनों से, जिन पर भरोसा था, से मोहभंग की, सपनों के टूटने की तकलीफ से उपजा प्रश्न है। एकाएक जैसे असहाय स्थिति में फेंक दिए गए आदमी का प्रश्न है यह। भला हम फिर कहाँ जाएँ ? हम कौन थे, क्या हो गए और क्या होंगे अभी ? से कहीं ज्यादा डरावना प्रश्न है यह। वो जिसका इन्तज़ार था यह वो सहर तो नहीं।

महगू का इसके बाद का उत्तर और मुक्तिबोध की भूल गलती कविता का अन्तिम हिस्सा, दोनों में एक अद्‌भुत साम्य है और एक बड़ा फर्क भी।

महगू ने कहा एक उड़ी खबर सुनी है
हमारे अपने हैं यहाँ बहुत छिपे हुए लोग
मगर चूँकि अभी ढीला पोली है देश में
अखबार व्यापारियों की ही सम्पत्ति है
राजनीति कड़ी से कड़ी चल रही है
वे सब जन मौन हैं उन्हें देखते हुए,
जब ये कुछ उठेंगे
और बड़े त्याग के निमित्त कमर बाँधेंगे
आएँगे वे जन भी देश के धरातल पर।

महगू और भूल-गलती की परिस्थितियाँ भिन्न हैं। निराला के छिपे हुए लोग और मुक्तिबोध के अँधेरे में लश्कर मुहैया करनेवाले में क्या कोई समानता नहीं ? निराला के 'वे जन' जो एक दिन देश के धरातल पर आएँगे और मुक्तिबोध का 'वह' जो हमारी हार का बदला चुकाने आएगा, में क्या एक साम्य नहीं ? दोनों की उम्मीद जिस जन से है वह एक ही है। एक जगह जन बहुवचन में है और दूसरी जगह एकवचन में। मुक्तिबोध का नायक भी वे जन का ही समग्र रूप है। दोनों ही छिपे हुए हैं। दोनों की जगह सत्ताएँ धनपतियों के हाथ में हैं। निराला की कविता बिना किसी अतिरिक्त बलाघात और आवेग के बातचीत के धरातल पर चलती है। यह अधिक विश्वसनीय लगती है क्योंकि यह बातचीत करनेवाले भी साधारण जन ही हैं। मुक्तिबोध के यहाँ तीव्र आवेगात्मक एकालाप है। वहाँ 'वह' एक नायक में बदल जाता है। इसमें

साधारणता शेष नहीं। निराला के 'वे जन' साधारण ही बने रहते हैं, और वे अकेले ही सबकुछ करने में समर्थ नहीं हैं, उनके लिए यह भी आवश्यक है कि 'जब ये कुछ उठेंगे / और बड़े त्याग के निमित्त कमर बाँधेंगे तब जाकर वे जन देश के धरातल पर आएँगे।

मुक्तिबोध के आवेगात्मक रूपक में वर्गों के बीच सम्बन्ध की स्थिति इतनी विश्लेषणात्मक रूप से प्रकट नहीं होती। इसलिए अन्त तक पहुँचते हुए दोनों कविताओं में अन्तर आ जाता है।

'महगू महगा रहा' के लगभग अन्त में आता है :

'तो फिर कैसा होगा ?' लकुआ ने प्रश्न किया
'जैसा तू लकुआ है, वैसा ही होना है, बड़े-बड़े आदमी धनमान छोड़ेंगे
तभी देश मुक्त है

भूल-गलती में वह संकल्पधर्मा चेतना का रक्तप्लावित स्वर 'प्रकट होकर विकट हो जाएगा।'

निराला के यहाँ लकुआ लकुआ रहेगा और महगू महगू। पर मुक्तिबोध के यहाँ वह प्रकट होकर विकट हो जाएगा। निराला के यहाँ वे जन, अन्त तक भी जन ही रहते हैं। मुक्तिबोध के यहाँ 'वह' एक विचार में बदल जाता है। एक स्थिति में बदल जाता है। निराला रूपक बनाते नहीं, पूरी कविता अपने आप में देश का रूपक बन जाती है। मुक्तिबोध उसे रूपक बनाते हैं। यह एक दिलचस्प संयोग भी है कि इस शताब्दी के दो सर्वाधिक महत्त्वपूर्ण कवि एक ही तरह से सोचते हैं, पर दोनों की गतियाँ भिन्न और लगभग दो अलग दिशाओं की ओर बढ़ती दिखती हैं। निराला महाकाव्यात्मकता से साधारण बातचीत की कविता की ओर यात्रा करते हैं और मुक्तिबोध साधारणता से एक महाकाव्यात्मकता की ओर। निराला की इस यात्रा में उनकी भाषा तत्सम से बोलचाल की भाषा की ओर बढ़ती है, भाषा नई रूपरेखाएँ तलाशती है। 'काव्य कुंजों' के अलावा वह 'ऊँचे-नीचे फ़ारस के जैसे टीले पार करती है। और शायद इसीलिए निराला की कविता मुझे अपने लिए ज्यादा करीब लगती है।

●●●